Tollkirsche
Atropa belladonna

Bilsenkraut
Hyoscyamus niger

Stechapfel
Datura stramonium

Hanf
Cannabis

ORIGINALAUSGABE
© 1995 by Raymond Martin Verlag,
Markt Erlbach
© 1995 bei den Autoren für Ihren
jeweiligen Beitrag
Satz: Plärrer, Nürnberg
Repro: Schmidt, Nürnberg
Druck: Rumpel, Nürnberg
Bindung: Martin, Hersbruck

Alle Rechte vorbehalten
Printed in Germany

ISBN 3-88631-218-6

Erwin Bauereiß

HEIMISCHE PFLANZEN DER GÖTTER

EIN HANDBUCH FÜR HEXEN UND ZAUBERER

mit Beiträgen von

Dr. Wilhelm Mrsic
Prof. Dr. Heinrich Marzell
Dr. Adolf Koelsch
Walter Schiering
Dr. Horst Wirth
Alfred Schlosser
Dr. H. Fühner
W. Ch. Simonis
Prof. Dr. Luis Lewin
Prof. Gustav Hegi
Harold A. Hansen
Wolfgang Broszat
Dr. Christian Rätsch
Dean Latimer
Hartmut Ramm
und Erwin Bauereiß

raymond martin verlag

Gebe mir die Gelassenheit, Dinge hinzunehmen,
die ich nicht ändern kann.

Gebe mir den Mut, Dinge zu ändern,
die ich ändern kann.

Gebe mir die Weisheit,
das Eine vom Anderen zu unterscheiden.

überkonfessionelle Weisheit

INHALT

Vorworte vom Herausgeber
Die Natur selbst ist die schönste Droge *von Erwin Bauereiß* — S. 7
Die Kraft der Pflanzen und die Seele des Menschen *von Erwin Bauereiß* — S. 9
Naturmagie und praktische Bedeutung *von Erwin Bauereiß* — S. 11

Hexenkräuter und Hexensalben — S. 11
Zusammensetzung der Hexensalben — S. 13
Electuarium sabbathy — S. 15
Hexentrank — S. 15
Die Kräuterhexe *von Erwin Bauereiß* — S. 17
Erfahrungen mit Hexen und Hexensalben *von Dr. Wilhelm Mrsic* — S. 18
Hexen und Druden in deutschen Pflanzennamen *von Prof. Dr. Heinrich Marzell* — S. 31

Psychoaktive Nachtschattengewächse — S. 52
Kulturgeschichtliches aus der Geschichte
der Nachtschattengewächse *von Prof. Dr. Heinrich Marzell* — S. 53

Stechapfel — S. 63
Botanische Geschichte — S. 64
Weiteres botanisch Interessante — S. 65
Mein Schlafapfel *von Erwin Bauereiß* — S. 71

Tollkirsche — S. 73
Die Tollkirsche *von Dr. Adolf Koelsch* — S. 73
Der Tollkirschwald *von Erwin Bauereiß* — S. 78

Bilsenkraut — S. 81
Das Bilsenkraut *von Walter Schiering* — S. 81

Alraune — S. 92

Alraune oder Mandragora *von Dr. Horst Wirth* — S. 93
Der Alraun im Volksglauben *von Alfred Schlosser* — S. 96

Tollkraut — S. 106
Skopoliawurzel als Gift und Heilmittel *von H. Führer* — S. 107

Eisenhut — S. 120
Eisenhut *von W. Ch. Simonis* — S. 121
Flora von Mitteleuropa *von Prof. Gustav Hegi* — S. 127

Schierling — S. 135
Schierling *von Harold A. Hansen* — S. 136
Der Eppich als Bestandteil der Hexensalbe *von Erwin Bauereiß* — S. 138
Der Giftlattich *von Dr. Horst Wirth* — S. 139
Der Sumpfporst *von Dr. Horst Wirth* — S. 145
Die Rauschbeere, Moorbeere, Trunkelbeere *von Dr. Horst Wirth* — S. 147

Mohn — S. 150
Schlafmohn (Papaver somniferum) *von Wolfgang Broszart* — S. 151

Hanf S.164
Hanf (Cannabis Sativa)
Das Kraut der germanischen Liebesgöttin *von Dr. Christian Rätsch* S.165
Hanf als Hausmittel in der Volksmedizin *von Dr. Christian Rätsch* S.167

Fliegenpilz S.177
Der Fliegenpilzmann und Tollkirschfrau *von Erwin Bauereiß* S.178
Amanita *von Hans Wagner* S.179
Der Pantherpilz (Amanita pantherina) S.191
Kleinwüchsige Zauberpilze Europas S.192

Mutterkorn S.204
Mutterkorn und Roggenbrot *von Dean Latimer* S.205

Mistel S.208
Von Druiden und Bäumen - Mistelernte im Wald *von Harmut Ramm* S.209

Literaturhinweise S.215

Farbtafeln S.241

VORWORTE DES HERAUSGEBERS

Die Natur selbst ist die schönste Droge

Das Gebiet der bewußtsseinsverändernden Substanzen in der Natur eröffnet uns sicherlich noch viele Perspektiven. Es gewährt uns wohl auch Zugang zu neuen Bewußtseinsebenen, von denen viele heute noch kaum etwas ahnen, geschweige denn Erfahrungen damit haben. Doch kaum einer dieser Drogenapostel beachtet dabei die unendliche Vielfalt der Formen, die Vielzahl der Kreaturen, die sich in der Natur eröffnen. Jede einzelne Pflanze, jedes Tier, jeder Stein ist ein wundervolles Mysterium für sich. Da nehmen z.B. Menschen, vor allem aus dem städtischen Bereich, an meinen Kräuterwanderungen teil, die nichts weiter im Sinn haben, als Tollkirschen oder Fliegenpilze zu sammeln, um dann irgendwo in der Zivilisation abzuheben, völlig losgelöst vom natürlichen Umfeld.

Jemand, der die Gesetze der Natur kennt und mit ihnen lebt, kann dabei nur mit dem Kopf schütteln. Das Wesen einer Kreatur eröffnet sich mir doch nur dann, wenn ich die Bedingungen, die Zusammenhänge ihres Seins kenne.

Welch ein mystisches Erlebnis ist es z.B. in einem Wald voller Fliegenpilze zu stehen, womöglich noch in einem Hexenring dieser Zauberwesen zu sitzen. Hier erfahre ich das wahre Wesen, den wahren Geist, die wahre Kraft dieses Pilzes. So ein Wald besteht aber nicht nur aus diesen wenigen Pflanzen mit bewußtseinsveränderndem Inhalt. Er eröffnet sich uns auf mannigfaltige Weise. Setzen wir uns nur an den Fuß eines alten Baumes, so durchringt uns eine mächtige Kraft; wir spüren sein tiefes Wurzelwerk in der Erde, den starken Stamm, der hin zum Licht und den himmlischen Elementen vermittelt. Hören wir dabei noch den nächtlichen Ruf eines Kauzes beim Anblick des vollen Mondes, so ist das die höchste Form von Magie, die uns Menschen zuteil werden kann, wenn wir eingebettet sind in die Gesetze von Erde und Kosmos.

Mehr können wir uns auch von der Wirkung von LSD, DMT, THC, Pcilocybin oder wie all diese Stoffe heißen nicht erwarten. Die stärkste und faszinierendste Droge ist doch die Natur in ihrer unendlichen Erscheinungsform selbst.

Da ich mich seit langen Jahren mit den bewußtseinsverändernden Pfalnzen beschäftige und auch in meinem kleinen Wurzel-Verlag zu diesem Thema schon einige kleinere Bändchen herausgegeben habe, erfolgt hiermit eine Zusammenstellung dieser "Heimischen Pflanzen der Götter". Von mir selbst sind in diesem Buch alle Farbfotos, einige s/w-Fotos (außer den Bilsenkraut-Aufnahmen; diese hat mir Wolfgang Hörnlein überlassen, ein sehr guter Kenner dieses Nachtschattengewächses), die umfangreiche Bibliografie am Ende des Werkes (an die 900 Einzeltitel) deutschsprachiger Literatur) und ein paar Texte mit naturmagischem und naturphilosophischen Inhalt.

Alle anderen Beiträge sind von namhaften Autoren übernommen. So sind zwei Beiträge des bekannten "Volksbotanikers" Heinrich Marzell enthalten; der Text über den Hanf ist aus "Hanf als Heilmittel" von Christian Rätsch; der längere Beitrag über Erfahrungen mit Hexensalben von W. Mrsic; Abschnitte über den Eisenhut und den Stechapfel aus der "Illustrierten Flora von Mitteleuropa" von G. Hegi; aus dem Werk "Die Tollkirsche" von Wirth, erschienen im Ziemsen-Verlag in der ehemaligen DDR, sind ein paar Beiträge usw. Besonders danken möchte ich auch meinem langjährigen Freund Hans Wagner aus dem Pfälzer Wald für seinen Fliegenpilz-Text. Vielen Dank auch an all' die, die ich hier nicht namentlich erwähnt habe. Möge dieses Buch das Kennenlernen der "Heimischen Pflanzen der Götter" erleichtern.

Eine besondere Bitte geht an die Leser dahingehend, verantwortungsvoll mit diesen teils sehr gefährlichen Pflanzen umzugehen. Bei unsachgemäßer Verwendung kann es durchaus zu ledalem Ausgang führen. Diese Pflanzen wirken unmittelbar auf Seele, Geist und Körper des Menschen. Sie können uns in veränderte Bewußtseinszustände führen, die uns im Alltag verborgen bleiben. Ich möchte die Leser bitten, nicht unvorbereitet dem Wesen dieser Zauberpflanzen zu begegnen. In diesem

Buch können sie vieles über ihr Mysterium erfahren. Sind wir uns im klaren, daß die Pflanzenwelt, auch die heimische, aus einer Vielzahl verschiedener Wesen, Arten und auch Individuen besteht, nicht nur aus den paar Dutzend Zauberpflanzen. Damit diese Vielfalt, nicht noch mehr dezimiert wird, und damit auch wir als Menschen Zukunft haben, wäre es zu wünschen, daß wir in unserem täglichen Leben diesen Geschöpfen wieder bewußter begegnen.

Erwin Bauereiß

Die Kraft der Pflanzen und die Seele des Menschen

Wenn wir bereit sind, mit den Pflanzen zu kommunizieren, stehen wir einer großen Vielfalt von Formen gegenüber. Wer kann sich da der Kraft und Würde eines alten Baumes entziehen? Aber auch jede noch so kleine Blume hat ihre ganz besondere Eigenheit. Wenn wir mit offenen Sinnen diesen unterschiedlichen Gestalten begegnen, so wirkt jede einzelne Art in der ihr typischen Weise auf unser seelisches Empfinden. Lassen wir nur all die Farben der Blüte auf uns wirken. Das leuchtende Rot des Mohns hat eine ganz andere Qualität als das tiefe Blau des Eisenhuts, das satte Gelb einer Dotterblume oder das zartrosa Blütenmeer der Apfelbäume. Oder denken wir an den jahreszeitlichen Wandel eines Baumes. Zarte Grüntöne zeigen sich da im Frühjahr, im Herbst herrschen Gelb-, Rot- und Brauntöne vor. Auch der jahreszeitliche Wandel des Wachsens spielt da eine Rolle. Aus der winterlichen Ruhe des Samens entsteht der Keimling, dann kommt es zur Blüte und zur Reife des Fruchtens. Oder denken wir an die unterschiedlichen Standorte. An einem sonnendurchfluteten Südhang ist die Vegetation viel spärlicher als in einer feuchten Auenlandschaft. Jedes Blatt, jede Blüte, jede Frucht hat auch eine andere Form. All diese Erscheinungen spiegeln sich in unserer Seele, und wir fühlen uns zu mancher Pflanze mehr, zu mancher weniger hingezogen. Neben den oft visuell ablaufenden Beziehungen können wir ihre Wirkung auch spüren, indem wir sie in uns aufnehmen. Auch ihre Inhaltsstoffe haben eine äußerst unterschiedliche Qualität. Ein Tee aus psychoaktiven Nachtschattengewächsen bringt uns sicher andere Erfahrungen als einer aus dem Johanniskraut oder dem Baldrian. Ersterer wirkt stark verändernd auf unsere Psyche, letzterer hat eine eher schwächere Wirkung. Doch beide sind klassische "Seelenpflanzen", und ihre Wirkung ist stets nachweisbar. Welche Botschaften uns die Masse der anderen Pflanzen im einzelnen übermitteln wollen oder können, sollte doch jeder für sich selbst entscheiden. Ich halte es z.B. nicht für gut, die Erlebnisse, die der britische Arzt E. Bach hatte, mit seinen Pflanzen zu verallgemeinern. Er selbst mag tatsächlich diese seelischen Qualitäten bei seinen Pflanzen vernommen haben. Doch diese Wirkung dürfte für jeden Menschen anders sein. Wie wichtig wäre es doch für den Erhalt unserer natürlichen Umwelt, wenn der heutige Mensch wieder fähig wäre, den Zusammenhang zwischen der Kraft der Pflanzen und der Seele des Menschen zu entdecken. Unsere Natur birgt so viele phantastische Geheimnisse, die es lohnt, wiederentdeckt zu werden, und die unserem Dasein Sinn geben. Noch verfügen wir über all diese Schätze. Wenden wir uns ihnen wieder zu, damit wir und die Vielfalt des Lebens auf unserer Erde eine Zukunft haben.

Erwin Bauereiß im Hartmond '94

Naturmagie und ihre praktische Bedeutung

In diesen Tagen des Herbstes, der Ernte, ist mir die Bedeutung des praktischen Umgangs mit den Naturkräften wieder voll bewußt geworden. Es gab in diesem Jahr eine überreiche Apfelernte, und ich hatte über Wochen alle Hände voll zu tun. Mir ist in dieser Zeit auch sehr klar geworden, daß das naturmagische Leben eng mit der praktischen Arbeit verbunden sein sollte. Erst im direkten Umgang mit den Früchten des Waldes und des Feldes bekommen wir echten Kontakt zu den Kräften von Mutter Erde und haben dann auch guten Grund zu danken. Das Herbstfest oder Erntedank bekommt dann erst einen richtigen Sinn. In diesem Jahr hatte ich ein besonders schönes Erlebnis. Am Tag nach dem Fest ging ich in den Wald um Pilze zu sammeln, die bisher nur sehr spärlich gewachsen waren. Doch da, ich traute meinen Augen kaum, fand ich plötzlich, wie von unsichtbaren Mächten hervorgezaubert, Unmengen von Pilzen. Darunter waren auch viele eßbare, und ich hatte in Kürze meinen Korb voll, alleine von den wohlschmeckenden Rotkappen und Großen Schirmpilzen. Fast möchte ich meinen, die Natur hat sich bedankt für das am Vorabend abgehaltene Opferfest. Welch großes Geschenk ist es doch, in der herbstlichen Jahreszeit immer wieder die Gaben der Natur zu empfangen, gewissermaßen als Ergebnis der Saat des Frühjahrs. Haben wir auch Teil am Heranwachsen des Sommers, und ruhen wir nach der herbstlichen Ernte, ziehen wir uns ins Innere zurück während der kalten Monate. Haben wir Anteil am Wechsel der Jahreszeiten, und treten wir stets mit den verschiedensten Formen der Lebewesen in Verbindung. Die größte Lehrmeisterin ist die Erde selbst mit all ihren Kreaturen, mit den Steinen, den Pflanzen, den Tieren und auch wir Menschen gehören dazu, sind nicht mehr und nicht weniger als alle anderen Geschöpfe des Seins. Wahre Weisheit erlangen wir erst im täglichen, praktischen Umgang mit der Natur. Dies ist Magie, wie ich sie verstehe.

Erwin Bauereiß

HEXENKRÄUTER – HEXENSALBEN

"Drei Hexen beim Einsalben", Hans Baldung Grien, 1514.

Zusammensetzung der Hexensalben

Hauptbestandteil dürften verschiedene Nachtschattengewächse sein, wie die Stechapfel-Arten, Tollkirsche, Bilsenkraut, Mandragora (Alraune), Tollkraut, teils auch Schwarzer und Bittersüßer Naachtschatten, außerdem Opium und Cannabis-Auszüge. An Vergiftungen großen Anteil haben die Eisenhut-Arten (Blauer E., Wolfs-E. u.a.), der Taumelloch, Gefleckter und Wasser-Schierling, sicher auch das Mutterkorn und die "spanischen Fliegen". Diese Substanzen, ab und zu auch noch andere weniger wirksame mit Ölen und Fetten angesetzt und dann in den Körper eingerieben, machten die Hexenfahrten möglich.

1) "Bei abnehmendem Lichte des Mondes pflücken:
Radix Belladonna   5 Teile
Aconitum napellus   8 Teile
Folia Malvae   4 Teile
Hyoscyamus niger   10 Teile
Solanum nigrum   5 Teile
Potentilla Reptans   2 Teile
Papaver somniferum   10 Teile
Conium maculatum   6 Teile
Helleborus niger   6 Teile
ziehe daraus die Quintessenz und verarbeite sie mit 200 Teilen tierischen Fettes zu einer Salbe."

(MAGIA METACHEMICA, 10. Brief der "Magische Briefe", 105, Wolfenbüttel, o.J.)

2) "Es werden je 4 Teile Samen von Taumelloch, Bilsenkraut, Schierling, rotem und schwarzen Mohn, von Giftlattich und Portulakana sowie 1 Teil Tollkirschenbeeren mit Öl zu einer Salbe verrieben."
(G.W. Gessmann: "Aus übersinnlicher Sphäre", Leipzig, 1921)

Hans Baldung, gen. Grien
Junge Hexe mit Drachen
Federzeichnung, weiß gehöht, 1515

Electuarium sabbathy

Dieses Mittel führt den Schläfer in den sogenannten Hexensabbath. Es vermittelt die Erfahrung eines magischen "dolce vita". Man wende es äußerlich an, Schläfen, Herzgrube und Achselhöhlen werden damit eingerieben – und zwar vor dem Schlafengehen.

RP.
Aethanol	3 Teile
Extractum opii	50 Teile
Extr. betel	30 Teile
Extr. potentilla	6 Teile
Extr. belladonnae	15 Teile
Extr. hyoscyami	15 Teile
Extr. umbelliferum	15 Teile
Extr. arabicum cannabis	75 Teile
Canthariden	5 Teile

Gummi Tragant Puderzucker soviel zusetzen, daß sich eine streichbare Salbe ergibt

Anschließend exorcieren und zur Stunde des Saturn weihen!

Hexentrank

Man verschaffe sich bei abnehmendem Mond:

50 T.	Allerbestes Opium
30 T.	Bethelnuss
6 T.	Pentaphyllon
15 T.	Belladonna
15 T.	Hyoscyamus
15 T.	Conium maculatum
250 T.	Cannabis indica
5 T.	Cantharides

Ziehe daraus die Quintessenz. Die Dosis ist durchaus individuell und empirisch festzustellen.

Hans Schaeuffelein
Zauberei und Hexenwesen
Holzschnitt
aus: Ulrich Tengler, Der Neue Laienspiegel
Augsburg: Hans Otmar, 1511

Die Kräuterhexe

Die Magie des Mondes bestimmt den Rhythmus Deines Lebens.
Wohl vertraut sind Dir die Gestirne am nächtlichen Himmel
und auch die leben-spendende Kraft der Sonne.
Die Welt der Pflanzen, der Bäume, Kräuter und Pilze ist Dein Element.
Du kannst stark und ausdauernd sein wie ein alter Baum,
aber auch zart und liebreizend wie eine bunte Blume.
Du weißt um die tödliche Wirkung von
Eisenhut, Schierling, Herbstzeitlose oder mancher Pilze,
bist vertraut mit dem Reich der Nymphen, Zwerge, Salamander und Elfen,
Tollkirsche, Fliegenpilz und andere weisen dir den Weg dorthin.
Du führst Mann und Frau zusammen
durch Safran, Fenchel, durch vielerlei Nüsse und Samen
und kannst auch neues Leben nehmen
durch Mutterkorn, Raute und Petersilie.
Für manches körperliche Leid kennst Du
Wurzeln, Beeren, Blätter und Blüten.
Du bist zu Hause in den Wäldern,
labst Dich an den klaren, frischen Quellen.
Deine Freunde sind die weisen Eulen ebenso wie die wilden Schweine,
kaum ein Tier, kaum eine Pflanze,
denen Du noch nicht bewußt begegnet bist.
Wie viele verborgene Botschaften könntest Du den Menschen zeigen,
wären sie nur bereit,
in Dir nicht die böse Hexe, sondern die weise Frau zu erkennen.

Erwin Bauereiß, Vollmondnacht vor Beltane '94

Erfahrungen mit Hexen und Hexensalbe

Von Dr. Wilhelm Mrsic

Ein natürliches Verfahren zur Erweckung übersinnlichen Wahrnehmungsvermögens habe ich in dieser Zeitschrift bereits beschrieben. Durch Exerzizien, Yoga und mystische Vertiefung kann es noch weiter vervollkommnet werden. Es gibt aber auch noch andere Methoden, um das übersinnliche Wahrnehmungs- und Wirkungsvermögen zu steigern, und zwar die Zuhilfenahme geeigneter materieller Mittel in äußerer Anwendung, wie z.B. die Kristallkugel und ähnliche Hilfsmittel zur Steigerung der Konzentrationskraft. Ferner Mittel, die an der Grenze zu rein magischen und mantischen Praktiken zu suchen sind, wie magische Spiegel, magische Figuren, Mantras; dann die bloß mantischen Hilfsmittel, zu denen als primitivste auch die Karten und der Kaffeesatz gehören, und schließlich das rein magische Ritual, in all seinen verschiedenen Arten von primitiver Beschwörung bis zur hohen theurgischen Kunst.

Es gibt jedoch auch innerlich einnehmbare Hilfsmittel zur Steigerung übersinnlichen Wahrnehmungsvermögens, nämlich Drogen. Mit ihrer Hilfe können wir erzwingen und beschleunigt hervorrufen, was sonst nur durch lange Übung erreichbar ist, also sozusagen gewaltsam zu Erscheinungen vordringen, für die wir in unserer Entwicklung nicht reif sind. Ein solcher nicht erarbeiteter und nicht durch eigene Kraft ermöglichter Sprung von einer Bewußtseinsebene auf eine andere ist nicht nur dem Organismus und der Psyche schädlich, sondern auch für die Erweiterung unserer Erfahrung wenig wertvoll; denn wir verstehen das meiste, was wir durch so einen Drogenschock erleben, gar nicht und wissen es uns nicht zu deuten. Außerdem wissen wir auch oft nicht so recht, was von dem Erlebten aus unserer Einbildung entsteht und sich mehr oder minder in Wirklichkeit wandelt aus der Einbildung zum Eingebilde und aus dem Eingebilde zur Ausgeburt – und was andererseits schon als Wirklichkeit auf uns zukommt. Was haben wir z.B. davon, wenn wir in einem durch die Droge hervorgerufenen, ekstatischen Zustand uns plötzlich von geflügelten

Widderköpfen umgeben sehen? Wir können nur staunen, aber das Erlebnis nicht verwerten. Oder wir erblicken ein nie geschautes Wappen, verstehen aber nichts von Heraldik und können uns die Erscheinung nicht deuten. Einzelheiten würden hier zu weit führen. Sie sollen einer anderen Abhandlung vorbehalten sein. Die Wirkung ist bei jeder Droge anders je nach der Art der Droge und je nach der Art der inneren Entwicklungsstufe des Menschen, der sie einnimmt.

Die Wissenschaft unterscheidet die hier in Frage kommenden Drogen hauptsächlich in zwei Kategorien: Phantastika und Euphorika. Die ersteren verändern und steigern hauptsächlich die Sinneswahrnehmungen und damit zusammenhängend das psychische Erleben. Die Euphorika hingegen steigern überwiegend das Gefühlsleben, und zwar in Form erhöhter Fähigkeit des Wohlempfindens. Sie sind für übersinnliche Erlebniswahrnehmung unbrauchbar und völlig uninteressant. Zu ihnen gehören Opium und Koka.

Bei den sogenannten Phantastika, die besser Ekstatika genannt würden, möchte ich nach meinen experimentellen Erfahrungen drei Gruppen unterscheiden, und zwar eine divinatorische, eine dämonische und eine diabolische.

Zu den divinatorischen Drogen zählt u.a. Yagé und besonders der Peyotl. Sie können in hohe Erlebnisregionen führen, sehr viel höhere, als wir zu begreifen vermögen. Sie erzeugen keine Sucht, sondern von Versuch zu Versuch wachsenden Widerwillen gegen das Einnehmen der Droge.

Dämonische Drogen sind z.B. die Hanfprodukte Haschisch und Marihuana. Sie haben bei häufigen Versuchen einen unheilvollen Einfluß auf die Psyche.

Zu den diabolischen Mitteln sind zur rechnen: Tollkirsche (Atropa belladonna), Stechapfel (Datura stramonium), Bilsenkraut (Hyoscyamus niger), Eisenhut (Aconitum napellus), Taumellolch (Lolium temulentum). Dabei ist zu bemerken, daß die chemisch aus diesen Pflanzen gewonnenen Alkaloide: Atropin, Hyoscyamin,, Aconitin usw. nicht dieselbe Wirkung haben wie Präparate, die aus dem Saft oder Absud der vollständigen Pflanze (Früchte, Blätter, Blüten, Wurzeln und Samen) hergestellt sind.

Diabolische Mittel, sind es, aus denen die Hexensalbe bereitet wird. Von einem Versuch mir ihr soll hier berichtet werden.

Schon von früher Kindheit an hatte ich ein reges Interesse für das Hexenwesen und bereits als Knabe las ich, was ich darüber finden konnte, unter anderem auch den Hexenhammer und De Coster's "Till Ulenspiegel", die mir großen Eindruck machten, wenn sie auch eigentlich für einen Zwölfjährigen eine etwas unverdauliche Lektüre waren. Ich kam bald zu der Ansicht, daß die Hexen des Altertums und Mittelalters doch nicht alle ganz so harmlose, unschuldige und zu Unrecht verurteilte Geschöpfe gewesen sein mochten, wie das besonders die Lehren der Aufklärung und der gelösten Welträtsel in der Zeit vor 1914 gerne wahr haben wollten. Freilich, ein Teil der als Hexen Angeklagten ist sicherlich auf Grund falscher Zeugenaussagen und eigener, erzwungener Geständnisse infolge der ehemaligen heimlichen Untersuchungsmethoden unschuldig verurteilt worden. Aber ein großer Teil hatte Gebote und Gesetze der damaligen Zeit durch Genuß verpönter Ekstatika und verbotene Ausübung magischer Praktiken und hypnotischer Fähigkeiten übertreten, zumal diese Person den Genuß der ekstasefördernden Mittel nicht etwa nur für sich behielten, sondern in immer weiter um sich greifendem Maße andere, darunter auch viele Minderjährige dazu verführten und die magischen und hypnotischen Künste nicht nur auf sich selbst beschränkten, sondern sehr oft dazu verwandten, ihren Mitmenschen aus Neid oder Rachsucht zu schaden. Auch stellten sie Tränke her, welche die Psyche derer, denen sie heimlich gereicht wurden, veränderten, wie z.B. Liebestränke, die verliebte Hörigkeit zu einer bestimmten Person hervorriefen, Haßtränke, die in Liebe verbundene Menschen entzweiten, Wahrheitstränke, welche den Betroffenen veranlaßten, im Schlaf, Geheimgehaltenes auszuplaudern; Tränke, die Siechtum verursachten und dergl. mehr.

Nun stand ich aber schon von Jugend an auf dem Standpunkt: "Was man genau wissen will, muß man entweder selbst erleben oder, noch besser, an sich selbst erproben", und so nahm ich mir vor, wann irgendeinmal ich die Gelegenheit haben würde, einen Versuch mit Hexensalbe zu machen, dies zu tun. Ich mußte lange warten.

Im Oktober 1924, gerade an meinem Geburtstag, kam ich als Assistent, und späterer Dozent, an das biologische Institut der Universität eines Balkanlandes, wo ich dann über 14 Jahre tätig war. Da mir viel freie Zeit zur Verfügung stand, hatte ich Gelegenheit, zum Zwecke ichthyologischer und limnologischer Forschungen und gleichzeitiger Ausübung der Sportfischerei, das ganze Land bis in die entlegensten Orte zu bereisen und neben anderen interessanten Beobachtungen auch verschiedene "Hexenkünste" bei den Dorfbewohnern kennenzulernen.

So kannte ich in einem abgelegenen Flußtal, in der Nähe einer sehr radioaktiven Quelle, ein altes Weib, das Jahr für Jahr im Frühling die Schlangen der ganzen Umgebung durch magische Praktiken zusammenzulocken verstand, nicht etwa, damit sie von den Dorfbewohnern getötet würden, sondern um sie zu besprechen, auf daß sie den Einheimischen nicht antun sollten, und sie dann wieder zu entlassen. Für Fremde war der Zauber nicht wirksam. Aber Einheimische wurden dort nie von Schlangen gebissen. Mich hatte auf meine Bitte die Alte, gegen das Versprechen, nie in meinem Leben eine Schlange zu töten, in den Zauber einbezogen, und obwohl ich im Sommer stets mit nackten Beinen, die Füße nur mit alten Halbschuhen versehen, Gestrüpp und Geröll durchstreifte und sehr oft Hornvipern und Kreuzottern begegnet bin, griff mich nie eine von ihnen an. Ich durfte mehrmals der Alten bei ihrer Schlangenbeschörung zusehen, aber wie sie es eigentlich anstellte, das hat sie mir nicht verraten. Ich sah nur, wie sie starr dasaß und einen sonderbar vibrierenden Ton summte. Danach wartete sie regungslos. Es dauerte Stunden, bis die Schlangen sich versammelt hatten. Dann sprengte sie aus einem Holzbottich Wasser aus der radioaktiven Quelle über sie mit gespreizten Fingern aus und murmelte unverständliche Worte. Eine Zeit lang, lagen daraufhin alle Schlangen still. Die Alte summte dann wieder den vibrierenden Ton und schüttelte ein schwarzrotes Tuch, das sie bisher auf dem Leibe getragen hatte und aus der Busengegend unter ihrem Kleid hervorzog, gegen die Schlangen aus, worauf sie sich wieder langsam entfernten.

Eine siebzehnjährige Mohammedanerin aus einer anderen Gegend führte mir das Wettermachen vor. Den Tag und die Tageszeit, wann das Gewitter kommen sollte, durfte <u>ich</u> bestim-

Unbekannter Meister
Hexensabbat auf dem Blocksberg
Holzschnitt, 1669

men. Es war also nicht etwa so, wie ich mir früher das Wettermachen selbst zu erklären versucht hatte, daß eine vielleicht sehr wetterfühlige Person, die das Gewitter kommen spürte, noch bevor es für andere wahrnehmbar war, sich bloß rühmte, Wetter zu bestimmter Zeit machen zu können, während sie es nur vorausfühlte und dann vorgab, es verursacht zu haben. Es war auch nicht eine Gegend und nicht zu einer Zeit, wo Gewitter alltäglich waren. Nein, es war eine Schönwetterperiode in einer Gegend mit wenig Regen und ich hatte Tag und Tageszeit des Versuches willkürlich festgelegt. Zur Zeit, als das Mädchen seine Manipulationen begann, war der Himmel wolkenlos. Auch sie nahm einen Holzzuber, den sie mit Wasser aus einer – gewöhnlichen – Quelle bis zum Rande füllte. Was sie sonst noch für Vorbereitungen getroffen hatte und was sie eigentlich tat, verriet sie mir nicht. Ich konnte nur beobachten, wie sie regungslos vor dem Zuber saß und in das Wasser starrte und wie dann nach einr halben Stunde aus unerfindlichen Grunde das Wasser überlief. Zwanzig Minuten später war das Gewitter da.

Ein anderes Mal führte sie mir folgenden "Zauber" vor: Sie hieß mich bei Neumond Zweige mit Blüten und Blättern von einem rotblühenden und einem weißblühenden Fliederbusch brechen und mit roter, bzw. weißer Seide besonders gebündelt bis zum Vollmond ohne Wasserzusatz in einem ganz trockenen Raum aufbewahren, so daß sie völlig verdorrten. In der Vollmondnacht stellte das Mädchen die beiden Zweigbündel in eine Vase mit Quellwasser und setzte sich mir gegenüber vor die Vase, die auf ein kleines. rundes, dreibeiniges Tischchen gestellt war. Das Tischchen stand zwischen den beiden Fiederbüschen im Vollmondschein. Es war sehr romantisch. Dann hieß sie mich, ihre beiden Hände mit den meinen fassen und festhalten. Bald darauf fiel sie in eine Art Trance. Auch mich erfaßte ein taumeliges Gefühl und ich war nahe daran, das Bewußtsein zu verlieren. Ich zwang mich aber, die Hände des Mädchens nicht loszulassen und auf die Zweige in der Vase zu achten. Unter meinen Blicken sproßten nun aus dem einen der Zweigbündel Knopsen, Blätter und Blüten hervor, sodaß sie wieder so waren, wie ich sie vordem vom Strauche genommen hatte. Mich überkam dabei ein Rauschgefühl von unbeschreiblicher Wonne, wie eine Verzückung. Auch das Mädchen zuckte kunvolsivisch. – Allmählich ernüchterten wir uns wieder. Ich stellte fest, daß die Fliederzweige vom Busch mit den roten Blüten ergrünt und erblüht waren. Die vom weißblühenden Busch waren dürr geblieben.

So ganz ungefährlich blieb dieser Versuch aber nicht; denn von dem Ereignis an begann ich, woran ich vordem nie gedacht hatte, das Mädchen zu begehren, und es kam dann auch zu einem längeren Liebesverhältnis; wobei mir das Mädchen später eingestand, sie habe bei dem Zauber all ihre Kräfte darauf gerichtet, mich zu ihrem Liebhaber zu machen und deshalb seien die weißen Fliederzweige dürr geblieben und nur die roten erblüht. Ich bat sie später, den Versuch nochmals zu wiederholen. Sie sagte mir aber, dieser Zauber könne nur mit den Kräften eines männlichen und eines weiblichen Wesens gelingen, solange diese noch keine geschlechtliche Verbindung miteinander eingegangen hätten.

So anregend aber diese Erlebnisse für mich waren, sie waren nur dazu angetan, mich dazu anzureizen, noch mehr wissen zu wollen und das glaubte ich nur erreichen zu können durch einen Selbstversuch mit Hexensalbe.

Durch meine Arbeit am biologischen Institut, das zur medizinischen Fakultät gehörte, waren mir alle jene Drogen und sonstigen Zutaten erreichbar, die zur Zubereitung von Hexensalbe erforderlich sind. Die genaue Zubereitung und Dosierung will ich nicht beschreiben; denn ich möchte niemanden zu einem solchen Versuch verleiten. Nicht ohne ein Gefühl der Beschämung und der Reue denke ich an mein Experiment zurück. Aber war tut man nicht alles aus Wißbegier!

Ende April des Jahres 1932 war es endlich soweit. Die Salbe war fertig, und es traf sich gut; denn der 1. Mai fiel auf einen Sonntag, was für mich wichtig war, denn in jenem Lande galt der 1. Mai damals nicht als Feiertag. Ich konnte mich schon am 28. April frei machen und brauchte erst am 4. Mai zurück zu sein. Ich fuhr also in die für den Versuch auserwählte Gegend in ein von unberührten Wäldern umgebenes Gebiet, in dem zahlreiche große und kleine Seen, durch hohe Wasserfälle verbunden, ineinander übergingen. Zur Vorbereitung auf die

Walburgisnacht vom 30.4. auf den 1.5.1932 hatte ich also einige Tage Zeit in vollkommener Einsamkeit. Das war wichtig; denn auch für Experimente zur Steigerung übersinnlichen Wahrnehmungsvermögens durch Drogen ist vorher eine gewisse körperliche und seelische Reinigung nötig, um ein ungetrübtes Ergebnis zu haben. Bei der Vorbereitung auf Drogenexperimente muß man außer Fasten, Schweigen und körperlich-seelischer Reinigung besonders darauf zu achten, längere Zeit vorher keinerlei Genußgifte wie Nikotin, Koffein, Alkohol, aber auch keinerlei Medikamente oder sonstige chemische Produkte zu sich zu nehmen. Ja sogar bei Gebrauch von Zahnputzmitteln muß man vorsichtig sein, da diese meist Zusätze von Chlor oder Fluor enthalten, die sehr störend wirken können, wenn das Empfindungsvermögen verfeinert werden soll. Man putze also seine Zähne längere Zeit vor solchen Experimenten nur mit gewöhnlicher Schlemmkreide!
Die Hexensalbe war auf das sorgfältigste vorbereitet. Der körperlichen und seelischen Reinigung traten in der stillen Gegend keinerlei Schwierigkeiten entgegen. Ich schlief, um die Begegnung mit Menschen zu vermeiden, in einer Hängematte im Wald. Zur Ausführung des Experimentes fehlte nur noch der Backtrog, in den sich die Hexe vor ihrem Walburgiritt bekanntlich nackt zu legte pflegt, und der Besen. Den Besenstiel besorgte ich mir selbst von einem Holunderbaum, der ja besondere magische Eigenschaften haben soll, und befestigte daran einen sogenannten Hexenbesen. (Ein Hexenbesen ist ein von einem Staubpilz befallener buschig entarteter Tannenzweig.) Es mochte unnötig sein. Aber ich wollte doch alles richtig machen. Vielleicht, so dachte ich mir, könnte diese Vorrichtung, zwischen die Beine geklemmt, wie eine Art Antenne wirken und dem Geschlechtszentrum subtile Schwingungen besonderer Art vermitteln, die es ungewöhnlicher Weise erregte.
Backtrog stand mir keiner zur Verfügung. Aus Erfahrungen mit verschiedenen anderweitigen magischen Versuchen konnte ich aber annehmen, daß es nicht gerade ein Backtrog sein muß, sondern nur ein Trog aus Holz, da das Holz gewisse isolierende Eigenschaften gegenüber der Umwelt hat, die für einen ungestörten Hexenschlaf nötig sein dürften. Der Zweck eines solchen Troges ist außerdem wohl auch der, nach Art einer

Kinderwiege den Körper selbst in eine regungslose Lage zu zwingen, trotzdem aber wiegende, schaukelnde Bewegungen zu gestatten, die das Gleichgewichtsorgan in einer den Tiefschlaf fördernden Weise beeinflussen, woselbst die Ablösung des feinstofflichen Leibes (Astralleibes) vom Körper leichter stattfinden kann. Kinderwiegen kommen heutzutage mehr und mehr außer Gebrauch, sodaß die Fähigkeit zum Tiefschlaf nicht mehr von frühester Jugend auf gefördert und entwickelt wird. Dem erwachsenen modernen Menschen wird bei anhaltenden Schaukelbewegungen nur noch schlecht. Es wird ihm übel, wenn sich der Astralleib vom Körper lockert. Die Fähigkeit zur Loslösung des Astralleibes geht ihm mehr und mehr verloren. Bei Seeleuten hingegen, die in ihren Hängematten im Schlafe infolge der Schiffsbewegungen anhaltend geschaukelt werden, ist sie meist gut entwickelt, weshalb diese Menschen auch häufiger Erlebnisse auf der Astralebene haben.

Ich beschloß daher, meinen Versuch in der Walburgisnacht an einem der einsamen Waldseen in einem ausgehöhlten Baumstamm zu machen, wie ihn dort die Bauern als Kahn benutzen. Diese Einbäume lassen die Bauern jener Gegend einfach dort, wo sie aussteigen, am Ufer liegen und verstecken nur die Ruder. Es standen also "Holztröge" zur Auswahl zur Verfügung. Ich wählte einen, der in der Nähe eines großen Wasserfalles lag. Nahe bei Wasserfällen soll die Atmosphäre magischen Experimenten gegenüber besonders günstig sein. – Ich legte mich also bei einbrechender Dämmerung nackt in den Einbaum und bestrich mir Schamgegend, Damm und After sowie die Achselhöhlen und Kniekehlen mit Hexensalbe in reichlicher Menge. Ein wenig davon rieb ich in die Nase. Dann klemmte ich den Besenstiel zwischen die Beine. Den Kahn überdeckte ich mit einem dünnen Schleier wegen der vielen Malariamücken und wartete dann der Dinge, die da kommen sollten.

Zuerst geschah gar nichts. Es wurde eine dunkle Nacht. Aber man konnte nach einiger Gewöhnung doch die nächste Umgebung ganz gut unterscheiden. Allmählich aber war es mir, als würde es immer dunkler. Es wurde mir schwarz vor den Augen wie kurz vor einer Ohnmacht. Mit aller Kraft erhielt ich mich bei Bewußtsein, denn ich wollte ja beobachten. – Die

Finsternis vor meinen Augen war beklemmend, als wenn es etwas gäbe, das noch schwärzer ist als schwarz, noch dunkler als Finsternis. – Da plötzlich erschien in der Schwärze ein großes, rotes Dreieck, flammend rot, so rot, daß es fast weh tat, – und in dem Dreieck ein Gesicht mit einer roten Kappe wie die eines Schalksknechts. Ich werde dieses bleiche, schöne, glatte und doch so seelenlose Gesicht nie vergessen. Ich wußte sofort mit unbezweifelbarer Evidenz: "Das ist Luzifer!" Das Gesicht hob sich aus dem Dreieck heraus. Ich sah dazu nun auch bis etwa zur Brustmitte die Gestalt. Der eine Arm der Gestalt winkte. Dieser Wink hatte eine schier unwiderstehliche Gewalt. Es gelang mir nicht, mich abzuwenden. Dann verschwand die Gestalt. Statt des roten Dreiecks sah ich wie in eine Höhle. Wie wenn die Finsternis ein Loch gehabt hätte. Ich blickte durch das Loch in einen langen Gang. Seltsam zu sgen: Es war darin weder hell noch dunkel, es war lichtlos. Aber ich "sah" dennoch. Die fahlen Wände des Ganges waren feucht. Irgendwo rauschte Wasser. In Spalten und Fugen zu seiten des Ganges lehnten Gerippe und aus Nischen grinsten Totenschädel. Mich befiel Angst, obwohl ich nicht furchtsam bin. Es war keine gewöhnliche Angst. Es war ein Erschauern, ein Grauen. Es gelang mir mit Aufbietung aller geistigen Kräfte, mich abzuwenden und zurück in meine Umgebung zu finden. Bald aber wurde wieder alles schwarz. Aus dem Dunkel traten Umrisse von Leibern, weiß, seidig glänzend, üppig sinnlich. Wo auch immer ich hinsah: berückende Frauenleiber in den unmöglichsten Stellungen und Verreckungen, den obzönsten und unzüchtigsten Verschlingungen. So muß, so dämmerte mir, Tannhäuser im Venusberg empfunden haben. Lange hielt dieser Zustand an. Ein fast qualvoller Zustand wollüstigen, aber ungestillten Verlangens. –
Dann fand ich mich wieder ziemlich ermattet in meinem Einbaum. Obwohl es dunkel war, konnte ich meinen nackten Körper gut sehen. Er hatte, es schien es mir, eine unnatürliche schwefelgelbe Farbe und ich nahm einen deutlichen Schwefelgeruch wahr. Nach einiger Zeit ging das schweflige Gelb in ein mattgrünes phosphoreszierendes Leuchten über. Ein merkwürdiger Phosphorgeruch umgab mich.
Ich betrachtete meinen Körper wie etwas Fremdes und es kam

mir zum Bewußtsein: "Aus diesem Körper mußt du heraus!"
Ich versuchte es mit den Beinen. Das ging ganz leicht. Es war mir, als hätte ich plötzlich vier Beine: Ein Paar, das wie tot im Kahne lag, und ein zweites, leichtes und bewegliches Paar, das ich aus dem toten Paar mühelos herausheben und bewegen konnte.
Ich hoffte, es würde auch mit dem übrigen Körper so gelingen. Aber das ging nicht. Am Kreuzbein, ungefähr dort, wo der Sakralwirbel sich befindet, war ich wie angenabelt. Ich mochte mich anstrengen wie ich wollte, ich konnte mich nicht ablösen. – Da begann ich ganz unwillkürlich mit beiden Händen gewaltsam gegen meinen Bauch von oben nach unten zu pressen, immer wieder, unermüdlich, krampfhaft, wild wie eine Gebärende; wand mich, wölbte mich zur Brücke, daß der Kahn schwankte und schaukelte. – Ein Zuschauer müßte gemeint haben, ich wände mich in furchtbaren Krämpfen. Aber diese "Krämpfe", dieses verzückte Ringen in wollüstiger Wut und schmerzhafter Lust förderten ja eben gerade das Gewünschte. – Dazu stöhnte ich laut immer wieder drei gleiche Vokale in derselben Reihenfolge. Ich nenne diese Vokale nicht. Ich will nur andeuten, daß diese drei Vokale in der Sprache des Balkanlandes, in dem ich den Versuch machte, "Wehe" bedeutet. Sie haben aber noch einen anderen höheren Sinn. Vielleicht habe ich damit unwillkürlich etwas zu meinem Schutz getan.
Diese "Wehen" währten lange Zeit. – Dann aber geschah das Wunderbare: Ich löste mich von meinem Kreuzbein, war nicht mehr festgenagelt, schwebte frei im Raume, war herrlich leicht. – Der Körper, den ich verlassen hatte, lag wie tot im Kahn. Ich selbst, mein Astralleib, oder wie man es nennen will, schwebte. Ein Wunsch, ein Gedanke genügte um mich hinzubefördern, wohin ich wollte. Alle Bewegungen waren von euphorischen Lustgefühlen begleitet.
Ich wünschte mich zum nächsten Baum. – Schon war ich dort. Aber als ich nach dem Baumstamm griff, blieb er mir sozusagen in der Hand, oder besser, ging durch meine Hand. Dann schwebte ich ganz durch den Baumstamm hindurch, d.h. eigentlich müßte ich sagen: Der Baum ging durch mich hindurch, während ich mich vorwärts bewegte.
Ich wußte nun, daß ich mich hinwünschen konnte, wohin ich

wollte, und ich wünschte mich an den nächsten Ort einer Walburgisorgie. Im Nu war ich dort. – Das Bild, das sich mir bot, war unbeschreiblich. Nackte weibliche Wesen von unsagbarer Schönheit schwebten dort umher. Waren es Feen, Göttinnen, Teufelinnen? Ich weiß es nicht. Menschliche Astralleiber waren es bestimmt nicht. Dazu waren sie zu schön. Ich sah also am Orte der Orgie keine Menschenwesen. Die Kunst, im "Astralleib" an solchen Orten in der Walpurgisnacht zusammenzukommen, scheint auch den Hexen des Balkans verloren gegangen zu sein. Das einzige menschenartige Wesen, das ich unter den Geschöpfen der Astralebene sah, war die üppige, überaus sinnlich wirkende Gestalt einer Negerin, wohl einer Negerfürstin, von einem Sinneszauber, wie ich es nie für möglich gehalten hätte. Außer den weiblichen Gestalten waren dämonische Wesen da; schreckerregende aber doch grausig schön. Es ist kaum zu beschreiben. Diese Wesen haben nämlich etwas Unbeständiges an sich. Sie sind wie in fortwährendem fließenden Flimmern begriffen, wie quirlende, schillernde Dämpfe. Entstehen immer eines aus dem anderen, schimmernd, perlend, unfaßbar.

Ich mischte mich in den Reigen, wünschte mich zu der nackten Fee, die mir als die schönste erschien. Ihr Sinneszauber war unschilderbar; und ich vereinte mich mir ihr. – Verglichen mit der Vereinigung zwischen einem menschlichen Astralleib und dem durchsichtigen feinstofflichen Leib eines Wesens der Astralebene ist die geschlechtliche Vereinigung zweier Menschenkörper eine armselige Stümperei und der Orgasmus der körperlichen Liebesextase ein stumpfsinniges, täppisches Getast. Zwei Astralleiber dringen bei der Vereinigung nicht nur zum kleinen Teil ineinander ein wie Menschenleiber. Nein, <u>sie durchdringen sich ganz, durchschweben einander und berühren sich dabei mit allen Teilen ihres Leibes</u>, was eine unsagbare, überirdische Wonne verursacht.

Ich erlebte diesen übersinnlichen Genußrausch, diese Orgie des Gefühls der Psyche nicht nur einmal. Ich stürzte mich von Leib zu Leib, durchschwebte, durchkostete immer wieder neue und, wie mir schien schönere; von Schauern durchrieselt, von Wonnen durchbebt, von Lust durchtränkt. – Es wollte schier kein Ende nehmen. Bis schließlich auch mein Astralleib ermattet sank. Ich spürte nur noch dieses Sinken wie in weichen, unendlich zarten, weißen Schwanenflaum. Ich sank und sank, lange, – lange. –

Als ich "zu mir" kam, war es Morgen. Mir taten meine Glieder weh vom langen, bewegungslosen Liegen im harten Kahn und mich fror erbärmlich. Mein Kopf brummte und wenn ich die Augen schloß, sah ich lauter Raupen, bunte schillernde Raupen, die qualvoll durcheinanderkrochen, und die ich lange, lange, noch Tage danach, nicht los wurde. Ich wußte nun, was der Ausdruck bedeutet: "Raupen im Hirn haben".

Dann erhob ich mich mühsam, versuchte mich anzukleiden. Das war sehr spaßig. Es kamen mir meine Kleider unsagbar grob und unpassend vor. Alles schien mir zu weit, zu derb. Einen Knopf einzuknöpfen, war ein Problem, einen Strumpf anzuziehen, ein ekelhaftes Geschäft, das Brechreiz verursachte. Ich kam mir in meinen Kleidern vor wie Herkules im Nessushemd, wie von einem Gewand von Brennesseln oder rauhen Baumrinden umgeben. Jede Berührung, jede Reibung kratzte und tat weh. Jede Hautstelle war überempfindlich wie bei der Prinzessin auf der Erbse. Auch meine anderen Sinne waren noch eine Zeit lang überempfindlich. Die ärmliche irdische Welt kam mir unglaublich roh, ekelhaft, schal und entsetzlich dumm vor. Dann wankte ich zu meiner Hängematte im Wald, lebte ein paar Tage nur von Honig. Alles andere ekelte mich an. Nur langsam schwand dieses Grauen vor der erbärmlichen irdischen Welt. Dann war ich wieder "normal". So ganz wie früher bin ich es aber nie mehr geworden. Hie und da wandelt mich auch heute noch der Ekel an vor dieser unserer rohen, häßlichen Welt.

Was war nun von dem geschilderten Erlebnis wirklich? Die Erscheinungen, die bis zu dem Zeitpunkt stattfanden, wo die Vorgänge des Austritts meines Astralleibes einstzten, kann man als symbolische Gestaltung meiner, von der Salbe hervorgerufenen leiblichen und psychischen Zustände auffassen. Waren sie aber deshalb unwirklich? Was jedoch während und nach dem Austritt des Astralkörpers geschah, hatte so sehr den Charakter des Realen, daß es schwer fällt es anders zu werten. Es sei denn man ließe als real nur das gelten, was unser fleischlicher Körper tut und empfindet. Die Grenzen des Wirklichen sind fließend von der leisesten innersten Regung bis zum realen (verdichteten) materiellen Geschehen. Letztlich ist alles nur Dichtung in des Wortes Doppelsinn. Wer einmal eine Erweiterung seines Bewußtseins erlebt hat, der weiß das. Der obige Bericht gibt Gelegenheit, darüber nachzudenken.

Hexen und Druden in deutschen Pflanzennamen
von Prof. Dr. Heinrich Marzell

Herrn Professor Dr. Walther Mitzka-Marburg, dem Schöpfer des "Deutschen Wortatlas", in Verehrung zum 75. Geburtstag gewidmet

In den Bänden des "Deutschen Wortatlas" (1951 ff.) von Walther Mitzka erscheint auch die *Synonymik* mehrerer Pflanzen (Ahorn, Brennessel, Brombeere, Kartoffel, Schlüsselblume, Quecke, Stachelbeere, Wacholder, Erdbeere, Himbeere, Preiselbeere, Maiglöckchen, Schneeglöckchen). Man sieht daraus, welche Fülle von deutschen landschaftlichen Benennungen eine einzige Pflanze haben kann, vorausgesetzt, daß sie eine einprägsame Erscheinung und eine weite Verbreitung im deutschen Sprachgebiet hat. Bei der Schlüsselblume (Primula) mögen es an die 700 Namen sein, wenn man die mundartlichen Varianten mitzählt. Ein enger begrenztes Gebiet behandelt der "Sudetendeutsche Wortatlas" (1954 ff.) von Ernst Schwarz mit seinen 22 Wortkarten von Pflanzen. Schwieriger ist es, die *Homonymie* von Pflanzennamen festzustellen. Durch Fragebogenarbeit läßt sie sich nur unvollständig erfassen, da sie beim Gewährsmann gewisse botanische Kenntnisse voraussetzt. Auch die Suche in Mundartwörterbüchern, deren Verfassern man ja im allgemeinen keine besonderen botanischen Kenntnisse zumuten kann, verläuft oft unbefriedigend. Es kommen Irrtümer und Verwechslungen vor, die nur der auch sprachlich einigermaßen geschulte Botaniker berichtigen kann (z.B. wenn ein Volksname für eine Pflanze angegeben wird, die in der betr. Gegend gar nicht vorkommt). Als Beispiel möge die Bezeichnung "Kuckucksblume" dienen, die ich für 43 verschiedene Pflanzen feststellen konnte[1]. Das "Deutsche Wörterbuch"[2], das allerdings kein Mundartwörterbuch ist, führt nur 3 auf, das "Rheinische Wörterbuch"[3] immerhin 12 und das "Schweizerische Idiotikon"[4] bringt die gleiche Zahl. Den Namen "Saukraut" fand ich für 20, "Geißbart" für 34 Pflanzen und "Judenkirsche" für 20 verschiedene wildwachsende Früchte.

In den folgenden Zeilen soll versucht werden, die Pflanzen festzustellen und zu gruppieren, die die Bezeichnung "Hexenkraut, Drudenkraut" u.ä. führen. Nicht nur vom Standpunkt der Mundartforschung aus, auch in volkskundlicher Sicht sind diese "Hexenkräuter" bemerkenswert. Auf den Hexenglauben soll hier nicht näher eingegangen werden. Aber wie man zuweilen aus den in Tageszeitungen veröffentlichten Gerichtsverhandlungen ersehen kann, gibt es heute noch in gewissem Sinn "Hexenprozesse", in denen abergläubische Leute auf dem Land irgendein altes Weib als "Hexe" verdächtigen, die im Stalle oder sonstwo Unheil angerichtet haben soll. Der "Deutsche Medizinische Informationsdienst" berichtete vor ein paar Jahren von einer Umfrage, die ergab, daß in der Lüneburger Heide zwei Drittel der Bevölkerung und im Bodenseegebiet noch mehr an die Existenz von Hexen glauben [5].

Hier noch ein Bericht über eine "Hexenjagd" aus allerjüngster Zeit: In dem kleinen Dorf Mailach bei Höchstadt an der Aisch (Oberfranken) hatte der 26jährige Johann Vogel in der Pfingstmontagnacht 1960 das Anwesen einer alten alleinstehenden Häuslerin (sie ist inzwischen verstorben) angezündet. Sie galt wegen ihres ungepflegten Aussehens und ihres etwas merkwürdigen Wesens bei mehreren Bewohnern des Ortes als "Hexe", vor der man sich hüten müsse. Besonders feindselig der Hexe gegenüber verhielt sich der Angeklagte und er äußerte, daß er das Haus dieser Hexe einmal anzünden werde und sie darin verbrennen müßte. Dieses Vorhaben führte er in der Pfingstmontagnacht 1960 aus. Das Haus der Hexe und ihr gesamtes Hab und Gut verbrannte, sie selbst konnte nur mit knapper Not ihr Leben retten. Johann Vogel wurde wegen versuchten Totschlages und schwerer Brandstiftung vom Schwurgericht am Landgericht Bamberg am 7. Juni 1962 zu einer Zuchthausstrafe von drei Jahren verurteilt. Im Verlauf der

Verhandlung stellte sich u.a. heraus, daß manche Dorfbewohner vor die Stalltüren Mistgabeln stellten, um der Hexe das Eindringen in den Stall zu verwehren. Johann Vogel gab vor dem Richter an, daß er immer Angst vor der Hexe gehabt habe und daß jede Begegnung mit ihr für ihn mit "Pech" verbunden gewesen sei. Im übrigen glaube er noch heute an die übernatürlichen Kräfte dieser alten Frau. Der in der Verhandlung anwesende 71jährige Bürgermeister des Dorfes Mailach sagte aus: "Bei uns gibt es einige ältere Leute, die an Hexen glauben." Als ihn der Richter fragte: "Glauben Sie auch daran?", antwortete der Bürgermeister mit "Ja" und fügte ergänzend zu: "Es gibt halt Leute, die eine Macht über andere ausstrahlen können." Ob er in diesem Sinne auch mit dem Angeklagten gesprochen haben, wollte der Richter wissen. Auch diese Frage hatte der Bürgermeister bejaht (nach dem Verhandlungsbericht in der "Süddeutschen Zeitung", München, vom 8. Juni 1962).

Daß die Hexen sich zu ihren dunklen Künsten gewisser Pflanzen bedienen (oder auch durch bestimmte Kräuter abgewehrt werden können), ist ja ein uralter Glaube. Die kolchische Königstochter Medea schläferte mit Zauberkräutern den Drachen ein und beschwor die Hekate mit Hilfe von Zauberkräutern. Hermes überreichte dem Odysseus das Kraut uwyv, womit er die Ränke der Circe unwirksam machen könne. In den Hexenprozessen des 16. und 17. Jahrhunderts werden oft Kräuter genannt, deren sich die Hexen zu ihren Tränken oder auch zur Herstellung der "Hexensalbe" bedienten[6]. Daß dieser Hexenglaube auch in *Pflanzennamen* zum Ausdruck kommt, ist nicht verwunderlich.

Die unten gebrachte Liste der als "Hexenkräuter" bezeichneten Pflanzen beruht auf meinen seit 60 Jahren betriebenen Sammlungen der deutschen Pflanzennamen. Der Stoff stammt vor allem aus Mundartwörterbüchern, aus landschaftlichen Sammlungen volkstümlicher Pflanzennamen (z.B. im heimatkundlichen, volkskundlichen und sprachwissenschaftlichen Schrifttum), dann aus persönlichen Sammlungen (durch Fragebogen usw.). Um den äußeren Umfang der Pflanzennamenliste etwas einzuschränken und um Wiederholungen zu vermeiden, habe ich jeweils nach dem lateinischen Pflanzennamen mein "Wörterbuch der deutschen

Pflanzennamen" 1937 ff. (= Wb.; jetzt bis zum Stichwort "Knautia" erschienen) und meine botanischen Beiträge im "Handwörterbuch des deutschen Aberglaubens" 1927 – 1942 (= Hwb.) zitiert. An beiden Stellen finden sich noch mehr Materialien, ferner genaue Quellenangaben und die botanische Beschreibung der betreffenden Pflanze. Auch Parallelnamen werden gelegentlich angegeben, darunter sind naturgemäß solche häufig, die mit "Teufel" zusammengesetzt sind[7].
Die äußere Erscheinung der Pflanze (etwa zerzauste Fruchtstände) erinnert an die Hexe, die man sich mit wirren Haaren vorstellt. Auch das Kennzeichen der Hexen, der Besen, tritt oft in Erscheinung.

Hex(e) (Sonthofen im Allgäu) = Silberwurz (Dryas octopetala – Wb. 2,172). Haariger Fruchtstand, auch Petersbart, Wildes Wibli (im Gegensatz zum Wilden Männli – Anemone alpina).
Hexli (Schaffhausen), *Hexenkraut* (Wertingen im bayr. Schwaben) = Türkischer Schwarzkümmel (Nigella damascena). Die Blüten sind von einer vielteiligen, in feine Zipfel zerschlitzten Hülle umgeben, daher auch Gretl im Busch, Graupete (= struppige) Gretl (Ennstal/Steiermark), Braut in Haaren.
Hexenbesen (Churfirstengebiet/St. Gallen) = Alpen-Anemone (Anemone alpina – Wb. 1,268). Besenähnlicher Fruchtstand. Des wilden Mans Kraut (11561 Aretius, Teufelsbart (z.B. Riesengebirge, Allgäu, St. Gallen).
Hexenhaar (rheinisch) = Waldrebe (Clematis vitalba – Wb. 1,1046). Haariger Fruchtstand. Deuwelshär (Nordharz), vgl. auch unten *Hexenwinde, Hexenstrang, Hexenzwirn* für die gleiche Pflanze.
Hexenbesen (Bechtersbohl/Waldshut)) = der moosartige, haarige Auswuchs, der sich häufig an den Zweigen der Hunds-Rose findet. Er entsteht durch den Stich der Rosen-Gallwespe (Rhodites rosae). Im Volksglauben spielen diese Gallbildungen als Rosen-, Schlafäpfel, Schlafkunze eine große Rolle (Hwb. 7,1088 ff.).
Hexenbesen (Cues/Bernkastel) = Acker-Schachtelhalm (Equisetum arvense – Wb. 2,250). Die unfruchtbaren Triebe sind besenähnlich. Die Benennung nach der Hexe mag daher rühren, daß die Pflanze ein verhaßtes Unkraut ist, daher auch Zigeuner (Katharinaberg/Brüx).

Hexenbesen (Aschaffenburg) = Kanadisches Berufkraut (Erigeron canadensis – Wb. 2,279; Hwb. 1,1103). Besenähnlicher Wuchs. Unter dem Namen Widerruf (Jena) wurde die Pflanze zum Räuchern des behexten Viehes gebraucht.
Hexe(n)nägeli (Buchberg/Kt. Schaffhausen) = Kartäuser-Nelke (Dianthus carthusianorum – Wb. 2,99). Vielleicht nach den struppigen, spitzen Kelchschuppen, daher auch Schudereeueli (Stein a. Rh./Kt. Schaffhausen), das eigentlich "Nachteule, Uhu" bedeutet.
Hexenbesen (vor allem im Mittel- und Oberdeutschen) = Mistel (Viscum album – Hwb. 6,385). Man glaubt, daß diese besenähnlich aussehende Schmarotzerpflanze auf einem Zweig entsteht, wohin sich eine Hexe oder ein Mahr gesetzt hat. Andrerseits glaubt man aber auch, daß ein im Stall aufgehängter Mistelzweig die Hexen fernhalte. Andere Benennungen sind noch *Hexe(n)pösche* (Schleitheim/Kt. Schaffhausen), *Hexe(n)stock* (Neustadt/Pfalz), *Hexenstrunk* (rheinisch), *Hexenkrut* (Neustadt am Rübenbg./Hann.; Elsaß), *Hexenast* (Kt. Schaffhausen), *Hexennest* (Holderbank/Aargau), ferner *Drudennest* (Crailsheim), *Drudenköbi* (-kobel) (Nordtirol), *Marentacken* (zu Mahr "Nachtgespenst" und Tack, pl. Tacken "Zweig") (so schon mnd., für die neuere Zeit aus Mecklenburg und Schleswig gebucht). Die Früchte der Mistel heißen auch *Hexe(n)beeri* (Aargau). Man hielt diese Beeren wohl auch für giftig ebenso wie die giftverdächtigen Krähenbeeren (Empetrum nigrum) *Hexenbeeren* (Wieden/ Lörrach) genannt werden.
Hexenbesen heißen allgemein (auch in der wissenschaftlichen Botanik) die besenförmigen, mistelähnlichen Büsche, wie man sie auf manchen einheimischen Bäumen (z.B. Birken, Lärchen, Fichten, Tannen) beobachten kann. Sie werden z.T. durch Schmarotzerpilze (Taphrina-Arten) verursacht, in anderen Fällen handelt es sich um Wachstumsstörungen oder Knospenmutationen, deren Ursache nicht bekannt ist. Manchmal heißt man diese Mißbildungen auch *Drudenschuß* oder *Drudengewächs*. Um Welschnofen (Südtirol) versteht man unter Trutndruck "Mißbildungen am Wurzelstock von Lärchbäumen". Sie rühren von der Trut her, denn wenn diese keinen Menschen hat, muß sie einen Baum drücken[8].
Pflanzen oder Pflanzenteile, die in ihrer Gestalt etwas

Auffallendes haben oder Ähnlichkeit mit irgendwelchen Gebrauchsgegenständen haben, werden nach den Hexen benannt.

Hexenbirke (Böhmerwald) = Hängebirke (Betula pendula – Wb. 1,597; Hwb. 1,1334 f.). Nach dem Volksglauben hängen die Zweige dieser Birke deswegen herab, weil in den Hexennächten die Hexen darauf herumsaßen. Sonst gelten Birkenzweige (auch der Birkenbesen) als hexenabwehrend.

Hexenkamm (Temeser Banat) = Schutt-Karde (Dipsacus silvester – Wb. 2,147). Nach den stachligen Blütenköpfen, die zum Kämmen (Aufkratzen) der Wolle (besonders von der verwandten Weber-Karde) benutzt wurden. Vgl. ahd. chemphe (aahd. champ "Kamm") "lupi pecten"[9], mhd. wolfstrael (strael "Kamm"), engl. gipsy's comb.

Hexentreppen (Mecklenburg) = Brand-Aloe (Aloe variegata – Wb. 1,224). Nach der treppenartigen Bänderung der Blätter. "Hexentreppen" (Dithmarschen) heißen auch die von der Nachtmahr geflochtenen Mähnen der Pferde[10].

Hexensporn (Norderdithmarschen) = Sumpf-Zweizahn (Bidens tripartitus – Wb. 11,601). Nach den mit spitzen Grannen versehenen Klettfrüchten, die sich an vorüberstreifende Tiere oder Menschen einhängen. Andere Benennungen sind Düwelsförken, Bumanns- oder Busemannsförken zu Förke "Forke, Gabel" und Busemann "Poltergeist, Koboldd".

Hexensessel (Maienfels/Weinsberg), *Hexe(n)paraplui* (Berolzheim/Baden) = Hutpilze (Fungi – Wb. 2,522). Zu *-sessel* vgl. nd. Poggenstöl, zu *Hexen*-Teufelsküchle (Schwaben), Düvelsfleesch (Selfkant).

Hexanüdala (Kr. Schongau/Oberbayern) = die nudelförmigen Früchte des Sauerdorns (Berberis vulgaris – Wb. 1,570).

Hexenlichter (Wörth a. Rh./Pfalz) = die bekannten federigen Fruchtstände des Löwenzahns (Taraxacum officinale), die von spielenden Kindern als Lichter *"ausgeblasen"* werden. Vgl. auch Teufelslichter (Elsaß).

Heks(e)aach (Hexenauge) (Himbach/Oberhessen) = Kaiserkrone (Fritillaria imperialis = Wb. 2,495). Die Blumenkrone zeigt im Innern weißliche, augenähnliche Flecken.

Häksensmer (Westfalen) = Brombeere (Rubus fruticosus – Hwb. 1,1582). Die Hexen schmieren sich die Schuhe mit Brombeeren, weshalb diese von manchen nicht gegessen werden[11]. Bgl. Düwelssmer (Fehmarn) für die nah verwandte Kratzbeere (Rubus caesius).

Hexenschmalz (Kr. Tachau/Egerland) = Lohblüte (Fuligo septica – Wb. 2,505). Ein Schleimpilz von rahmartiger Beschaffenheit und gelber Farbe, der besonders auf Gerberlohe vorkommt. Vgl. schwed. trollsmör. Ein alter Name ist Zauberbutter (1703 Gottsched).

Hexenkaas (-käse), *-dreeg* (-dreck), *-gspei* (Egerland) = Erdgallerte (Nostoc commune), eine Gallertalge. Die Hexe soll damit den Nutzen (Milchertrag) der Kühe holen. Man wirft die Erdgallerte ins Feuer und glaubt so, der Hexe den Hintern zu verbrennen (Egerland).

Hexenblume (Graslitz/Erzgebirge) = Wiesen-Schaumkraut (Cardamine pratensis – Wb. 1,819). Wohl deswegen, weil an dieser Pflanze oft der sog. Kuckucksspeichel, auch Hexen- oder Teufelsspeichel (Hwb. 5,752), zu finden ist. Er wird durch die Larve der Schaumzikade (Philaenus spumarius) hervorgebracht.

Hexenpilz (Riesengebirge), *Hexenschwamm* (Niederösterreich, Egerland) = Bovist, Staubpilz (Lycoperdon-Arten – Hwb. 1,1485). Die Boviste, die auf Wiesen, trockenen Grasplätzen, Weiden vorkommen, fallen dem Volke besonders durch den kugeligen oder eiförmigen Fruchtkörper und den schwarzen Sporenstaub auf. Sie gelten vielfach (mit Unrecht) als giftig. Nach einem schwäbischen Volksglauben sollen die Boviste besonders auf den Tanzplätzen der Hexen wachsen[12]. Das gleiche sagt man auch von den "Hexenringen", das ist eine Ansammlung von Hutpilzen, die im Kreise gewachsen sind. Nach ihrer Gestalt heißen die Boviste ferner *Hexeneier* (Böhmerwald, Niederösterreich), *Drudeneier, Drudengaggeli* (Gaggeli = Ei in der Kindersprache) (Hesselberggegend/ Mittelfranken). "Drudeneier" sind auch ungewöhnlich kleine Eier, die manchmal von Hennen gelegt werden. Nach dem Volksglauben kommen sie von einer Drude, die das große Ei weggenommen hat. Man wirft ein solches Ei über das Hausdach, damit sich die Drud zerfalle[13]. *Hexenei* (1760 Schaeffer) ist auch eine alte Benennung für einen anderen auffälligen Pilz, den Stinkmorchel (Phallus impudicus). Er heißt

Dost (Origanum vulgare), im Niederdeutschen auch Hexenkrut genannt. Aus Leonhart Fuchs, Läbliche Abbildung und contrafaytung aller Kreuter. Basel 1545.
Höhe des Originalholzschnittes 12 cm

auch Teufelsei (11760), dän. Hexeoeg, schwed. trollagg. Die jungen Boviste enthalten eine quark- oder käseähnliche Masse, daher *Hexenquark* (Sudeten-Schlesien). Bei der Reife zerfällt das Innere dieser Pilze in schwarzbraunes, staubartiges Pulver (das sind die Sporen des Pilzes), das dann wie in einem Beutel eingeschlossen ist, daher *Trudenbeutel* (Nürnberg[14]), *Truddebeggel* (Begel "Beutel") (Schönau/Siebenbürgen), *Häksbäigeltcher* (Nösnerland), *Hexenduser* (zu Duse "Dose, Schnupftabakdose") (Börtlingen/Göppingen). Ähnliche Benennungen sind Teufelsbeutel (Oberpfalz), Deiwelsduus (Teufelsdose) (Zeiskam/Pfalz). Wenn man auf den reifen Pilz tritt, entweicht der Sporenstaub wie aus einem Blasbalg (nd. Püster), deshalb *Heksenpüsters* (Ostfriesland). Dieses Entweichen des Sporenstaubes geschieht oft mit einem zischenden Geräusch, daher *Hexenfurz, -fürzle* (Biberach), *Hexenschieß* (Absroth/Kr. Eger). Bei den Botanikern des 16. Jahrhunderts hieß der Pilz crepitus lupi "Wolfsfurz", woraus dann der später ins Griechische übersetzte wissenschaftliche Name Lycoperdon (yuxoc "Wolf" und neqdw "furzen") gebildet wurde. *Hexenfürzle* (Biberach) heißen auch die welken, ausgetrockneten Fruchtkapseln der Herbstzeitlose (Colchicum autumnale – Wb. 1,1104).
Hexenkraut (Eldhagsen am Deister /Hann., Eickum/Minden), *Hexlichrut* (Churfirstengeibet/St. Gallen), *Drudenblam* (Sächs. Regen/Nösnerland) = Rührmichnichtan, Springkraut (Impatiens noli-tangere – Wb. 2,1002). Die reifen Früchte springen bei einer leisen Berührung auf, so daß die Samen herausgeschleudert werden. Dieses seltsame Aufspringen hat etwas "Unheimliches".
Hexenkraut (1794 Nemnich, ferner Egerland, Pfalz) = Wurmfarn (Aspidium filix-mas – Wb. 1,479; Hwb. 2,1215 ff.) und ähnliche Farne. *Hexeflitch* (Flitch "Vogelflügel") (Oberhessen), *Drudafeddera* (Drudenfedern) (Reichling b. Schongau/ Oberbayern), *Hexenleiterchen* (Hessen) nach den flügelähnlichen Wedeln, deren Fiedern leiterförmig angeordnet sind. Die Farne, die oft im tiefen Waldesschatten wachsen, gelten als "unheimliche" Pflanzen. Sie sind auch das "Irrkraut". Wer unversehens darauf tritt, verirrt sich im Wald und findet nicht mehr heim (Hwb. 2,1223; 4,778), daher auch Teufelsrippen (bayer. Schwaben), Teufelsleiter (Hessen, Eifel, Oberbayern),

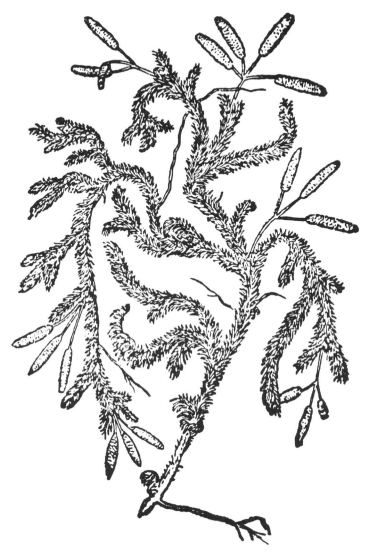

Bärlapp. Holzschnitt aus H. Bock, Kreuterbuch. Straßburg (Wendel Rihel) 1551. — Volksnamen: *Hexenkraut, Hexenranken, Drudenkraut, Drudenfuß.*

Teufelsfedern (Oberösterreich).
Hexe(n)chrut (Neu-Toggenburg/St. Gallen) = Weidenröschen (Epilobium angustifolium – Wb.. 2,224; Hwb. 9,254). In Oberösterreich gilt die Pflanze ebenso wie der Farn als ein "Irrkraut".
Es ist naheliegend, daß schädliche (oder auch vermeintlich schädliche) Pflanzen im Volksglauben den Hexen zugeeignet werden. Es handelt sich hier vor allem um Schmarotzerpflanzen oder auch um solche, die andere Gewächse umschlingen oder sie ersticken.
Hexenzwirn (Niederhessen), *Hexengarn* (Schaffhausen), *Hexenhaar* (St. Martin/Pfalz), *Trudegu(o)ren* (-garn) (Törnen/Siebenbürgen) = verschiedene Arten der Seide (Cuscuta – Wb. 1,1272), die vor allem Kulturpflanzen (z.B. Klee, Flachs, Hopfen) mit ihren fädigen, windenden Stengeln umschlingen und sie schwer schädigen. Daher heißen sie auch Teufelszwirn (17776 Mattuschka; auch jetzt noch vielfach bei den Bauern), Düwelsneigarn (Teufelsnähgarn) (niederdeutsch), Deifelszwick (Zwick "Nähfaden") (Breisgau). *Hexenklee* (Kerpen/Bergheim) ist die Klee-Seide (Cuscuta epithymum), auch Kleedüvel (-teufel) (Elmpt/Erkelenz), Kleedeiwel (Germersheim), die auf Klee schmarotzt.
Hexengarn (Niederösterreich), *Hexenhaar* (Berg im Gau/Donauwörth) = Kleb-Labkraut (Galium aparine – Wb. 2,572). Das Kraut heftet sich mit feinen Widerhäkchen an die Pflanzen der Umgebung und drückt sie oft zu Boden.
Hexenstrang (1775 Gleditsch; auch Hannover, Pfalz), *Hexenseil* (rheinisch), *Hexenzwirn* (Salzburg), *Hexenwinde* (Jena), *Hexenfinger* (Erpel a. Rh./Neuwied) = Waldrebe (Clematis vitalba – Wb. 1,1050). Die holzigen Stengel dieser einheimischen "Liane" klettern oft hoch hinaus an Bäumen, Sträuchern, Zäunen. Sie ist übrigens keine Schmarotzerpflanze, wofür sie manchmal im Volk gehalten wird. Vgl. auch o. *Hexenhaar*, das sich auf die wolligen Fruchtstände bezieht. Hurenstrang (1770 Münchhausen), Hurenseil (Filstal/Wttb.) sind verächtliche Bezeichnungen, wobei hingewiesen sei, daß im Schwäbischen das Wort Hure manchmal für Drude (Hexe) gebraucht wird[15].
Hexenzwirn (Kr. Herford/Westfalen) = Deutsches Geißblatt (Lonicera periclymenum). Es klettert wie die Waldrebe an

Bäumen hinauf. Auch Düwelstwirn (Osnabrück), im Nd. häufig Alfranke (schon 1667 bei Paulli), verderbt und nicht mehr verstanden Ahrwrankel (Nordprignitz) zu mnd. alf "Elfe, böser Geist".

Hexenstrang (Büchername) = Bocksdorn (Lycium halimifolium). Nach den dichten, lang herabhängenden Zweigen, häufig auch Teufelszwirn. Daß der Name Bocksdorn auf den Bock als das Tier des Donnergottes, später des Teufels, hinweist[16], ist eine mythologische Spielerei. Bocksdorn ist umgedeutet aus der alten Bezeichnung Buxdorn (gr. nußayavda), hat also mit dem Bock gar nichts zu tun, ganz abgesehen davon, daß der aus dem Mittelmeergebiet stammende Bocksdorn dem germanischen Altertum sicher unbekannt war.

Unkräuter sind nach altem Volksglauben ein Werk der Hexen. In der Bibel (Matth. 13,39) ist es der Teufel, der das Unkraut unter den Weizen sät. Jedenfalls haben die unten genannten Pflanzennamen eine pejorative Bedeutung.

Hexenkraut (Vierlande) = Kornrade (Agrostemma githago – Wb. 1,157). Als Unkraut im Getreide heißt die Kornrade im Rheinischen auch Höllenkorn und Hure.

Hexenkraut (Büchername) = Knopfkraut (Galinsoga parviflora – Wb. 2,560). Dieses aus Peru stammende Unkraut hat sich in den letzten 100 Jahren in Deutschland sehr ausgebreitet und ist in manchen Gegenden durch sein massenhaftes Auftreten zur Landplage geworden. Auch Teufelskraut (Niederösterreich, Kärnten, Siebenbürgen).

Hexenkohl (Schwansen/Schleswig) = Bärenklau (Heracleum sphondylium – Wb. 2,833). Die ausgewachsenen harten Stengel dieser Wiesenpflanze geben ein schlechtes Futter. Vgl. auch frz. (Orne) herbe du diable.

Von Nutzpflanzen werden gewisse im Aussehen ähnliche, wildwachsende, aber für den Menschen unbrauchbare Gewächse unterschieden.

Häxegärste (Bern) = Mäusegerste (Hordeum murinum – Wb. 22,892). Häufiges Unkraut auf Schutt, an Wegrändern, das im Aussehen der angebauten Gerste (Hordeum vulgare) gleicht. Vgl. it. (Trento) forment diàol.

Heksenflass (Brockhagen/Halle i. W.), *Hexengras* (Duppau/ Nordwestböhmen) = Wollgras (Eriophorum-Arten – Wb. 2,286).

Die wolligen Fruchtstände gleichen einem Flachsbündel.
Drudenzwiebeln (Eltersdorf b. Erlangen) = Dolden-Milchstern (Ornithogalum umbellatum). Die Pfl. hat kleine Zwiebeln, also "unechte Zwiebel" im Gegensatz zur Küchenzwiebel.
Giftige Kräuter wurden von jeher mit bösen Mächten in Verbindung gebracht.
Hex(e) (Seibranz/Leutkirch) = Blauer Sturmhut (Aconitum napellus – Wb. 1,108). Auch Teufelskraut (Uri), Teufelswurz (Tirol). In der griechischen Mythologie ist das Kraut άxòvviitov aus dem Geifer des Höllenhundes Kerberos entstanden, auch war es im Zaubergarten der Hekate angepflanzt[17]. Ob der schwäbische Volksname *Hex(e)* mit der Giftigkeit der Pflanze zusammenhängt, ist allerdings fraglich.
Hexenkraut (Büchername), *Hexenkümmel* (nach den kümmelähnlichen Samen) (Pennsylvaniadeutsche) = Stechapfel (Datura stramonium – Wb. 2,50; Hwb. 8,360). Der Stechapfel soll ein Bestandteil der "Hexensalbe" gewesen sein, vgl. auch frz. herbe des sorciers.
Hexenblumen (Allendorf/Dillkreis) = Roter Fingerhut (Digitalis purpurea – Wb. 2,135). Eine gefährliche Giftpflanze, die auch Döüwellshüt (Mettmann/Düsseldorf), it. (Sopramonte/Trento) erba del diàol heißt.
Hexe(n)kraut (Erkenbrechtsweiler/Nürtingen) = Braunwurz (Scrophularia nodosa). Die Pflanze verursacht Vergiftungen (Blutharnen) beim Weidevieh[18].
Hexenblume (Erzgebirge, Wagbachtal/Troppau) = Busch-Windröschen (Anemone nemorosa – Wb. 1,288). Die Pflanze verursacht beim Weidevieh Entzündung der Gedärme.

Hexenkraut (rheinisch, schwäbisch) = Wolfsmilch (Euphorbia-Arten – Wb. 2,369). Vgl. it. (Trento) erba stria, ferner Teufelskraut (häufig). Der ätzende, brennende Milchsaft ist giftig, daher *Hexenmilch* (rheinisch, Pfalz, Schwaben, Lothringen), *Drudenmilch* (Mittelfranken), *Trudemältsch* (-milch) (Siebenbürgen), *Toggimilch* (zu Toggi "Alp, incubus") (Rheinwald-

tal/Graubünden). Vgl. engad. lat. d'stria.
Hexenkraut (Luxemburg, Baden, Lothringen, Elsaß), *Hexaveigela* (-veilchen) (Rehorn/Riesengebirge) = Schellkraut (Chelidonium majus – Wb. 1,927). Vgl. it. (Trento) erba stria, ferner Teufelskraut (Mittelfranken, Baden, Oberhessen, Aargau). Nach dem giftigen gelben Milchsaft wie die Wolfsmilch (Euphorbia) *Drudenmilch* (Mittelfranken), *Trudemälch* (Siebenbürgen), häufig auch Teufelsmilch. – Abb. S. 111.
Hexenmilch (Insingen/Mittelfranken), *Hexe(n)spei* (Härtsfeld/ Schwäbische Alb) = Löwenzahn (Taraxacum officinale). Enthält einen bitteren, schwach giftigen Milchsaft, daher auch Tüfelsmilch (Kt. Schaffhausen).
Hexenbeeri (Wieden/Lörrach) = Krähenbeere (Empetrum nigrum – Wb. 2,207). Gilt mancherorts im Volk als giftig oder zum mindesten als ungenießbar, was auch in dem Namen Hundsbeere (Erz-, Riesengebirge) zum Ausdruck kommt.
Hexenschlotte (Niederhessen) = Blätter der giftigen Herbstzeitlose (Colchicum autumnale – Wb. 1,1083; Hwb. 3,1757). In Oberhessen glaubt man, daß in der Walpurgisnacht die Blätter ("Schlotten") der Herbstzeitlose abgestumpft ("gestemme"), d.h. ihrer Spitzen beraubt werden, aus denen die Hexen Gemüse kochen. Da um Walpurgi die Spitzen an den Blättern der Herbstzeitlose zu verdorren pflegen, sagt man um Schmalkalden, daß die Hexen daraus Salat gemacht haben[19].
Hexe(n)chirse(n) (-kirsche) (Heiden/Appenzell) = Alpen-Heckenkirsche (Lonicera alpigena). Die Beeren der Heckenkirschen-Arten sind giftig. Daher auch Teufelsbeere, Teufelskirsche für die Rote Heckenkirsche (Lonicera xylosteum).
Hexenpilz (Büchername) = Hexen-Röhrling (Boletus luridus). Dieser Pilz wird häufig für giftig gehalten, vielleicht auch deswegen, weil er mit dem ähnlichen, wirklich giftigen Satanspilz (Boletus satanas) verwechselt wird. Der Hexenpilz ist jedoch nur in rohem Zustand giftig, in gebratenem ist er ein guter Speisepilz.
Die größte Gruppe der "Hexenkräuter" stellen solche Pflanzen, die im Volk als hexenabwehrend (apotropäisch) gelten oder galten. Es handelt sich hier vielfach um mehr oder minder stark aromatisch riechende Kräuter (wie Dill, Eberreis, Raute, Dost,

Quendel, Ziest) oder um solche, die durch ihre äußere Erscheinung auffallen wie der Hain-Wachtelweizen durch seine blauvioletten Deckblätter, durch den roten Blütensaft (Hartheu), durch die fleischigen, langlebigen Blätter (Sedum-Arten) oder auch durch ihr Vorkommen an dunklen Waldstellen (Bärlapp). Dornige Sträucher wie Kreuzdorn und Hunds-Rose sollen gleichfalls ein Schutz gegen das Eindringen der Hexen sein.

Hexenkrut (Braunschweig, Südhannover) = Dill (Anethum graveolens – Wb. 1,306; Hwb. 2,295). Der Dill schützt die kleinen Kinder, Wöchnerinnen und Brautleute vor den Hexen. Den Kühen wird nach dem Kalben Dill gegeben, damit sie nicht behext werden können.

Hexenkruit (Südhannover) = Dost (Origanum vulgare – Hwb. 2,361 f.). Eine Abkochung des Krautes wird den Kühen nach dem Kalben gegeben, um sie vor dem Behextwerden zu schützen. Der Dost wird in alliterierenden Sprüchen zusammen mit dem eben erwähnten Dill genannt z.B. in dem schlesischen Bauernspruch:

"Toste, Tille, Baldrian
Soll jeder Pauer eim Hause han."[20]

oder im Braunschweigischen:

"Dat is bedillt und bedost,
Dat hat de Hexe nich ewusst."[21]

Abb. S. 113

Hexenkraut (Rottal/Niederbayern), *Hexenkräutl* (Buch b. Hallein) = Quendel (Thymus serpyllum – Hwb. 7,418 f.). Das Kraut wird im Rottal an Fronleichnam geweiht und dann in den Ställen aufgehängt, damit die Hexe "nicht an die Milch kommt".

Hexenkraut (Büchername: 1777 Mattuschka) = Sommer-Ziest (Stachys annua – Hwb. 9,937). Wird ebenso wie der nah verwandte Heide-Ziest (Stachys recta) als "Beschrei- oder Berufkraut" zu Bädern für "beschriene" Kinder gebraucht. In einem steirischen Hexenprozeß vom Jahre 1661 wird das Kraut unter dem Namen "Fuepperkraut" als Mittel angegeben, um einen Verzauberten wieder gesund zu machen[22]. Im Nösnerland (Siebenbürgen) nennt man den Sommer-Ziest auch Fäptgekrait zu rum. fapt "Zauber, Verhexung"[23].

Hexenkraut (Abensberg/Niederbayern) = Raute (Ruta graveolens – Hwb. 7,543 ff.). Diese alte Bauerngartenpflanze gilt besonders in den romanischen Ländern als hexenabwehrend. In Italien wird sie noch heute als Amulett getragen.

Dost (Origanum vulgare), im Niederdeutschen auch Hexenkrut genannt. Aus Leonhart Fuchs, Läbliche Abbildung und contrafaytung aller Kreuter. Basel 1545. Höhe des Originalholzschnittes 12 cm

Hexenkraut (Murnau/Oberbayern) = Eberreis (Artemisia abrotanum – Wb. 1,419; Hwb. 2,527). Ebenfalls eine stark aromatisch riechende Pflanze der Bauerngärten: "ist ein sonderlich kraut wider alle zauberey, so den mannen ir recht nemen sich mit dem weib zu vermischen" (Impotenz)[24].
Hexenkraut (Lautenbach/Gummersbach) = Beifuß (Artemisia vulgaris – Wb. 1,440; Hwb. 1,1004). Ein naher Verwandter des Eberreises. Galt schon in der Antike ebenso wie im deutschen Mittelalter als zauberwidrig. Behexte Milch wird durch den Beifuß entzaubert[25].
Hexekrout (Lauterecken/Pfalz) = Kreuzkraut (Senecio vulgaris – Hwb. 5,509 f.). Auch Berufkraut (1714 Zorn), Beruffkrottch (Nordböhmen), Teufelskräutich (Marktheidenfeld/Unterfranken), dän. (Angeln) troldblomst.
Hexenkraut (Büchername: 1772 Gmelin; 1776 Mattuschka) = Färber-Wau (Reseda luteola – Hwb. 9,200). Die Pflanze kommt noch heute in der Eichstätter Gegend in die an Maria Himmelfahrt (15. August) geweihten Kräuterbüschel. "Es gebrauchen gleich wohl heutigen Tages noch etliche alte Kupplerin diese Kreuter ... und sonderlich das Streichkraut (= Färber-Wau), das sammeln sie zu jren Wurtzwischen und treiben allerhand Segen, Fantaseyen und zaubrisch Gauckelwerk damit, welche doch den Christen verbotten ..."[26]
Hexenblume (Mehlis/Gotha) = Augentrost (Euphrasia officinalis – Wb. 2,400; Hwb. 1,719 f.). Auch Beschreikraut (Obernburg a. M./Unterfranken), weil in dem Absud "beschriene" Kinder gebadet werden.
Hexenkraut (Böhmerwald, Egerland, Tirol, Schwäbische Alb) = Frauenflachs, Leinkraut (Linaria vulgaris – Hwb. 2,1776). Gilt als zauberwidrig. "Beschriene" Kinder werden mit dem Absud

gewaschen. Auch Teufelskraut (Niederbayern, Gegend von Nürnberg), Schrattenkraut (Schrattel "Teufel, Kobold") (Steiermark).

Hexenkraut (bayer. Schwaben) = Christophskraut (Actaea spicata – Wb. 1,115; Hwb. 2,75). "Mit dem Kraut kann man Übel sowohl anhexen wie auch solches entfernen, wenn man es dem Leidenden ins Bett legt. Eine Hexe, der es morgens in die Schlafkammer gelegt wird, hindert es am Heraustreten (Kt. Zürich)."[27]

Hexenkraut (1777 Mattuschka; volkstümlich vor allem in Mittel- und Oberdeutschland), *Hexenblume* (Unterfranken) = Hartheu, Johanniskraut (Hypericum perforatum – Wb. 2,946; Hwb. 3,1486 ff.). Die Pflanze, die auch sonst im Volksglauben (besonders an Johanni) eine große Rolle spielt, sollte die Hexen und den Teufel verjagen, daher schon im 16. Jahrhundert Jageteufel, Teufelsflucht (nlat. fuga daemonum) genannt. Das Johanniskraut wurde vor allem am Johannisabend in den Häusern und Ställen aufgehängt, um die Hexen fernzuhalten. Vgl. auch Teufelskraut (Oberpfalz, Mittelfranken), Alfkrok (zu Alf "Alb, Nachtmahr") (Leudersdorf/Düren; Widdersdorf/Köln, it. (Val die Fiemme) erba de strie.

Hexenkraut (Schmalensee/Holstein) = Hain-Wachtelweizen (Melampyrum nemorosum – Hwb. 9,22). Vgl. auch Beschreikraut (Baden), Schreikraut (Iglau). Kinder werden in dem Absud gebadet und Kühe mit dem Kraut geräuchert, wenn sie "verschrien" sind. Der verwandte Acker-Wachtelweizen (Melampyrum arvense) heißt mlat. circea, vgl. u. *Hexenkraut* (Circaea).

Hexenkraut (Wiehl/Waldbröhl), *Heks(e)kraut* (Londfeld/Gießen), *Hexechrud* (Gotha) = Mauerpfeffer (Sedum acre – Hwb. 6,1 f.). Aus dem Kraut werden in katholischen Gegenden die "Fronleichnamskränzchen" geflochten, die als Schutz gegen bösen Zauber im Haus aufgehängt werden. Es heißt auch Widertat (Graubünden), Midritat (Kusel/Pfalz), sonst ein Volksname für hexenverscheuchende Pflanzen wie den Braunen Milzfarn (Asplenium trichomanes) und das Widertonmoos (Polytrichum commune). Vgl. auch frz. (Char.-Inf.) herbe des sorciers.

Hexenkraut (Lilienthal/Bremen) = Große Fetthenne (Sedum telephium – Hwb. 2,1395 ff.). Wurde im Gegenzauber gebraucht: "... incantatione ligatos solvere plebs superstitiosa credit"[28]. Vgl. auch Düwelsblume (Oberneuland/Bremen), Teufelswurzel (Unterfranken), Teufelskraut (Steinach/Thüringer Wald).
Hexensaume (-samen), *Hexenänis* (-anis) (Schwaben) = Samen des Schwarzkümmels (Nigella sativa – Hwb. 7,1455). Die Samen sind ein Bestandteil des "Hexenrauches" (Hwb. 3,1908), der zur Vertreibung der Hexen dient.
Hexenkrut (Unt. Breisgau) = Leinblatt (Thesium-Arten – Hwb. 8,1572). Auch Beschreikraut (Weinheim, Schriesheim/Baden) und Vermainkraut (Tirol) zu vermainen "bezaubern"[29].
Heksakraut (Striegau/Schlesien) = Acker-Klee (Trifolium arvense). Büschel des Krautes werden in den Schweinekoben gehängt, um die Tiere vor dem Behexen zu schützen[30]. Vgl. Fäptgekreidich (Nösnerland/Siebenbürgen) zu rum. fapt "Zauber, Behexung".
Hexenbesen (Norderdithmarschen) = Weiße Lichtnelke (Melandryum album). Vgl. Berufkräutig (Glatz). Man gibt die Pflanze dem Vieh in die Tränken, "damit ihm die bösen Augen nicht schaden"[31]. Auch dieses Kraut heißt wie die vorige Art Fäptgekreidich (Nösnerland).
Hexenkraut (im ganzen deutschen Sprachgebiet), *Hexenmoos* (Dudweiler/Saarbrücken, Zips), *Hexenranken* (Nordböhmen), *Drutten Kraut* (1655 in Unterfranken), *Trudenkraut, -gras* (Egerland), *Trude(n)kraut* (Adelmannsfelden/Aalen) = Bärlapp (Lycopodium clavatum – Hwb. 1,926). Auch Marmoos (zu Mahr "drückender Nachtgeist, Alp") (Westpreußen), Alfkraut, Alfkräutig (Alf "Mahr") (Gegend von Miltenberg/Unterfranken). Der Bärlapp gilt allgemein als hexenabwehrend. Kränze des Krautes hing man über der Stubentüre als "Unruhe" auf. Wenn eine Hexe in das Zimmer trat, dann bewegte sich dieser Kranz (Thüringen). Nach den gegabelten Sporangienähren hieß der Bärlapp auch *Truttenfuß* (1673 Pancovius), *Drudenfoot* (Oldenburg), *Drudenfuß* (vor allem im Ostfränkischen, ferner in der Oberpfalz und im Böhmerwald), *Drudenhax'n* (bair. Hachse "Fuß") (Gegend des Arbers/Böhmerwald). Bei diesen Namen dachte man an den Drudenfuß (Drudenkreuz, Pentagramm) als hexenverscheu-

chendes Mittel. Der Name *Trudafuß* (Nord- und Westböhmen) für den Spitz-Ahorn (Acer platanoides) hat nichts mit irgendwelchem Hexenglauben zu tun. Er bezieht sich lediglich auf die Form des pentagrammähnlichen Blattes. Das Sporenpulver des Bärlapps (das "Lycopodium" der Apotheken) ist im Volks als *Drudenmehl, Hexenmehl, Hexenstaub, Hexenstupp* bekannt.

Bärlapp. Holzschnitt aus H. Bock, Kreuterbuch. Straßburg (Wendel Rihel) 1551. – Volksnamen: Hexenkraut, Hexenranken, Drudenkraut, Drudenfuß.

Hexendistel (Büchername) = Mannstreu (Eryngium campestre – Wb. 2,314; Hwb. 5,1577). Die an der Stubendecke aufgehängte, distelähnliche Pflanze sollte als "Unruhe" (s.o. Bärlapp) die Hexen vertreiben. Vgl. Koboldsdistel (Kr. Jerichow). Ob mordistel "ivnii" (= iringi) der ahd. Glossen (14. Jh.) zu ahd. mor "Nachtgespenst" gehört, ist unsicher.
Hexendorn (Mittelholstein) = Kreuzdorn (Rhamnus cathartica – Hwb. 5,504 f.). Mit einem Kreuzdornstock kann man die Hexen bannen, Kreuzdorn an den Stalltüren und -fenstern befestigt hält die Hexen ab. Schon in der Antike wurden Zweige des Strauches ράυνος an die Türen der Häuser gesteckt, um bösen Zauber fernzuhalten[32].
Hexendorn (Hannover, Gegend von Hildesheim, Kr. Ziegenhain) = Hundrose (Rosa canina – Hwb. 4,492). Wird gegen das Verhexen des Viehs vor das Stallfenster genagelt.
Drutenblü (Nürnberg: 1780 Popowitsch), *Drudenblübaum* (Lechrain), *Drudenstaude, -weide* (Hersbruck/Mittelfranken), *Hexenholz* (1815 Bechstein) = Traubenkirsche, Elzbeerbaum (Prunus padus – Hwb. 8,1125 ff.). "Weil die Sträuße die Drud vertreiben, wie der gemeine Mann wähnt"[33]. Am Walpurgistag werden Süddeutschland die blühenden Zweige des Strauches an die Stalltüren gesteckt, damit die Hexen fern bleiben[34].
Hexenkraut (1682 Mentzel) = Hexenkraut (Circaea lutetiana – Wb. 1,1005 f.; Hwb. 3,1920). Gegenüber den etwa 70 oben angeführten Pflanzen, die im Volke die Bezeichnung "Hexenkraut" u.ä. führen, ist Circaea lutetiana die *einzige* Art, die im *neuzeitlichen botanischen (wissenschaftlichen) Schrifttum* (z.B. in Florenwerken) allgemein unter dem Namen *Hexenkraut* erscheint. Es handelt sich um eine ziemlich verbreitete Pflanze

der Wälder und Erlenbrüche mit herzförmigen Blättern und kleinen rötlich-weißen Blüten. Im deutschen Volksglauben hat dieses unscheinbare Kraut kaum jemals eine Rolle gespielt, wenn auch manche Mundartwörterbücher dafür den Namen *Hexenkraut* angeben. Dieser Name ist nämlich nichts anderes als eine Verdeutschung des antiken griechischen Namens xiqxaia, lat. circaea[35] = das Kraut der Hexe (Zauberin) Kirke (Circe). Welche Pflanze damit gemeint ist, bleibt völlig unsicher, jedenfalls nicht unsere Circaea lutetiana. An einer anderen Stelle setzt Dioskurides die xiqxaia gleich mit dem Zauberkraut Mandragora und erklärt, daß sie im Liebeszauber verwendet werde. Der flämische Botaniker Lobelius (1581) hielt diese antike *circaea* ohne jeden stichhaltigen Grund für unsere Art, nannte sie Circaea lutetiana, welchen Namen der große schwedische Naturforscher Linné, der Begründer der botanischen wissenschaftlichen Nomenklatur (1737), übernahm. Jedenfalls hat die in den modernen botanischen Werken allgemein als *Hexenkraut* bezeichnete Pflanze, die Circaea lutetiana, mit dem deutschen Volksglauben nichts zu tun.

Anmerkungen:

[1] *H. Marzell,* Wörterbuch der deutschen Pflanzennamen, Leipzig 1937 ff. Dazu Alphabetisches Verzeichnis der deutschen Pflanzennamen 1957, Sp. 214 f. – *W. Mitzka,* Homonymie und Gemeinschaftsnamen in Deutscher Wortgeographie, in: Annales Acad. Scient. Fennicae B 84, 20/1954, S. 355 ff.
[2] Band 5, 1873, Sp. 2528
[3] Band 4, 1938, Sp. 1651
[4] Band 5, 1905, Sp. 74
[5] *H. Marzell,* Hexen und Truden, in: Erlanger Bausteine zur fränkischen Heimatforschung 6/1959, 182 – 185
[6] *H. Marzell,* Die heimische Pflanzenwelt im Volksglauben und Volksbrauch, Leipzig 1922, S. 91 – 112 (Hexen- und Zauberpflanzen)
[7] Vgl. *H. Marzell,* Teufelskräuter. Ein Beitrag zu einer bairischen "Flora diabolica", in: Bayer. Jahrbuch f. Volkskunde 1955, S. 211 – 215
[8] *J. Schatz,* Wörterbuch der Tiroler Mundarten, Innsbruck 1955/56, S. 655
[9] *Steinmeyer und Sievers,* Die althochdeutschen Glossen. Berlin 1895, 3,586,4 (14. Jh.)
[10] *O. Mensing,* Schleswig-Holsteinisches Wörterbuch II, Neumünster 1929, Sp. 787

[11] *F. Woeste*, Wörterbuch der westfälischen Mundart, Norden und Leipzig 1882, S. 90
[12] *M. R. Buck*, Medizinischer Volksglauben und Volksaberglauben aus Schwaben, Ravensburg 1865, S. 71
[13] *Schmeller-Frommann*, Bayerisches Wörterbuch I, München 1872, Sp. 649
[14] *J. S. V. Popowitsch*, Versuch einer Vereinigung der Mundarten von Teutschland ... Wien 1780, S. 559
[15] *H. Fischer*, Schwäbisches Wörterbuch II, Tübingen 1908, Sp. 419
[16] *Fr. Söhns*, Unsere Pflanzen. Ihre Namenserklärung ... Berlin und Leipzig 1920, S. 176 f. – *R. Loewe*, Germanische Pflanzennamen, Heidelberg 1913, S. 134
[17] *J. Murr*, Die Pflanzenwelt in der griechischen Mythologie, Innsbruck 1890, S. 219 f.
[18] *O. Geßner*, Die Gift- und Arzneipflanzen von Mitteleuropa, Heidelberg 1953, S. 257
[19] *C. Heßler*, Hessische Landes- und Volkskunde II, Marburg 1904, S. 170, 485
[20] Die Grafschaft Glatz, Band 5/1910, S. 148
[21] *R. Andree*, Braunschweiger Volkskunde, Braunschweig 1901, S. 383
[22] Zeitschr. d. Ver. f. Volkskunde 7/1897, S. 191
[23] *F. Krauss*, Nösnerländische Pflanzennamen, Beszterce-Bistritz 1943, S. 540
[24] *O. Brunfels*, Contrafayt Kreuterbuch, Ander Teyl, Straßburg 1537, S. 113
[25] *Montanus*, Die deutschen Volksfeste, o. J., S. 141
[26] *J. Th. Tabernaemontanus*, New Kreuterbuch, Frankfurt a. M. 1588, S. 396
[27] Schweizerisches Idiotikon Band III, 1895, Sp. 895
[28] *C. Schwenckfelt*, Stirpium et fossilium Silesiae catalogus, Lipsiae 1600, S. 204
[29] *Schmeller-Frommann* a. a. O. Band I, Sp. 1612
[30] Mitteilungen d. Schlesischen Gesellsch. f. Volkskunde 36/1936, S. 247
[31] Ebd. 37/1938, S. 342
[32] *Dioskurides*, De materia medica. Ed. M. Wellmann, Berolini 1907, Lib. 1, cap. 90
[33] *Popowitsch* a. a. O. S. 33
[34] *H. Marzell*, Bayerische Volksbotanik, Nürnberg 1926, S. 30
[35] *Dioskurides* a. a. O. Lib. 3, cap. 119 und Lib. 4, cap. 75; *Plinius,* Naturalis historia 27,60

PSYCHOAKTIVE NACHTSCHATTENGEWÄCHSE

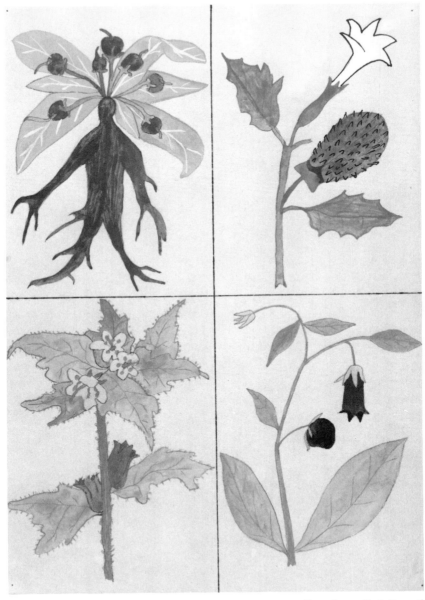

Illustration von Erwin Bauereiß

Kulturgeschichtliches aus der Geschichte der Nachtschattengewächse

von Prof. Dr. Heinrich Marzell

Zu den Pflanzen, die seit den ältesten Zeiten die Aufmerksamkeit der Menschheit erregten, gehören die stark wirkenden Giftpflanzen. Auf welche Weise der vorgeschichtliche Mensch zur Kenntnis ihrer Wirkung gelangte, läßt sich nur vermuten. Vielfach mag der Zufall hier eine Rolle gespielt haben. Auf der Suche nach pflanzlicher Nahrung machte der Mensch mit diesem oder jenem Giftkraut Bekanntschaft. Als scharfer Naturbeobachter sah der Urmensch dann und wann bei den Tieren seiner Umgebung die Wirkung von Pflanzengiften. Diese Kräuter waren in den Augen des Primitiven von einem geheimnisvollen Nimbus umstrahlt, sie waren ihm der Sitz eines bösen Dämons, der dem Menschen übel gesinnt war. Auf der anderen Seite suchte der Priesterarzt, der Medizinmann, manche Giftpflanze der Heilkunst dienstbar zu machen, indem er ihre betäubenden oder schmerzlindernden Eigenschaften nutzte: Aus der Giftpflanze wurde in der Hand des Kundigen das Heilkraut. Von hier war es noch ein weiter und mühseliger Weg, bis es der modernen Chemie gelang, aus vielen dieser Giftpflanzen den wirksamen Stoff rein zu gewinnen oder ihn auch synthetisch herzustellen. So haben also unsere Giftpflanzen eine weit zurückreichende Geschichte, deren Anfänge sich im Dunkel der Vorzeit verlieren. Einen kleinen Ausschnitt aus dieser Geschichte der Giftpflanzen mögen die folgenden Zeilen darstellen. Sie betreffen drei Arten aus der Familie der Nachtschattengewächse (Solanaceen), deren Bedeutung durch die Alkaloidnamen Atropin, Hyoscyamin, Scopolamin genügend gekennzeichnet ist.

Die Familie der Solanaceen umfaßt an die 2000 Arten. Sie haben ihre Hauptverbreitung in den Tropen und Subtropen, vor allem in Südamerika. Die Zahl der in Deutschland wildwachsenden Arten beträgt nur 9. Von diesen ist das Bilsenkraut (Hyoscyamus niger) diejenige Art, über deren Geschichte wir am besten unterrichtet sind. Es wächst gern an Schuttstellen, an Dorfstraßen, an Wegrändern, ist allerdings recht unbeständig, indem es oft an einem Fundort für Jahre verschwindet und dann plötzlich wieder in großer Menge auftaucht. An den trichterförmigen, schmutzig-gelben, von zarten violetten Adern durchzogenen Blüten, an den behaarten, grob gezähnten Blättern und an dem widerlichen Geruch ist es leicht zu erkennen. Daß das Bilsenkraut sehr lange bekannt sein muß, sehen wir aus seinem Namen. Er gehört zu den ältesten germanischen Pflanzennamen, die wir kennen. Im Althochdeutschen begegnet er uns als bilsa, bilisa, im Angelsächsischen als beolone, im Russischen als belena. Bei den alten Kelten hieß das Bilsenkraut bilinuntia, wie uns der kleinasiatische Arzt Dioskurides (1. Jahrhundert n. Chr.) in seiner "Arzneimittellehre" überliefert. Sprachforscher vermuten, daß der Stamm dieses Wortes zu dem Namen des heil- und zauberkundigen Gottes Belenos, der besonders in den östlichen Alpenländern verehrt wurde, in Beziehung stehe. Dazu würde stimmen, daß das Bilsenkraut bei den Römern den Namen (herba) apollinaris führte, indem man den Barbarengott Belenos mit dem Gotte der Weissagung und der Phantasie Apollo gleichsetzte. Aus den Forschungen von F. von Oefele wissen wir, daß schon die alten Babylonier das Bilsenkraut (es wird allerdings nicht unser Hyoscyamus niger, sondern eine verwandte Art, wie H. albus oder H. aureus gewesen sein) unter der Bezeichnung sambinu oder sikarinu zu Zahneinlagen als schmerzstillendes Mittel (mit Mastixharz gemischt) verwendet haben. Auch in der als "Papyrus Ebers" bekannten altägyptischen Rezeptensammlung wird Bilsenkrautöl (sepet genannt) erwähnt. Ausführlich berichtet Dioskurides in seiner berühmten "Arzneimittellehre" (468) über das Bilsenkraut, von dem er drei Arten unterscheidet. Er hebt vor allem die schmerzlindernde Wirkung des Saftes hervor und empfiehlt einen Umschlag mit den frischen Blättern als schmerzstillend "bei jeglichem Leiden". Der Absud der Wurzel in Essig soll als Mundspülung bei Zahnschmerzen gute Dienste leisten. Auch die zu Anfang des 5. nachchristlichen Jahrhunderts niedergeschriebene Pflanzenmittelsammlung des (Pseudo-)Apuleius – sie fußt in der Hauptsache auf Dioskurides und Plinius und genoß im Mittelalter ein großes Ansehen –

widmet der "herba simfoniaca" (wie hier das Bilsenkraut heißt) ein Kapitel, von dem nur das erste Rezept wiedergegeben sei: "sucus eius tepefactus in aurem stillatus aurium dolorem mire tollit; etiam si vermes fuerint, necat" (der lauwarm gemachte Saft ins Ohr geträufelt behebt wunderbar die Ohrenschmerzen; und wenn es Würmer gewesen sind, so tötet er sie). Daß das Bilsenkraut auch in den Kräuter- und Medizinbüchern des deutschen Mittelalters eine große Rolle spielt, ist nach dem Gesagten selbstverständlich. Erwähnt sei z.B. das unter dem Titel "Causae et Curae" bekannte Heilmittelbuch der Aebtissin Hildegard von Bingen (gest. 1179), der "heiligen Hildegard", wie sie gewöhnlich genannt wird. "Damit ein Betrunkener wieder zu sich kommt, soll man Bilsenkraut nehmen, es in kaltes Wasser legen und mit diesem Wasser Umschläge auf Stirne, Schläfen und die Kehle machen." Um einen Überblick über die arzneiliche Verwendung des Bilsenkrautes zu geben, sei der Text aus dem "Kurtzen Handtbüchlein / und Experiment / vieler Artzneyen / durch den gantzen Cörper des Menschens / von dem Haupt biß auff die Füß" (Straßburg 1607) wiedergegeben. Es ist keines der schönen und großen, mit oft prächtigen Holzschnitten gezierten Kräuterbücher, wie es die von Brunfels, Bock und Fuchs sind, sondern nur ein kleines, mit recht minderwertigen Holzschnitten ausgestattetes Büchlein, das aber durch die zahlreichen Auflage, die er erlebte, seine Volkstümlichkeit beweist. Als Verfasser nennt sich der "hochgelehrte" O. Apollinaris. Hier heißt es also vom "Bülsenkraut": "Bülsenkraut gestossen / und darunder gemischet Gerstenmäl / gelegt auff ein hitzig Geschwer und Podagram / heilt es. Die wurtzel von Bülsen gesotten mit Eßig / oder den rauch von den samen im Mund gehalten / benimpt das Zanwehe. Der same grün gestossen / daß er safft gibt / den gestrichen über böß Augen / nimpt den Eyter darauß. Oder ihn pflasters weiß über die Augen gelegt / nimpt das Augenwehe / kalten Fuß / Ohrenwehe / und die schadhafte Mutter der Frawen. Der same gestossen / und mit Wein vermischt / hilfft fast wol den schwerenden Brüsten / darüber gelegt / löschet die Hitz. Bülsensamen gepulvert mit Frawen Milch / Eyerweiß unnd mit wenig Eßig vermischet / umb den Schlaff (= Schläfe) gestrichen / macht schlaffen. Oder ein Fußwasser von Bülsen kraut ge-

macht / bringt den Schlaff. Hüt dich diß kraut und samen roh zu essen / denn es ist vergifft ..." Als Abschluß der Medizingeschichte des Bilsenkrautes sei noch bemerkt, daß der Apotheker Ph. L. Geiger zusammen mit Hesse 1833 das Hyoscyamin in den Bilsenkrautsamen auffand und benannte.
Übrigens wurde das Bilsenkraut noch zu anderen als medizinischen Zwecken verwendet. Da finden wir in einer Basler Gerichtsrechnung vom Jahre 1472 vom Bilsenkraut den Vermerkt: "sind ...kosten ergangen über das Landgericht zu Augst als man den Knecht gerichtet hat mit dem gift", und in einer Luzerner Apothekerrechnung an die Stadt vom Jahre 1570 heißt es: "mer 8 schilling umb bilsamsamen so des Henkers Knecht uff 12 Juli durch Geheiß geben." Das ist aber kaum so zu verstehen, daß der zum Tode Verurteilte ähnlich wie Sokrates den Schierlingstrank einen solchen aus Bilsenkraut nehmen mußte. Man gab das Bilsenkraut wohl, um den Delinquenten vor der Hinrichtung etwas zu betäuben. Auch herumziehende Zigeuner benutzten das Bilsenkraut mit Vorliebe in ihren "seltsamen Künsten". Eine davon erzählt uns Bock in seinem Kräuterbuch vom Jahre 1551. Wenn die Zigeuner Hühner stehlen wollen, dann machen sie im Hühnerstall einen Rauch von Bilsenkrautsamen, so daß die Hühner betäubt von den Balken fallen. Man kann sich denken, daß der Zigeuner mit einem betäubten Huhn im Sack leichter unauffällig verschwinden kann als mit einem laut gackernden. Übrigens hieß das Bilsenkraut früher geradezu "Zigeunerkraut", vielleicht auch deshalb, weil man es nicht selten an den Lagerplätzen des fahrenden Volkes fand.
Über die Geschichte der Tollkirsche (Atropa Belladonna) sind wir nicht so gut unterrichtet wie über die des Bilsenkrautes. Wir wissen nicht einmal, ob die Tollkirsche den antiken Ärzten und Botanikern bekannt war. Der berühmte Pharmakologe Kobert glaubt zwar, daß unter der Pflanze "mandragoras", die Theophrast in seiner im 4. vorchristlichen Jahrhundert abgefaßten "Pflanzengeschichte" (6, 2, 9) beschreibt, nicht wie man gewöhnlich annimmt, die Mandragorapflanze (Mandragora officinarum) zu verstehen sei, sondern die Tollkirsche. Aber bei der mangelhaften Beschreibung, die Theophrast von der Pflanze gibt, dürfte sich das nur schwer mit Sicherheit beweisen

lassen. Größer ist die Wahrscheinlichkeit, daß mit der Pflanze "dolo" (offenbar wegen der "toll" machenden Eigenschaften), von der die heilige Hildegard in ihrer "Physika" (1. Buch, 52. Kap.) spricht, die Tollkirsche gemeint ist. Eine Salbe aus Gänsefett, Hirsch- oder Bockstalg und dem Saft der Pflanze "dolo" ist nach ihr "nützlich dem Menschen, der an Haut und Fleisch Geschwüre hat und dessen Haut von solchen Geschwüren durchlöchert ist". Eine recht rohe, aber immerhin noch kenntliche Abbildung bringt der deutsche "Hortus Sanitatis" (Garten der Gesundheit), der 1485 in Mainz bei Peter Schöffer erschien. Es ist dies das erste gedruckte Kräuterbuch in deutscher Sprache, und der Holzschnitt stellt wohl die älteste Abbildung der Tollkirsche dar, die es in einem Buche gibt. Die Tollkirsche wird hier "uva versa" (die umgekehrte Beere) und dolwortz genannt. Im Text heißt es, daß Wurzel und Kraut in der Arznei genutzt werden. Besonders die Frauen werden vor dem unbedachten Gebrauch der Tollkirsche gewarnt: "Item welche frauwe diß kruts oder wurtzel nutzet die fellet gern in eine krangheit mania genannt das ist hirnwüstig, und darumb sollen alle menschen diß myden (= meiden) die von natur kalt und drücken synt und sunderlich die frawen wan yr hirn kalt und fucht (= feucht) ist, und diß krut yn solich complexion meret und nit mynnert (= mindert)". Daß gerade die Frauen vor der Tollkirsche gewarnt werden, hat vielleicht darin seinen Grund, daß man auch früher bei uns in Deutschland (wie noch heute in Südosteuropa) die Tollkirsche im Liebeszauber, zu Liebentränken u. dgl. benutzte. Der Name "Belladonna" (schöne Frau) für die Tollkirsche soll bekanntlich darauf zurückzuführen sein, daß die Italienerinnen des 16. Jahrhunderts die Tollkirsche als Schönheitsmittel zur künstlichen Erweiterung der Pupillen gebrauchten, um so ihren Augen einen feurigen, glänzenden Blick zu verleihen. In Siebenbürgen nennt man die Tollkirsche gewöhnlich mit ihrem rumänischen Namen "matreguna". Nach dem Glauben der Zigeunerinnen besitzt ihre Wurzel die Kraft, wenn man sie bei sich trägt, sich bei jung und alt angenehm zu machen. Die Wurzel darf aber nur vor Sonnenaufgang oder nach Sonnenuntergang gegraben werden, wenn sie ihre Zauberkraft behalten soll. Daß die Tollkirsche auch heute noch da und dort in einem gewissen abergläubischen Ansehen steht, beweist eine Schwurgerichtsverhandlung, die in jüngster Zeit (27. und 28. Januar 1931) am Landgericht Traunstein (Oberbayern) stattgefunden hat. Die Taglöhnerswitwe Magdalena St. aus Endorf (westlich vom Chiemsee) war angeklagt, am 5. September 1929 ihren Mann durch Tollkirschen vergiftet zu haben. Sie wollte sich ihres Mannes, der an epileptischen Anfällen litt und nicht arbeitsfähig war (die Familie zählte 11 Kinder), entledigen. Auch hatte ihr ein reicher Bauer nach dem Tode ihres Mannes die Ehe versprochen. Als der Mann der St. am 5. September wieder einen Anfall bekam und in diesem Zustand die Kinder roh züchtigte, lief die Frau vor dem Mittagessen in den Wald und pflückte genau 13 Tollkirschen. Eine ungerade Zahl bringe Glück im Unglück, hatte einmal eine Bekannte, die als Wahrsagerin im Dorf einen Namen hatte, zu ihr gesagt. Unterwegs verlor sie eine Tollkirsche. Sie warf eine weitere Tollkirsche von sich, um wieder eine ungerade Zahl auf den Tisch neben dem Bett des Mannes legen zu können. Der Mann aß die Tollkirschen und starb um 7 Uhr abends. Nach dem Gutachten eines medizinischen Sachverständigen, der Magen- und Darminhalt der Leiche untersuchte, scheint es allerdings, daß die Frau ihrem Manne mehr als 11 Tollkirschen zu essen gab. Dem Untersuchungsrichter gegenüber behauptete die Frau, daß sie ihren Mann mit den Tollkirschen nur "damisch" machen wollte, d.h. hier wohl: den Aufgeregten beruhigen wollte. Magdalena St. wurde wegen Versuchs zu einem Verbrechen des Mordes zu einer Zuchthausstrafe von 8 Jahren verurteilt.

Während die Tollkirsche in Mitteleuropa wirklich einheimisch, das Bilsenkraut ein alter Einwanderer aus dem Süden ist, der seine Verbreitung vor allem dem Menschen verdankt (es ist ein "Archaeophyt" im pflanzengeographischen Sinn), ist der Stechapfel (Datura Stramonium) ein später Ankömmling in Mitteleuropa. Ziemlich sicher scheint jetzt festzustehen, daß der Stechapfel bei uns in Deutschland erst im 16. Jahrhundert erschien, und zwar zunächst als Gartenpflanze. Die einen, wie der französische Botaniker M. F. Dunal, vermuten als Heimatland Amerika, andere wieder bezeichnen Westasien als das Herkunftsland des Stechapfels. Heutzutage kann die Pflanze fast als Kosmopolit der gemäßigten und warmen Zone

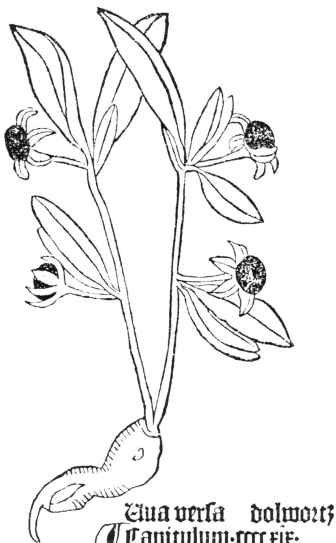

Uua versa dolwortz
Capitulum ·cccc xix·

Ua versa latine et grece. Die meister sprechẽ das diß sy ein krut vnd hait knopf die syn vber gestolpt· das krut vnd wurtzel sint kalt vnd fucht an dem andern grade. Diß krut vnd wurtzel nutzet mā in der artzeny· vnd ist gut genutzt vor große hitz vßwendig vnd ynwendig des lybes· Aber sie macht vn̄ meret die melancoly vn̄ darumb sollen sich die selbigen dises kruts vn̄ wurtzel myden.

bezeichnet werden. Außer in Europa kommt er in Asien, Nordamerika und Afrika vor, auch nach Neuseeland ist er eingeführt worden. die in den Kräuterbüchern von Fuchs (1542) und Bock (1551) aufgeführten "Rauchöpffel" oder "Stechöpffel" bezeichnen nicht unsere Datura Stramonium, sondern die bei uns schon früh in den Gärten gezogene Datura Metel L. Mit Sicherheit begegnen wir unserem Stechapfel erst in den "Horti Germaniae" Gesners (1561), wo er als "Solanum furiosum" (toll machender Nachtschatten) bezeichnet wird. Wildwachsend bzw. aus Gärten verwildert scheint der Stechapfel erst gegen 1700 bei uns in Deutschland aufgetreten zu sein. Einer der ersten, die sich mit den medizinischen Eigenschaften des Stechapfels näher befaßten, war Anton von Störk (gest. 1803), der Leibarzt der Kaiserin Maria Theresia. In seiner "Abhandlung von dem sicheren Gebrauch und der Nutzbarkeit des Stechapfels, des Bilsenkrautes und des Eisenhütleins" (Zürich 1763) beschreibt er mehrere Kuren, die er mit dem eingedickten Saft des Stechapfelkrautes an Geisteskranken und Epileptikern, z.T. mit Erfolg, ausgeführt hat. Das sog. "Daturin" (der Name stammt von dem Apotheker Fr. L. Bley in Bernburg), das Geiger und Hesse in den dreißiger Jahren des vorigen Jahrhunderts im Stechapfel auffanden, ist nichts anderes als Atropin oder Hyoscyamin, also kein neues Alkaloid.

Wenn die Rolle, die gewisse Solanaceen in der Kulturgeschichte gespielt haben, erörtert wird, darf die berühmte und berüchtigte "Hexensalbe" nicht vergessen werden. In zahlreichen Berichten aus den Zeiten des Hexenwahns und der Hexenprozesse, besonders aus dem 16. und 17. Jahrhundert, ist die Rede davon, daß sich die Hexen vor ihrem Flug durch die Luft mit einer "Hexensalbe" (Flugsalbe) einrieben. Auf dem berühmten Gemälde der Hexenversammlung (im Wiener Kunsthistorischen Museum) des niederländischen Malers Frans Francken d. J. (gest. 1642) ist dargestellt, wie eine junge nackte Hexe von einer alten gesalbt wird. Einen Fingerzeig für die Erklärung dieser Hexensalbe gibt uns der im 15. und im 16. Jahrhundert mehrfach auftretende Bericht, daß eine Frau sich im Beisein anderer Frauen mit einer Hexensalbe einrieb, dann in einen tiefen Schlaf verfallen sei und beim Erwachen erzählt habe, sie sei durch die Luft gefahren. Man darf wohl annehmen, daß diese Hexensalbe den Saft oder sonstige Bestandteile gewisser Solanaceen (Bilsenkraut, Tollkirsche) enthielt. Der Pharmakologe H. Fühner (Bonn) sagt in seiner historisch-ethnologischen Studie über "Solanaceen als Berauschungsmittel*): "Daß auf die äußere applizierte Solanaceenextrakte resorbiert werden und zerebrale Wirkungen hervorbringen, ist bei der früheren Verwendung von Belladonnapflastern, -salben und -linimenten oft beobachtet worden. Es kann darum keinem Zweifel unterliegen, daß die narkotische Hexensalbe den ganzen schönen Traum von der Luftfahrt, vom festlichen Gelage, von Tanz und Liebe so sinnfällig erleben ließ, daß es nach dem Wiedererwachen von der Wirklichkeit des Geträumten überzeugt war ..." Wahrscheinlich spielten auch bei den Halluzinationen der "Hexen" gewisse mit Solanaceen zubreitete Rauschtränke eine Rolle. Es geht jedoch zu weit, wenn man, wie dies z.B. L. Mejer (1882) getan hat, für den ganzen Hexenwahn die Solanaceensucht (Atropinismus) verantwortlich machen will. Sicher hatte sie aber einen bedeutenden Anteil an dieser "psychischen Epidemie". Jedenfalls gehören die Solanaceen zu den Giftpflanzen, die in der Medizin- und Kulturgeschichte aller Zeiten besonders hervortreten.

STECHAPFEL

Photo von Erwin Bauereiß

Der Stechapfel

Namensgebung

Gattung: Datura
Art: stramonium
Familie: Solanaceae (Nachtschattengewächse)

Datura
aus hindi dhattura, dhatura; arab. datora; pers. tatula (tat) = Stechen

stramonium
aus dem griechischen strychnon = (unser Solanum) – manikon = rasend (Mania = Wahnsinn) zusammengesetzt

frühere Namen:
Stramonium spinosum Lam.
Stramonium peregrinum
englisch: Thornapple; Jimsonweed
französisch: Stramoine; herbe aus sorciers (Zauberkraut)
italienisch: Stramonio
japanisch: yoshu chosen asago (Fremdling)
mexikanisch: toloache

Botanische Geschichte

Es ist ungewiß, ob unsere Heilpflanze in der Antike bereits bekannt war, ob sie überhaupt damals schon im europäischen Pflanzenreich wirksam war. Bock erwähnt Datura, aber man nimmt an, daß es Datura metel ist, die anscheinend zuerst arzneilich angewandt wurde. Auch Matthiolus erwähnt die Pflanze und rät bei Vergiftungen als Gegenmittel "warme Butter trinken, Hände und Füße in warmes Wasser halten und sich bis zum Brechen bewegen zu lassen". Es mag sein, daß unser Stechapfel Ende des 16. Jahrhunderts bereits als seltene Gartenpflanze vorkam; wild oder verwildert wird er außerhalb unserer engeren Heimat erst Ende des 17. Jahrhunderts angetroffen und in Deutschland kaum vor Beginn des 18. Jahrhunderts. In die Heilkunde hat sie der Wiener Hof- und Leibarzt A. von Stoerck eingeführt (1762). Becher hat hundert Jahre vorher noch erwähnt, daß "in der Apotheke nichts von dieser Pflanze zu gebrauchen sei" und warnt vor ihr. Die größte Rolle spielt sie aber fraglos bei den Zigeunern, die sie angeblich auf ihren Wanderungen während des Dreißigjährigen Krieges bei uns verbreitet haben sollen.

Simonis

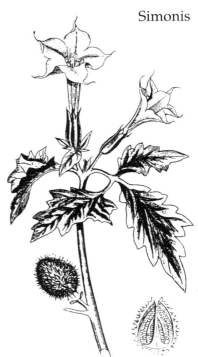

Weiteres botanisch Interessantes
aus Hegi – Flora von Mitteleuropa

D. tatula L. ist nur als eine an Stengeln und Adern violett, an den Kronen blassbläulich gefärbte Variatät anzusehen. – Die Frage nach der Heimat des Stechapfels und seiner Einwanderungsgeschichte in Mittel- und Westeuropa ist noch nicht geklärt. Dunal (1852) gibt als Heimat Nord-Amerika an; nach ihm soll die Pflanze von dort nach Europa, Asien und Nordafrika eingeführt worden sein. Begründeter ist wohl die Annahme, daß der Stechapfel aus Südrußland, dem Kaukasus und dem Kaspiseegebiet stammt. Nach De Candolle und v. Schlechtendal ist D. stramonium erst Ende des 16. Jahrhunderts bei uns eingewandert. Für den Hercynischen Florenbezirk gibt Drude als Einwanderungszeit das Ende des 17. Jahrhunderts an. Ursprünglich scheint der Stechapfel lediglich als Gartenpflanze gezogen worden zu sein. Es gibt auch eine Varietät mit stachellosen Früchten. Durch Düngung können Riesenpflanzen bis 180 cm Höhe, 220 cm Breite und 47 cm Stengelumfang erzielt werden. Der noch geschlossene Kelch ist reichlich mit Wasser gefüllt, das die noch unentwickelte Krone umgibt. Die Blüten schließen sich bei Regenwetter, so daß ihr Inneres gegen Nässe geschützt ist. Die Blüten öffnen sich abends und blühen nur einen Tag. Sie senden einen moschusartigen Geruch aus, der am Abend bei den frisch geöffneten Blüten stärker ist als am Tag. D. stramonium ist eine homogame Nachtfalterblume; als solche ist sie auch durch die weiße Blütenfarbe gekenntzeichnet. Der Nektar wird am Grunde des Fruchtknotens ausgeschieden. Zum Nektar führen 5 Röhren, die dadurch gebildet werden, daß die Staubfäden in ihrem unteren Teile an die Kronröhre angewachsen sind und an ihren Vorderseiten so verbreitet sind, daß sich die Kanten gegenseitig berühren ("Revolverblüten"). Da Narbe und Staubbeutel annähernd in gleicher Höhe stehen, so dürfte besonders beim Schließen der Blüten oft spontane Selbstbestäubung eintreten. Als Blütenbesucher wurde häufg auch ein Glanzkäfer beobachtet. Die Blätter sind durch ihren unangenehmen, betäubenden Geruch (dieser geht beim Trocknen verloren) und das

SECUNDUS ORDO
COLLECTARUM
PLANTARUM
AVTVMNALIVM.

Stramonia. Halimus.
Petri Dracontii maior.

Secundus Ordo, Fol. 11

CELEBERRIMI EYSTETTENSIS
Horti, Icones Plantarum Autumnalium.

I

Tramonia. Nux Metella, seu Methel Avicennæ Cœsalpin. & Lugdunens. Hippomanes Anguillaræ. Pomum spinosum Dodon. In fictili altum, proceritatem cubiti attingebat; caulis glaber erat, & coloris herbacei, singularis, inferiùs minimum digitum crassus; folia pediculis longis & firmis suffulciebantur, Solani seu potius Mali insani effigiem affectantia, sed lævia, teneriora, virentia, marginibus aliquantùm sinuosa, prope pediculi processum basi inæquali, ac in summo mucronem producentia, odore Opij: flores in pariter firmis & surrectis pediculis prodibant, grandes, oblongo & denticulato calici impacti, candidi, calathiformes, tubulosi, & secundum longitudinem plicati, Nicotianæ floribus, seu Convolvuli majoris specie ampliores, ambitu obtusi, sinubus, & senis plerunque angustis prominentibus per intervalla lacinijs notati, staminula aliquot in medio gerentes: floribus emarcidis pilulæ, brevibus crassis spinulis exasperatæ, rotundæ, Gallis paulò ampliores, aut nucem juglandem æquantes, succedunt, complectentes femina, Daturæ seminibus majora, cumulatim congesta, albida, compressa, & propemodùm in triangulam formam abeuntia.

Dod. 456. à quo benè describitur.	Phytopin. C. Bauh. 229.
Cœsalpin. lib. 5. cap. 17. fol. 212.	Germ. Stechöpffel / Dornöpffel.
Lobel. Obs. 196. Adv. 103.	Trag. cap. 128. lib. secundo.
Lugdunens. 629. fol.	Fuchs. 265. cap.
Cam. Epit. Matth. 175.	Tabern. Solani spinosi nomine, 282. fol.
Hort. Med. Cam. 107.	Cam. Matth. Germ. 377. fol.
Matth. C. Bauh. 225.	Durant. 655.

HORTUS EYSTETTENSIS von Basilius Besler 1713

Alkaloid vor Tierfraß geschützt. Ebenso stellen wohl die Stacheln der Frucht eine Art Schutz dar. Aus den aufgesprungenen Kapseln werden die Samen durch Windstöße herausgeschüttelt. Die Samen des Stechapfels keimen langsam und meist recht ungleichmäßig. Eine Beschleunigung des Keimvorgangs durch Frost konnte nicht beobachtet werden, ebensowenig eine Förderung des Keimens durch Behandlung der Samen mit heißem Wasser, während mit Vorquellen der Samen im lauwarmen Wasser günstige Resultate erzielt wurden. Die einfache, haploide Chromosomenzahl ist bei Datura 12, die diploide 24. Die verschiedenen Formen unterscheiden sich durch Größe, Form und Bestachelung der Kapseln, aber auch der Blätter, Blüten usw. – In den Blättern des Stechapfels miniert die Larve der Blumenfliege Pegmyia hyoscyami Mg. Gelegentlich saugen auch Blattläuse und Spinnmilben an der Pflanze; außerdem leben an den Blättern mehrere Arten von Erdflöhen, gelegentlich auch die Raupen des Totenkopf-Falters. Der Schmarotzer-Pilz Phoma daturae Speg. erzeugt Stengelflecken Sclerotinia libertiana Fuck. ein Absterben der Keimpflanzen. Die Aussaat wird am zweckmäßigsten im Herbst oder zeitig im Frühjahr vorgenommen, da die Samen oft ziemlich lange im Boden liegen müssen, bis sie keimen. Ein Vorkeimenlassen im Mistbeet wird empfohlen; jedoch wird andererseits berichtet, daß die jungen Sämlinge das Versetzen ins Freiland wegen der leicht verletzlichen Pfahlwurzel schlecht vertragen. Vom Juni ab können dann die Blätter geerntet werden. Sie müssen sehr sorgfältig, bei etwa 30° C getrocknet werden. Die Samen erntet man, wenn die Früchte aufzuspringen anfangen. Man schneidet diese ab, legt sie auf Papier oder Tuch, wo sie sich dann völlig öffnen und die Samen entlassen. Als Ertrag auf ein Ar wird 10 bis 12 kg trockener Blätter und 3,5 kg Samen angegeben. Zur Bereitung des Asthmakrautes gilt folgendes Rezept aus dem Deutschen Arzneibuch VI: Fein zerschnittene Stechapfelblätter 600, Kaliumkarbonat 1, Kaliumchlorat 4, Kaliumnitrat 200, Wasser 400. Die Stechapfelblätter werden mit der heißen Lösung der Salze in dem Wasser gleichmäßig durchfeuchtet und bei gelinder Wärme getrocknet. Die Blätter werden hin und wieder durch die von Chenopodium hybridum, Solanum nigrum, Carthamus selenoiides, Xanthium strumarium, in neuester Zeit auch von X. macrocarpum verfälscht. Die Annahme, daß der Stechapfel durch Zigeuner eingeschleppt wurde, ist nicht begründet, sicherlich haben sie zur Verbreitung beigetragen.

Blätter mikroskopisch

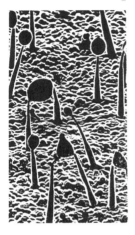
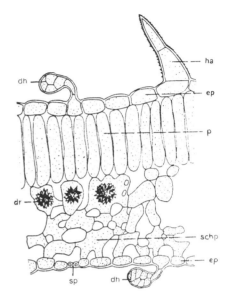

Querschnitt der Spreite: ha = Haar; dh = kurzes gekrümmtes Düsenhaar; dr = Calciumoxalatdrüsen; sp = Spaltöffnung; ep = Epidermis; p = Palisadenzellen; schp = Schwammparenchym. Vregr. 212 x. (nach Karsten).

Briefmarkendarstellungen

Medizinische Wirkung und Verwendung

Die wesentlichen Wirkstoffe des Stechapfels sind Atropin und Scopolamin. Eine Zeitlang wurde er ausschließlich zur Gewinnung von Atropin gezüchtet und wurde damit unersetzbar im Bereich der Medizin. Atropin wird heute als Gegengift gegen Vergiftungen mit Insektiziden und Nervenkampfstoffen eingesetzt. Weiterhin findet es Verwendung in der Operationsvorbereitung und gilt als einer der wertvollsten Stoffe innerhalb der Augenheilkunde. Zahlreiche Medikamente gegen Hornhautentzündungen, Hornhautgeschwüre und zur Pupillenerweiterung bei Lähmungserscheinungen beinhalten den Stoff.

Ebenso wichtig für die Medizin ist Scopolamin. Es gilt einerseits als Atropinersatz bei Unverträglichkeit oder Allergien, wird in der Narkosevorbereitung eingesetzt und in der Psychiatrie. Hier benutzt man es vorwiegend als Beruhigungsmittel gegen die Erregungszustände Geisteskranker. In der Augenheilkunde wirkt es ebenfalls gegen Hornhautentzündungen, darüber hinaus gegen Regenbogenhautentzündungen und Lederhautentzündungen am Auge, die durch Syphilis, Gicht oder Rheumatismus hervorgerufen werden können.

Schon bei Einnahme von 0,3 bis 1 Milligramm des Wirkstoffes Atropin kommt es zu Schluckbeschwerden, Erregungszuständen und Pupillenerweiterung. Bei Verdopplung der Dosis folgen Muskelschwäche, Nervenschmerzen, in einigen Fällen Fieber und Erhöhung des Blutdrucks. Die Symptome verstärken sich mit der Steigerung des Quantums und führen bei etwa zehn Milligramm zu Kreislaufschwäche und Atemlähmung, danach zum Tod.

Hilfe bei Atropinvergiftung ist prinzipiell nur in Krankenhäusern zu leisten. Notwendig sind Magenspülungen, die Gabe von Abführmitteln, eventuell Beruhigungsmittel, die jedoch keinesfalls Morphin beinhalten dürfen. Darüberhinaus kann künstliche Beatmung und Zuführung von Sauerstoff nötig sein. Noch Monate nach Abklang der Vergiftungserscheinungen ist damit zu rechnen, daß man unter starken Gedächtnisstörungen leidet und sich an sonst selbstverständliche Informationen aus seiner eigenen Vergangenheit nicht mehr erinnert.

Ähnlich gefährlich ist die Vergiftung mit Scopolamin. Die Symptome entsprechen weitgehend denen des Atropin, wobei sich die Lähmung der Muskeln und Atemlähmung bereits früher einstellt. Auch die Gegenmaßnahmen müssen in ähnlicher Form wie bei Atropin getroffen werden. Verstärkten Wert sollte man jedoch auf die künstliche Beatmung und vor allem die Sauerstoffzufuhr legen.

Photo von Erwin Bauereiß

Mein Schlafapfel

Deine Säfte bringen mich nach Phantasien;
lassen mich ins verbotene Land jenseits der Realität fahren;
ich fliege zu den geheimen Plätzen der Hexen und Zauberer
und nehme an ihren Ritualen teil;
es widerfahren mir viele seltsame Dinge;
mein Körper erliegt einer berauschenden Müdigkeit;
Stunden voll mit Alpträumen stehen bevor;
und ich möchte dich trotz allem nicht missen:
mein Schlafapfel.

Erwin Bauereiß

TOLLKIRSCHE

Photo von Erwin Bauereiß

Die Tollkirsche
von Dr. Adolf Koelsch

In den als Brombeerschläge berühmten hellen Gehölzen unserer hügeligen und bergigen Laubwaldgebiete gibt es im August etwas Schönes zu sehen. Man streift von ungefähr durch den sonnigen Schlag, da kommt, dicht neben einem undurchdringlichen Brombeerhügel, von dessen ersten reifen Beeren man nascht, aus Disteln und Faulbaumbüschen, ein rotbrauner Zweig hervor wie ein Arm, und streckt uns einen laben Wedel voll großer, runder Früchte entgegen. Sie sind tiefschwarz wie japanischer Lack, so glänzend, daß man sich in ihrer Haut spiegeln kann, und hängen einzeln aus den Achseln stumpfgrüner Blätter wie Kirschen herunter. Sie sind auch so prall wie Kirschen, fühlen sich vollsaftig an, stecken aber im Gegensatz zu jenen in leicht zurückgeschlagenen, grünen Kelchkrausen (s. die Abb.). Man pflückt eine der verlockenden Beeren und öffnet sie mit den Fingerspitzen; ein wässriger Saft, wie violette Tinte so blau, quillt in großen Tropfen hervor, aber der Steinkern der Kirsche ist nicht vorhanden. Statt dessen findet man einen Bolzen weichen Fleisches, der die Form eines doppelten T-Ballens hat und an seinen Wänden eine Unmenge kleiner Samen trägt von derselben Gestalt, wie sie auf den Außenseiten unserer Erdbeeren sitzen.
Es hat immer Menschen gegeben, die der Versuchung, eine der verführerisch schönen Beeren zu essen, nicht widerstehen konnten. Aber es bekam ihnen schlecht. "Die Früchte", schreibt ein Beobachter, "schmecken zunächst widerlich süßlich; hinterher kratzen sie. Bald werden Mund und Hals trocken. Das Schlingen geht beschwerlich. Durst brennt. Das Gesicht wird scharlachfarbig, das Gehvermögen gestört, das Auge umflort. Die Gegenstände erscheinen doppelt. Funken flimmern vor den Augen. Die Pupille erweitert sich. Der Kranke wird blind. Der Kopf wird schwer, das Gehirn schläftig. Verwirrte Gedanken jagen durch den Kopf. Es entstehen sonderbare Gesichts- und Gehörtäuschungen. Der Gesichtsausdruck wird stumpfsinnig, die Sprache schwer und lallend, der Gang taumelnd. Die Arme

sind wie gelähmt. Die Gesichtsmuskeln zucken, die Kinnbacken krampfen sich zusammen. Die Körperwärme steigt. Der Puls wird voll und langsam, später klein und unregelmäßig. Der Atem geht schwer. Es folgen Bangigkeit und Harnbeschwerden. Rettung ist in der Regel unmöglich. Ein tückisches Gift führt den Tod herbei."

Die Pflanze, die so eindringlich um unsere Gunst wirbt und dann unsere Lüsternheit so verheerend straft, ist die Tollkirsche (Atropa belladónna). Ihr deutscher Name ist unmißverständlich: Sie bringt von Sinnen. Auch die botanische Bezeichnung etikettiert mit dem Gattungswort Atropa ihre Verheerungskraft. Denn Atropos ist von den drei griechischen Schicksalsgöttinnen (Clotho, Lachesis und Atropos) diejenige, die den Lebensfaden, den die anderen gesponnen haben, zerschneidet und so die Unabwendbarkeit des Todes symbolisiert. Wie eine freundliche Anekdote nimmt sich neben diesem schweren Namen der zweite aus; denn belladónna heißt schöne Frau. Obgleich nämlich die Giftigkeit der Pflanze, die durch ganz Mittel- und Südeuropa, über Kleinasien und den Kaukasus bis in die vorderen Himalajaländer verbreitet ist, schon den alten Völkern bekannt war, konnten es sich eitle Frauen nicht versagen, den violetten Saft der Pflanze in Mischung mit fettigen Körpern als Schminkmittel oder in anderer Zubereitung als Schönheitswässerchen zu benutzen. Außerdem hatten die Ärzte längst ausgemacht, daß in ihren Händen das Gift sehr segensreiche Wirkungen haben kann, und daß gerade seine Eigenschaft, die Pupille zu erweitern, sehr wertvoll ist, weil bei Einspritzung geeigneter Lösungen das Sehtor kranker Augen so groß wird, daß man bequem hineinschauen kann. Auch diese Eigenschaft war den Frauen gerade recht und kommt ihnen noch heute gelegen: Sie träufeln sich Atropinlösungen unter die Lider, um das Sehtor größer und das Auge bedeutender zu machen, als es in Wirklichkeit ist.

Zur Gewinnung des Schönheitsstoffes wurden schon im Mittelalter außer den Früchten bei Tollkirsche auch Blätter und Wurzeln benutzt. Denn das Gift, Atropin genannt, ein Alkaloid, ist in allen Teilen der Pflanze enthalten. Rein dargestellt, bildet es weiße, nadelförmige Kristalle von bitterem Geschmack; bei dem einfachen Verfahren zu seiner Gewinnung erhält man es

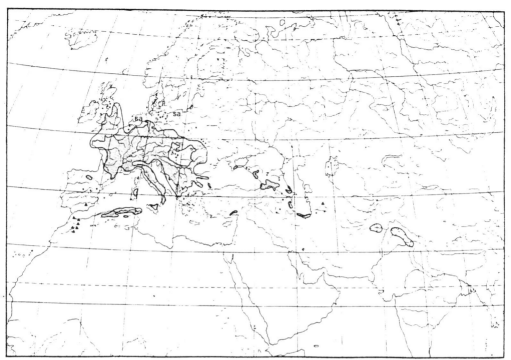

Atropa L.
- A. bella-donna L. ○sa synanthrop
- ▲ A. baetica WILLK.
- ▲ A. komarovii BLINOVSKY et SHALYT
- A. acuminata ROYLE

aber nicht rein, sondern vermischt mit ein paar anderen, gleichfalls giftigen Stoffen. Am reichlichsten finden sie sich zur Zeit der Winterruhe in der Wurzel angehäuft (0,4 bis 1 Hundertteil). Nach dem Ergrünen nimmt ihre Menge ab, weil wahrscheinlich eine Auswanderung der Stoffe in die wachsenden Stengel stattfindet, und zur Blütezeit kommen die Gifte in einem Kilo Laub in etwas weniger als einem halben Gramm vor. Weidetiere scheinen die Pflanze zu meiden, vielleicht widert sie ein Duft an, den wir nicht wahrnehmen können, denn tödlich soll das Gift auch für Zweihufer sein. Um so mehr wird man sich merken, daß es auch Geschöpfe gibt, denen die Tollkirsche nichts anhaben kann. Ein kleines Käferchen (Háltica átropa) lebt fast nur von Tollkirschenlaub. Auch Amseln und Drosseln sollen die Beeren fressen; sie werden sogar als Hauptverbreiter der Pflanze genannt.

Die Tollkirsche sieht aus wie ein Strauch, ist aber nur eine Staude. Man darf sich darüber durch den mächtigen Stengelbau, die starke Verholzung der runden, rotbraunen, weichhaarigen Schosse und die Höhe von 1 1/2 bis 2 m, zu der sie anschwellen können, nicht täuschen lassen. Denn im Spätherbst sterben sie ab, und die Pflanze überwintert in dem dicken, blaßfleischigen Wurzelstock, bis nach 2 – 5 Jahren auch seine Lebenskraft erlischt und die Pflanze verschwindet.

Von Johanni an erscheinen an den Tollkirschenzweigen die Blüten. Sie haben gestaltlich nichts mit der Lippenblüte von vorhin gemein, denn sie sind strahlig-symmetrisch und haben Glockenform, so daß man stark an die Beinwelle und Lungenkräuter aus der Borretschfamilie erinnert wird. Wir haben auch wieder dasselbe Blütenmaterial wie bei den Borretschgewächsen: zwei fünfzählige Blütenhüllkreis nämlich, einen fünfzähligen Staubblattkreis, dessen Glieder am Grund mit der Krone verwachsen sind, einen honigabscheidenden Diskus und drüber einen Fruchtknoten, der sich aus zwei Fruchtblättern zusammensetzt. Was bleibt somit an unterscheidenden Merkmalen gegenüber den beinwellartigen Borraginazeen übrig?

Man muß schon das Weiberhaus aufschneiden, um die Unterschiede zu finden. Sie bestehen darin, daß bei der Tollkrische die zwei Fruchtblätter schräg zur Mittelebene gerichtet sind und daß sie viele Samenanlagen an einem dicken, scheidewandständigen Samenträger entwickeln. Das mögen uninteressante Abweichungen sein, aber sie gelten nun einmal in der wissenschaftlichen Botanik als recht fundamental, sind auch diejenigen Merkmale, durch die alle Nachtschattengewächse sich auszeichnen und sind jedenfalls stammesgeschichtlicher wichtiger, als die Form dre fertigen Frucht, die sich bei den Nachtschattengewächsen niemals in vier Nüßchen aufspaltet, sondern entweder eine Beere ist oder eine trockene Deckelkapsel. Im übrigen geben die Systematiker zu, daß die Gruppierung der Familie wenig natürlich sei und von den Formen, die da nacheinander aufmarschieren, durchaus nicht der Eindruck erweckt werde, daß es sich um eine Reihe handle, die eine natürliche Entwicklung genommen hat. Viel eher dürfte die Familie der Nachtschattengewächse "ähnliche Entwicklungsstufen mehrerer Entwicklungsreihen umfassen". (v. Wettstein.)

Nach diesen Darstellungen, die wir dem 3. Band der "Flori-

HEARTLAND

D-91459 Markt Erlbach

Bitte
ausreichend
frankieren!

○ **OH JA**, ich möchte einen kostenlosen Katalog mit über 100 interessanten Büchern geschickt bekommen.

Diese Postkarte fand ich in dem Buch:

_____

Meine Adresse:

_____
Vorname, Nachname

_____
PLZ, Stadt

_____
Straße, Nr.

stischen Lebensbilder" entnehmen, der nun in glänzender Ausstattung abgeschlossen vorliegt und die zweite große Abteilung des großen fünfbändigen Pflanzenwerkes "Das Leben der Pflanze" beschließt, müssen wir noch einmal für einen Augenblick zur Tollkirsche zurück, weil eine biologische Eigenheit aller Nachtschattengewächse auch ihr zukommt: es sind die mit Vorgängen bei der Geschlechts- und Samenreife zusammenhängenden Krümmungsbewegungen des Blüten- und Fruchtstiels. Sie verlaufen ähnlich wie bei anderen glockenbltigen Gewächsen, führen also die im Knospenzustand aufwärtsstehende Blüte durch Abwärtskrümmung des Stieles in hängede Lage über und halten sie bis nach dem Abwelken der Krone in ihr fest. Dann findet wieder eine Streckung des Stieles statt, aber nur bei den Kapselfrüchtigen stellt sich der Fruchtträger wieder senkrecht nach oben. Auch das ist wertvoll, weil bei ihnen besondere Einrichtungen zur Ausstreuung der Samen nicht vorhanden sind; die Körner müssen vom Wind ausgeweht werden, wobei dann der elastische Träger wie eine federnde Stange wirkt, die das Fruchthäuschen schüttelt.

Sonst ist für die Tollkirsche und die meisten beerenfrüchtigen Solanazeen bezeichnend, daß man im Hochsommer alle Entwicklungsstufen von der Knospe bis zur grünen Beere und reifen Frucht an einer Pflanze antreffen kann. Die Blüten sind groß, hübsch, untenhinaus grünlich gelb und haben einen braunroten Saum, von dem die Geschlechtsorgane durch ockergelbe Färbung sich deutlich abheben. Als Besucher kommen infolge der Länge der Röhre fast nur Hummeln in Betracht, die bei der stark ausgeprägten Vorweiblichkeit der Pflanze Fremdbefruchtung leicht herbeiführen können. Der weibliche Zustand hält ungefähr zwei Tage an, dann öffnen sich auch die Pollenbeutel mit einem Spalt an der Innenseite und bewegen sich von der Wand, an die sie bisher angelehnt waren, gegen die Blütenmitte hin, während der Griffel, falls er noch nicht verschrumpft ist, auf die Röhrenwand lossteuert.

Der Tollkirschenwald
von Erwin Bauereiß

Ein großes Waldstück war übervoll mit den Pflanzen der wundersamen Tollkirschen-Staude. Im Schatten eines mehr oder weniger dichten Fichtenbestandes waren sie weitgehend die einzige Pflanzenart, die dort auf magerem Sandboden gedieh, viele tausend meterhohe Stöcke, an einem dunklen und stillen, ja etwas unheimlichen Ort. Hüterin dieses Waldes war die wunderschöne Frau Atropa, nicht ungefährlich, sich auf ihr Wesen einzulassen. Schon einige ihrer wohlschmeckend süßen, tiefviolett gefärbten und schwarz glänzenden Beeren vermochten einem erwachsenen Menschen die Sinne gehörig zu verdrehen. Atropa war ein Wesen der dunklen Mächte, ihre Reich die Nacht. Am Horizont, tief im Westen stand die silberne Sichel des gerade wieder zunehmenden Mondes. Er stand in dieser Nacht in seinem Zeichen, dem wässrigen Krebs, in einer klaren Spätsommer-Nacht, und hoch am Himmel standen zahlreiche Sterne, darunter auch der schicksalhafte Planet Saturn im Süden. Bereits in der abendlichen Dämmerung hatte ich dieses Waldstück betreten und sogleich ein paar weiche, kugelige Früchte aus Atropas Garten zu mir genommen. Am Stamm einer Fichte ließ ich mich nieder, rings um mich eine Vielzahl dieser Nachtschattengewächse, die zu diesem Zeitpunkt alle reichlich Frucht trugen. Wohl einige Stunden saß ich nun an diesem Platz und bekam mehr und mehr das Gefühl, mit den Wesen dieses Waldes zu kommunizieren. Zu meiner linken spürte ich das weiche Frauenhaarmoos. Rechts von mir stand ein kleines Männlein mit Hut im Walde. Ich pflückte es und ließ es durch meine Hände gleiten, einen Pilz aus der Familie der Röhrlinge mit trockenem und filzigem Hut. Es würde bestimmt gut schmecken und ich begann ihn aufzuessen. Das Wasser saß wie in einem Schwamm in seinen Poren, er hatte einen durchaus angenehmen, erdigen Geschmack. In meinem Rücken spürte ich den rauhen Stamm der Fichte, und in meinen Händen, die beide am Boden ruhten, hinterließen die Blätter, d. h. die Nadeln der dunklen Waldbäume ihre Spuren. Da ich nicht viele von

Atropas Waldbeeren gegessen hatte, waren meine Sinne geschärft, und ich konnte intensiv mit allen Wesen der Nacht kommunizieren. Einmal schreckte ein Reh, das nebenan auf einer nördlich gelegenen Waldwiese äste, und ein andermal ertönte das gespenstische hu-hu eines Waldkauzes. Meine Gastgeberin Atropa hatte mir wiedermal wunderschöne nächtliche Stunden geschenkt. Ich möchte noch viele ähnliche, tiefe Naturerfahrungen machen können. Das nächste Mal vielleicht mitten im Hexenring des Mädchens Amanita am Rand eines Wäldchens schlanker Birken.

BILSENKRAUT

Photo von Wolfgang Hörnlein

Das Bilsenkraut

Eine okkultistisch-kulturgeschichtliche Betrachtung.
von Walther Schiering.

Es war um das Jahr 1740, als die berühmteste Besessenheitsepidemie des 18. Jahrhunderts in Deutschland im Kloster Unterzell bei Würzburg, dessen Subpriorin die berüchtigte Maria Renata Sängerin war, ausbrach, die für diese Nonne die Hinrichtung zur Folge hatte. Die Sängerin war nach ihrem eigenen Geständnis schon als Kinder von einem Offizier zur Zauberei verführt worden. Von ihren Eltern gezwungen, trat sie mit 19 Jahren in das Kloster Unterzell, wo sie bald wegen ihrer Bösartigkeit mit allen Nonnen in Streit lebte. Dies dauerte bis zu ihrem 58. Jahre, in welchem sich der Probst genötigt sah, die vielen Katzen, mit welchen sich Renata umgeben hatte, aus dem Kloster zu entfernen. Nun kannte ihre Wut keine Grenzen mehr und sie kam in völligen seelischen Verfall. Im Kloster kamen zahlreiche Spuk- und Besessenheitserscheinungen vor, die die Sängerin zur Urheberin haben sollte. Es entstand allmählich ein furchtbarer Lärm im Kloster, im Garten ertönte fürchterliches Geschrei, und die Nonnen wurden in ihren Betten gezwickt und gewürgt. Als eine derselben mit ihrer Geißen um sich gehauen und den Plaggeist schwer getroffen hatte, sah man am nächsten Morgen über einem Auge Renatas ein blutiges Mal. Nun galt sie als Hexe und ihre Zelle wurde untersucht. Wirklich fanden sich daselbst Anzeichen getriebener böser Künste. Es heißt in dem "Actenmäßigen Bericht von der zu Unter-Zell bey Würzburg vorgefallenen erschrecklichen Begebenheit punkte maleficiorum et Magiae:
"Da man sofort ihre Zelle untersuchte, fand man ihren Schmierhafen, Zauberkräuter usw., sodann auch einen gelben Rock, in welchem sie zu ihrem gewöhnlichen Hexentanz und nächtlichen Zusammenkünften auszufahren pflegte."
Der Abt Oswald Loschert sagt in seinem von der Kaiserin Maria Theresia eingeforderten Bericht über das Treiben der Sängerin: "... Von welchem (es ist der oben erwähnte Offizier gemeint) sie verschiedene zauberische Kräuter nebst einer Wurtzel bekommen, kraft dessen allen sie die Leute nach

Belieben konnte krank machen oder ovn Sinnen bringen; welches denn auch durch Gebung einiger Eßwaaren, so zuvor bey der zauberischen Wurtzel, in welcher die mehreste zauberische Kraft soll bestanden seyn, gelegen. – Von welchen die bösen Geister zwar aus denen Besessenen anjetzo aussagen, daß Renata ihnen durch Hexerey solches Uebel verursachet und ihre zauberische Kräuter, Wurtzel diejenige Krankheit gemeiniglich an ihnen verursachet, worzu sie von Natur einige Disposition und Zuneigung gehabt. Welchen sie sodann mit Streuung der zauberischen Kräuter in ihren Cellen unter die Thürschwelle (wovon man schon einen ziemlichen Antheil gefunden und verbrannt hat,) bald mit Darreichung verschiedener Eßwaaren, die zuvor bey der Zauberwurtzel gelegen, besessen gemacht hat."

Wie Oberkirchenrat Dr. Georg Conrad Horst (1767 – 1838) in seiner, noch heute eine Fundgrube okkulter Tatsachen darstellenden "Zauberbibliothek" (sechs Bände, 1821 – 26 herausgegeben) sagt, wuchs noch mehrere Jahre nach Renatens Hinrichtung ein von ihr benutztes, Bärmutz genanntes Zauberkraut an einer Mauer des Klostergartens.

Diese "Bärmutz" ist die einzige namentlich bekannte Pflanze unter den von der Sängerin gebrauchten Zauberkräutern, und wir werden nicht fehlgehen in der Annahme, daß sie auch die wichtigste war, die sie zu ihren magischen Praktiken benutzte. Dieses Gewächs ist unser bekanntes auf Schutthaufen, an Wegen, unbebauten Stellen, in trockenen Gräben usw. häufig vorkommendes, sehr giftiges Bilsenkraut (Hyoscyamus niger) aus der Familie der Nachtschattengewächse (Solaneae). Mit ihm und dem obigen Bericht sind wir mitten im Hexenwegen angelagt, wo es – neben der Nekromantie, auf die ich noch zurückkommen werde – eine große und bedeutende Rolle gespielt hat, hauptsächlich als Bestandteil der sogenannten Hexensalbe und der, wenn auch seltener vorkommenden Hexentränke.

Die erste Erwähnung dieser Salben, in denen das Bilsenkraut vorkommt, finden wir bei dem Leibarzt des Papstes Julius III., Andreas de Laguna (1499 – 160). Als dieser im Jahre 1545 den Herzog von Guise behandelte, hatte man einen Mann und eine Frau, welche in der Nähe von Nantes eine Einsiedelei bewohnten, als Zauberer verhaftet und bei ihnen einen Topf mit einer

grünen Salbe gefunden. Laguna untersuchte sie und fand sie aus Extrakten von Bilsenkraut, Schierling, Nachtschatten und Mandragora zusammengesetzt. Da gleichzeitig die Frau des dortigen Henkers an Threnesie und Schlaflosigkeit litt, ließ er alle Glieder dieses Weibes mit dieser Salbe einreiben. Sie schlief 36 Stunden lang ununterbrochen, und ihr Schlag hätte noch länger gedauert, wenn man nicht sehr energische Erweckungsmittel – Schröpfköpfe usw. – angewendet hätte. Sie beklagte sich beim Erwachen bitter, daß man sie mit Gewalt aus den Armen eines jungen, liebenswürdigen Mannes gerissen habe. – Ich bemerke hierbei, daß nach neueren Forschungen das Bilsenkraut auf sexuellem Gebiete bei beiden Geschlechtern hochgradige, in einzelnen Fällen bis zur Satyriasis und Nymphomanie gesteigerte Erregung hervorruft.
Weitere hierhergehörige Vorschriften gibt der Neapolitaner Johann Baptista Porta (1545 – 1615) in seinem damals großes Aufsehen erregenden Werke "Magiae naturalis sive de miraculis rerum naturalium", libri IV 1561 (auch in französischer und deutscher Sprache erschienen).
Er schreibt: "Das Fett eines womöglich noch ungetauften, in einem kupfernen Kessel gekochten Knaben wird vom Wasser abgeschöpft und noch anderes dazugetan, nämlich Eleoselinum, Aconitum, Pappelzweige und Ruß. Oder in anderer Weise Sium, Acorum, Pentaphyllum, Nachtschatten mit Öel und Fledermausblut. Beim Gebrauch werden die Glieder zuvor bis zur Röthe gerieben, damit die schnell aufgesogene Salbe ihre Wirkung um so kräftiger äußern könne usw."
Wenn in diesen Rezepten Hyoscyamus auch nicht namentlich aufgeführt ist, so ist doch wohl mit großer Wahrscheinlichkeit anzunehmen, daß es mit verwandt wurde, zumal es ja ein häufig vorkommendes Unkraut ist und die von Porta beobachtete und an anderer Stelle beschriebene Wirkung dieser Salben sehr wohl auf eine Hyoszyamus-Vergiftung schließen läßt.
Johann Wier (1515 – 1588), ein Schüler des Agrippa von Nettesheym und Leibarzt des Herzogs Wilhelm von Cleve, nennt in seinem berühmten Werke "De praestigiis daemonum et incantationibus ac veneficiis (1563) außer Wassereppich, Wasserschwertel, Fünffingerkraut, Tollkirsche, Fledermausblut und Oel noch ein aus einem Oelabsud der Samen von

Bilsenkraut, Taumellolch, Schierling, Mohn, Giftlattig, Wolfsmilch und Tollkirschenbeeren bestehendes Oel, das auch zu diesen Zwecken benutzt wurde.

Der berühmte französische Jurist und berüchtigte Hexenrichter Jean Bodin (latinisiert Johannes Bodinus, 1530 – 1596) erzählt in seinem 1579 zu Paris herausgegebenen Werke "Traité de la démonomanie de Sorciers" noch folgenden Fall: "Nicht lange darauf wurde zu Florenz eine Frau der Zauberei angeklagt und vor den Richter gebracht. Sie gestand die Sache ein und versicherte, sie werde noch in derselben Nacht auf den Sabbath fahren, wenn man sie nach Hause entlasse und ihr gestatte, sich zu salben. Der Richter willigte in ihr Gesuch, worauf sie sich mit einer "stinkenden" Salbe einrieb, sich niederlegte und sogleich einschlief. Man band sie in ihrem Bett fest, schlug, stach und brannte sie, ohne daß dies ihren Schlaf zu stören vermochte" usw. – Auch hier haben wir es zweifellos mit einer bilsenhaltigen Salbe zu tun, da die ganze Pflanze einen unangenehmen und widerlichen – in der Ausdrucksweise der Kräuterbücher damaliger Zeit (Tabernaemontanus, gest. 1590, Casparus Bauhimus 1560 – 1624) – stinkenden Geruch besitzt.

Weit seltener als die Hexensalben kommen die Hexentränke vor. Einen Bericht über einen aus narkotischen Kräutern – darunter auch wohl Bilsenkraut – bereiteten Zaubertrank gibt Jung-Stilling (1740 – 1817), ein damals durch seine Staroperationen berühmter Augenarzt, in seiner 1808 in Nürnberg erschienenen "Theorie der Geisterkunde".

In enger Verbindung mit dem Hexenwesen steht die Tiermetamorphose, besonders die Lykanthropie (Dr. R. Leubuscher, "Ueber die Wehrwöhlfe und Tierverwandlungen im Mittelalter." Berlin 1850). Daß auch in der "Wehrwolfssucht", die das "aufgeklärte" 20. Jahrhundert als reine Geisteskrankheit ansieht, – es hat allerdings auch geisteskranke Lykanthropen gegeben – narkotische Salben eine Rolle gespielt haben, geht aus dem Bericht über die 1521 zur Besançon hingerichteten Wehrwölfe Peter Bourgot und Michael Verdung – wohl der am ausführlichsten geschilderte Fall von Lykanthropie – hervor, wo es unter 4. heißt: "Michael versprach, daß er reichlich Geld erhalten werde, und schmierte den nackt ausgezogenen Peter mit einer Salbe, die er bei sich trug

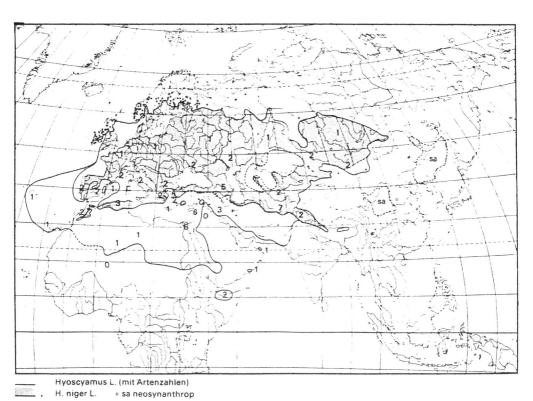

Hyoscyamus L. (mit Artenzahlen)
H. niger L.   ○ sa neosynanthrop

und durch welche sich Peter in Wahrheit in einen Wolf verwandelt sah und sich vor dem Anblick seiner in vier Wolfsklauen verwandelten Arme und Beine entsetzte."

Diese einen realen Hintergrund besitzenden Beispiele, deren Anzahl sich leicht noch vermehren ließe, mögen genügen. Wenn wir bedenken, daß gegen fünf Millionen Weiter – nach anderen Angaben sogar neun Millionen – als Hexen verbrannt worden sind – und durchaus nicht alle unschuldig – und die meisten dieser Frauen, bevor sie auf den sogenannten "Hexensabbath" fuhren, sich salbten, – wurde doch noch im vorigen Jahrhundert ein solcher Schmiertopf mit Salbe im Hexenturm zu Lindheim gefunden, der noch heute im Altertumsmuseum der Wetterau zu sehen ist – so erhalten wir einen Begriff davon, welche gewaltige, wenn auch traurige Rolle das Bilsenkraut allein schon auf diesem Gebiete gespielte hat.

Wir wenden uns jetzt zur eigentlichen schädigenden Magie, über deren Praxis, besonders was die der Hexen und des Bilsenkrautes betrifft, allerdings sehr wenig bekannt geworden ist, was daran liegt, daß die Hexen selbst als auch die alten Kenner ihrer Malefizien tiefstes Stillschweigen bewahrten. In dem fälschlich Paracelsus zugeschriebenen Buche "Von heylung zauberischer Schäden", Breslau 1552, des Leibarztes der Kaiser, Ferdinand I. und Maximilian III., Bartholomaeus Carrichter von Reckingen, sagt dieser: "Es sind auch andere Zaubereyen, so durch saturnische Kräuter oder Holz einem Manne oder Frauen in den warmen Harn gesteckt werden, damit sie einem die Mannheit benehmen" usw. – und an anderer Stelle: "etliche werfen saturnische Kräuter in den Weg, wenn er zur Trauung gehen soll."

Saturninische Kräuter sind nach astrologischer Auffassung alle Gewächse, die dem Planeten, Saturn, unterstehen. Unter diesen steht – neben Schierling, Nießwurz, Alraun, Sadebaum, Nachtschatten usw. – das Bilsenkraut an erster Stelle.

Von dem Tollkraut, wie unsere Pflanze auch genannt wird, sind besonders die Samen ein bekanntes Mittel, um Zorn zu erregen. So ist in einem französischen medizinischen Werk ein Fall beschrieben, in welchem Eheleute, die bisher friedlich zusammengelebt hatten, plötzlich fortwährend wegen der geringsten Kleinigkeiten in Zorn gerieten und zu streiten begannen. Schließlich wurde bei einer Gelegenheit ein Säckchen mit Bilsenkrautsamen auf dem Ofen gefunden. Nach dessen Entfernung kehrte die alte Eintracht wieder im Hause ein. Es dürfte sich hier wohl um eine excitierende Wirkung der durch die Ofenwärme aus den Samen entwickelten und in geringen Mengen in die Zimmerluft übergegangenen Bilsendünste gehandelt haben.

Daß das sogenannte "Hinfallen der Hühner", welches man so gern der Verhexung zuschreibt, in vielen Fällen Bilsenkraut als reale Ursache hat, weist Karl von Eckartshausen (1752 – 1803) in seinen "Aufschlüssen zur Magie aus geprüften Erfahrungen über verborgene philosophische Wissenschaften und verdeckte Geheimnisse der Natur", München 1788, in dem Kapitel "Mittel wider ländliche Zaubereyen boshafter Menschen" nach. Mir persönlich ist ein Fall bekannt, wo Zigeuner es in derselben Weise anzuwenden versuchten. Nicht ohne Grund führt dasselbe auch – nächst dem Stechapfel – den volkstümlichen Namen "Zigeunerkraut".

Wenden wir uns jetzt dem lichteren Gebiete der weißen und der natürlichen Magie zu, wo die Bilse allerdings – ihrer starken Giftigkeit wegen – selten und wohl nur zur Darstellung der im 16. Jahrhundert gebräuchlichen "Bisamknöpfe" zur Narkose an Stelle des heute angewandten Chloroforms und Äthers bei chirurgischen Operationen gebraucht wurde, und für die der schon genannte Porta folgende Vorschrift mitteilt: Bilsenkrautsamen, Opium, Mandragora, Schierlingssaft und Moschus. Er destillierte ferner aus diesen Stoffen auf eine nicht näher angegebene Weise ein Wasser, welches, in einem Bleigefäß aufbewahrt und an die Nase gebracht, sofort einschläferte und beim Erwachen keine unangenehmen Nebenwirkungen hatte. Eine Essenz aus Bilsenkraut, Stechapfel, Tollkirsche und Mandragora, mit welcher Scheitel, Herzgrube und Gelenke eingerieben wurden, was überhaupt ein Hauptmittel Portas bei seinen Experimenten.

Ich muß mich nun, bevor ich die okkult-volksmedizinische Anwendung unseres Krautes bespreche, nochmals auf eines der dunkelsten Gebiete menschlicher Betätigung begeben, auf das der Nekromantie oder Totenbeschwörung, wo das Gewächs ebenfalls einige Bedeutung als Räuchermittel gehabt hat. Wenngleich auch über die eigentliche Nekromantie – nicht zu verwechseln mit Nigromantie oder Schwarzkunst – nicht viel bekannt ist und als Hauptmittel, um den abgeschiedenen Seelen, Geistern oder Astralleibern ein vorübergehendes halbphysisches Leben zu geben, sich zu materialisieren, das menschliche Blut galt, ein Glaube, der zu den furchtbarsten Verbrechen und Schandtaten Anlaß gegeben hat, so sind doch einige Rezepte zu magisch-nekromantischem Rauchwerk vorhanden. –

Heinrich Cornelius Agrippa von Nettesheym (1486 – 1535) gibt in seiner "Occulta Philosophia" folgende zwei Vorschriften: 1. Bilsenkraut, Coriander, Eppig, schwarzer Mohnsamen. 2. Bilsenkraut, Schierling, Eppig, Coriander.

Die ausführlichste Schilderung von nekromantishen Räucherversuchen gibt Hofrat Eckartshausen in seinen oben schon angeführten "Aufschlüssen zur Magie", auf die ich verweisen muß, da die Wiedergabe des ganzen Kapitels hier viel zu weit führen würde. Ich will nur die einzlnen Bestandteile

*Vitus Auslasser,
Herbar von 1479
(Cod. 5 905 der Bayerischen
Staatsbibliothek
zu München)*

Namen vnd Würckung I Theil. 49

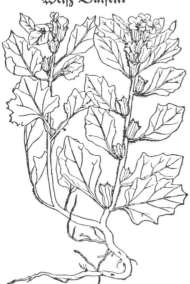

Mit einem Trichter wurde der Rauch von Bilsenkrautsamen gegen Zahnschmerzen inhaliert

Das Nachtschattengewächs Bilsenkraut berauscht durch das in ihm enthaltene Hyoscyamin. Aus Hieronymus Bocks "Kreutterbuch", Straßburg 1577.

seines Rauchwerkes mitteilen. Es war aus folgenden Substanzen zusammengesetzt: Bilsenkraut, Schierling, Safran, Aloe, Opium, Mandragora, Nachtschatten, Mohnsamen, Eppigsaft, Ferula (Asa foetida) und Sumpfporst. Eckartshausen, der sein Leben hindurch sehr begierig auf dergleichen Sachen war, hatte dieses Rezept von einem Schottländer erhalten, der es auf seiner Länderreise von einem Juden mitgeteilt bekam, der lange Zeit in Arabien war und es als ein großes Geheimnis der Araber ausgab. Von demselben Fremden erhielt er noch einen andern Rauch, von dem dieser behauptete, daß, wenn man damit Kirchhöfe des Nachts beräuchere, man eine Menge Tote sollte über den Gräbern schweben sehen. Da diese Räucherung aus noch viel heftigeren narkotischen Ingredienzien bestand, so wagte Eckartshausen diesen Versuch niemals.

Um wenigstens ein Beispiel ausgeübter nekromantischer Praxis aus neuester Zeit zu geben, will ich das, was der schon erwähnte G. C. Horst in seiner "Zauberbibliothek" darüber mitteilt, gekürzt wiedergeben. Es ist dies Zeugnis umso bemerkenswerter, als dasselbe Rauchwerk angewandt wurde und die erhaltenen Resultate dieselben waren wie bei Eckartshausen.

Er schreibt: "Ich will es kurz machen. Die Neugierde wandelte mich an, einen ähnlichen Versuch anzustellen, umsomehr, da ich die Sache immer noch stark bezweifelte. Um der Sache desto gewisser zu sein und meine Beobachtungen mit denen eines Dritten vergleichen zu können, nahm ich einen jungen, kaltblütigen und unbefangenen Mann dazu, den ich fragte, ob er vielleicht zum Scherz einem Versuch damit beiwohnen und mit Ruhe und Besonnenheit zugleich mit mir beobachten wolle. Der Vorschlag ward mit Vergnügen angenommen. Wir räucherten und empfanden nach einigen Minuten einige Brustbeklemmungen und Übligkeit, auch fühlten wir die Augen vom Rauch sehr angegriffen. Indem der Rauch verstärkt wurde, rief der junge Mann auf einmal: Nun, bei Gott, dort schweben ja wirklich zwei Figuren, indem er mit dem Finger auf den Fleck deutete. Ich sah für den Augenblick solche nicht, aber indem ich auf die bezeichnete Stelle losging und mich umwandte, meinte ich ganz deutlich (denn ich will mich nicht bestimmter ausdrücken) vor dem andern Ende des Zimmers eine menschenähnliche Schattengestalt zu erblicken, die nach mir hinschwebte, während der unerschrockene junge Mann mit zwei Schatten, Phantasmen, oder wie wirs nennen wollen, zu tun hatte, von welchen er behauptete, daß sie ihm dicht vor seinen Augen schwebten, und ich neben der ersten und diesen beiden Gestalten eine kleinere neue Gestalt zu sehen glaubte oder, die Wahrheit zu sagen, wirklich sah, welche gleichsam aus dem Boden aufstieg und sich vor meinen Augen entwickelte, so daß mir das bekannte Wort: "Ich sehe Götter aufsteigen aus der Erde!" dabei einfiel."

Ich will dieses unheimliche Gebiet jetzt verlassen und mich zum Schluß, nach einem kurzen Abstecher in die "Magia amatoria", den Liebeszauber, den ich vielleicht in einem späteren Artikel einmal gründlicher und eingehender behandeln werde, der okkult volksmedizinischen Bedeutung des Bilsenkrautes zuwenden.

Beim deutschen Volke stand die Wurzel vom Bilsenkraut – nächst der Alraunwurzel – als Liebesmittel stets in großem Ruf. Im "Rattenfänger von Hameln" ist die Wirkung der Bilse in dieser Beziehung sehr poetisch geschildert. Der Spielmann Hunold eilt in den Wald und suchte

Bis er fand, was er gebrauchte.
Bilsenkraut war's, das er aufhob
Aus der Erde. Mit dem Messer
Schnitzt er aus der starken Wurzel
Einen Menschenleib und ritzte
Auf die Brust verschlungene Zeichen,
Murmelte geheimen Segen
Aufs Gebild und steckt' es zu sich.
"So, schön Jüngferlein, nun wahr dich,
Wenn du kannst, vor Zaubers Walten!
Wird sich bald ein heißes Gift dir
In die blauen Adern schleichen,
Wirst dein Herzchen pochen hören,
wirst dich heimlich nach mehr sehnen;
Und ein wonnig heiß Verlangen
Wird dir wie ein lüstern Schlänglein
Schmeichelnd um den Busen spielen!"

Die Wurzel verfehlte ihren Zweck denn auch nicht. Die aphrodisische Wirkung des Bilsenkrautes ist wohl in ihrer schon erwähnten Eigenschaft, den Sexualtrieb zu steigern, zu suchen; immerhin ein recht gefährliches Mittel.

In der Volksmedizin und älteren Heilkunde wurde das Kraut – im Gegensatz zu heute – recht häufig gebraucht. Es heißt darüber in alen Kräuterbüchern: "Die Wurzel dienet äußerlich vor das Podagra und Hüfftweh (in Umschlägen). Sie steuret der übrigen Frauenblum (Menstruation) und befördert die Geburt (auf den linken Schenkel gebunden). Sie wird auch vor die Colic am Leibe getragen. Die Blätter lindern die Schmertzen, und nutzen euserlich der Wassersucht (auf die Fußsohlen gebunden), in Entzündung und Geschwülsten, Pestbeulen und Leibreißen bey Scharbockischen (scorbutischen) Leuten (mit Milch zu einem Brey gemacht und übergelegt). Der ausgedruckte Safft, mit noch so viel Rosenöl vermischt, wird vor das Ohrenweh eingeträpffelt. Der Rauch vom Kraute tötet die Ratzen. Der Saamen erweicht und benimmt die Schmertzen, wird innerlich vor das Blutspeyen, scharffe Flüsse und Husten gebraucht. Das aus den Saamen gepreßte Oel auf die Schläffe gestrichen, macht schlaffen, auf die Lenden geschmieret, wehret es den Saamen- und Mutterfluß, in die Ohren getröpffelt, stillet es derselben Wehtage. So man durch innerlichen Gebrauch des Dollkrauts sich Schaden gethan, kann man hievor Ziegenmilch, Meth, Nessel- oder Kürbssamen, Zwiebeln, Knoblauch (ein früher viel gebrauchtes giftwidriges Mittel), Rettig oder Radieß in Wein einnehmen. – Abgesehen von der Anwendung der Hyoscyamus-Präparate (Extract, Hyoscyami, Hyoscyamin, Scopolamin, hydrobromic, usw.) in der offiziellen Medizin, wird auch heute noch das Kraut in Form des Bilsenöls (leider recht häufig nur ein mit Chlorophyll grün gebärbtes Olivenöl ohne Wirkung) zu Einreibungen gegen allerlei Schmerzen volkstümlich benutzt, und Bilsensamenräucherungen sind gegen Zahnschmerzen nicht nur beliebt, sondern auch recht wirksam.

Damit schließe ich meine Ausführungen über die kulturhistorisch-theoretische Seite des Bilsenkrautes. Über die praktische Seite, die physiologische Wirkung des Krautes in dieser speziellen Richtung betreffend, konnte ich – da noch mit einigen Versuchen beschäftigt – nur Andeutungen geben.

ALRAUNE

Alraune (Mandragora autumnalis) im Botanischen Garten Frankfurt/M   *Photo von Wolfgang Hörnlein*

Alraune oder Mandragora

Die Alraune (Mandragora officinarum L.)
von Horst Wirth

Die Alraune war als Heil- und Zauberpflanze schon im frühen Altertum, besonders in den dem Mittelmeer angrenzenden Ländern bekannt. Eiförmige, oft gekerbte, gezähnte, kurz gestielte Blätter entsprießen dem Boden. Der Kelch besteht aus lanzettlich spitzen Zipfeln, und doppelt so lang ist die 3 cm große grünlichweiße Baumkrone. Die Alraunpflanze bringt als Frucht eine im Durchmesser 2 bis 3 cm große gelbe Beere hervor. Die dicke, fleischliche Wurzel dringt bis zu 60 cm ins Erdreich ein, ist einfach oder verzweigt sich und zeigt die Gestalt einer Rübe. Fast überall hat man der Pflanze nachgestellt und sie ausgerottet. An ihren alten Fundorten ist sie kaum noch anzutreffen.

Im Mittelalter benützte man die *Mandragora* als Anästhetikum. Die Wurzeldroge wirkte krampflösend und beruhigend, selbst dann noch, wenn *Belladonna* und *Hyoscyamus* versagten. Eine aus ihr hergestellte Tinktur verabreichte man früher zur Beseitigung von Koliken, behandelte mit ihr Asthma, Keuchhusten und Heufieber.

Die Alraune.
Oben = 2 Wurzelstöcke
der Alraune;
unten = kleiner Wurzel-
stock von der Zaunrübe
(Aufn. Herschel)

  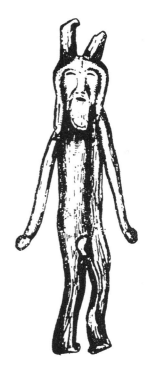

Alraunmännchen (Radix Mandragorae), Vorder- und Rückenansicht als „Alraunfigur" geschnitten unter dem Namen „Antiquae" aus einem arabischen Bazar von Alexandrien (aus H e g i , Illustrierte Flora von Mitteleuropa, Lehmann Verlag, München)

Alraunmännchen von *Mandragora officinarum* (aus S c h m e i l , Leitfaden der Pflanzenkunde, Verlag Quelle und Meyer, Leipzig. 1931)

Man gab der 4- bis 5jährigen Wurzel der Vorzug vor den Blättern. Im heutigen Arzneischatz ist die Wurzeldroge nicht mehr vorhanden.

Der *Mandragora*-Aberglauben war im Mittelalter weit verbreitet, denn frühzeitig erkannte man ihre giftigen Eigenschaften und erblickte in der Wurzel eine menschenähnliche Gestalt. Aus dem Orient gelangte einstmals der *Mandragora*-Kult über den Balkan, Griechenland, Rumänien, Südwestrußland bis ins heutige West- und Nordpolen. Wie die Überlieferung berichtet, kam die Kenntnis der Zauberpflanze auch über Italien nach Deutschland. Man schnitzte aus den rübenförmigen, oft in zwei Teile gespaltenen, mit langen, haarförmigen Fasern versehenen

Wurzeln die Gestalt eines Mannes (Alraunmännchen) oder einer Frau und bekleidete diese. Man schnitzte nicht nur menschliche Figuren, sondern auch Schutz- und Hausgötter und nannte sie Alruniken, Erdmännchen, Glück- oder Heinzelmännchen, die dem Träger Glück bringen sollten. Ein Geldstück, zu einem Alraunmännchen gelegt, sollte man am nächsten Morgen doppelt vorfinden. Betrüger verkauften diese Alraunen teuer an abergläubische Menschen, gaben ihnen eine Münze (Gecktaler) hinzu und nannten solche Alraunen Geck- oder Geldmännchen. An Stelle der echten Alraunwurzel verkaufte man auch die Wurzel der Zaunrübe (*Bryonia alba* L.) und der *Iris*-Arten.
In vielen Zeichnungen und Bildern sind uns diese oftmals göttlich verehrten Alraunmännchen erhalten geblieben.

Alraunmännchen aus G i l g - S c h ü r h o f f , Aus dem Reiche der Drogen, Schwarzeck-Verlag, Dresden 1926)

Alraunwurzel mit Gewand (aus dem Besitz Kaiser Rudolphs II.) (aus G i l g - S c h ü r h o f f , Aus dem Reiche der Drogen, Schwarzeck-Verlag, Dresden 1926)

Der Alraun im Volksglauben
von Alfred Schlosser

Die Pflanze in der Sage

Wie sagt doch nun das Volk vom Alräunchen? "Wenn ein Erddieb, dem das Stehlen durch Herkunft aus einem Diebsgeschlecht angeboren ist, oder dessen Mutter, als sie mit ihm schwanger ging, gestohlen, wenigstens groß Gelüsten dazu gehabt (nach andern, wenn er zwar ein unschuldiger Mensch, in der Tortur aber sich für einen Dieb bekennet) und der ein reiner Jüngling ist, gehängt wird und das Wasser läßt (aut sperma in terram effundit), so wächst an dem Ort der Alraun oder das Galgenmännlein. Oben hat es breite Blätter und gelbe Blumen. Bei der Ausgrabung desselben ist große Gefahr, denn wenn er herausgerissen wird, ächzt, heult und schreit er so entsetzlich, daß der, welcher ihn ausgräbt, alsbald sterben muß. Um ihn dazu zu erlangen, muß man am Freitag vor Sonnenaufgang, nachdem man die Ohren mit Baumwolle, Wachs oder Pech wohl verstopft, mit einem ganz schwarzen Hund, der keinen anderen Flecken am ganzen Leibe haben darf, hinausgehen, drei Kreuze über den Alraun machen und die Erde rings herum abgraben, so daß die Wurzel nur noch mit kleinen Fasern in der Erde stehen bleibt. Danach muß man sie mit einer Schnur dem Hund an den Schwanz binden, ihm ein Stück Brot zeigen und eilig davonlaufen. Der Hund, nach dem Brote gierig, folgt und zieht die Wurzel heraus, fällt aber, von ihrem ächzenden Geschrei getroffen, alsbald tot hin. Hierauf nimmt man sie auf, wäscht sie mit rotem Wein sauber ab, wickelt sie in weiß und rotes Seidenzeug, legt sie in ein Kästlein, badet sie alle Freitag und gibt ihr alle Neumond ein neues weißes Hemdlein. Fragt man nun den Alraun, so antwortet er und offenbart zukünfdtige und heimliche Dinge zu Wohlfahrt und Gedeihen. Der Besitzer hat von nun an keine Feinde, kann nicht arm werden, und hat er keine Kinder, so kommt Ehesegen. Ein Stück Geld, das man ihm Nachts zulegt, findet man am andern Morgen doppelt, will man lange seines Dienstes genießen und sicher gehen, damit er nicht abstehe oder sterbe, so überlade man ihn nicht, einen halben

Taler man mag kühnlich alle Nacht ihm zulegen, das höchste ist ein Dukaten, doch nicht immer, sondern selten.
Wenn der Besitzer des Galgenmännleins stirbt, so erbt es der jüngste Sohn, muß aber dem Vater ein Stück Brot und ein Stück Geld in den Sarg legen und mit begraben lassen. Stirbt der Erbe vor dem Vater, so fällt es dem ältesten Sohne anheim, aber der jüngste muß ebenso schon mit Brot und Geld begraben werden." (Grimm, Deutsche Sagen, Nr. 84).
Diese von Grimm als Allgemeincharakter des Alraunmännleins zusammengefaßten Züge finden sich mehr oder weniger treu oder aber weiter entwickelt wieder in den Sagen der einzelnen Gegenden Deutschlands. Besonders stimmt die schlesische Überlieferung mit der Grimmschen Sage überein. Dort ist der Alraun ein "Glücksmännlein", das den Besitzer reich und glücklich macht, wenn er es in eine Schachtel oder Bette legt, wöchentlich reinigt und seiner wohl pflegt. Unfruchtbare Frauen macht die Wurzel fruchtbar, fühllose Unmenschen zu Menschen, steinerne Herzen bringt sie zur Liebe. Unter dem Galgen entsprießt sie aus dem Urin der Gehängten. Dieser Urin aber ist nichts anderes als das Taufwasser, so ehemals des Menschen Haupt genetzt, und das er nun wieder abgeben muß. In der Johannisnacht (Schlesisches Labyrinth, 156) oder aber am Freitag vor Sonnenaufgang kannst du die Wurzel graben, aber nicht ohne Lebensgefahr. Grabe nicht, bevor du über den Ort drei Kreuze gezeichnet. Dieben besonders ist sie nützlich, denn sie schläfert die Menschen ein, so daß niemand sie in ihrer Arbeit stört[1].
Aus den Herzogtümern Schleswig-Holstein, Lauenburg erzählt Müllenhoff von einer Bauersfrau; die hatte ein Allerürken. (Im Dithmarschen ist dieser Name allgemein bekannt, und Müllenhoff glaubt mit Recht, darin nur eine volkstümliche Form des gleichbedeutenden Alraun sehen zu dürfen.) Mit dessen hülfe gelang es der Besitzerin, aus nur wenig Teige den ganzen Kessel mit Klößen anzufüllen. Andere Leute wußten darum, und eines guten Tages entdeckten sie das Wunderbare der Dienstmagd. Diese wartet die rechte Zeit ab, macht sich dann heimlich an den Koffer, und wahrhaftig, da lag eine kleine Puppe. Sie nahm dieselbe auf, da guckt das kleine Wesen ein paarmal um und um und macht auch sonst allerlei

Abb. 56. Faksimile über Alraun (aus Konrad von Megenbergs Handschrift "Buch der Natur")

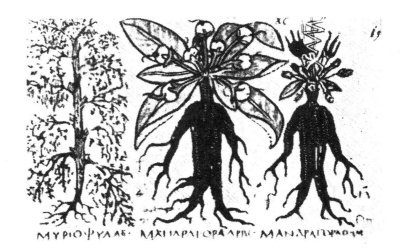

Mandragora aus dem Codex Neapolitanus der Wiener Hofbibliothek (aus Hovorka und Kronfeld, Volksmedizin)

Bewegungen. Von Schrecken gepackt, legt die Magd die Puppe schleunigst wieder zurück. Als sie aber nachher ans Klößemachen ging, da wollte das bißchen Teig nimmermehr aufgehen, und doch war der Kessel längst voll. Hätte sie die Hände nicht gewaschen, so wäre auch die Wunderkraft noch lange nicht gewichen.

"Zu Damme kannte man vor alter Zeit auch den Alrun, ein kleines Männchen, das dem, der es besaß, Glück brachte" und von einem, der schnell reich geworden war, sagte man ehemals in der Gegend von Dortmund: "de hat 'en Arun"[1].

In Nordmohr im Saterland wird der Alrun, ein kleiner kaum fußhoher Kerl, in eine Spinde eingesperrt und mit Milch und Zwieback kräftig zum Zutragen gemacht. "Der hat einen Alrun in der Tasche", heißt's in Neustadt-Böden, wenn einem das Glück im Spiele lacht; reiche Leute haben ein "Alrücken oder Goldscheter". (Kuhn, a. d. D.)

Aber nicht Glück allein bringt das Männlein, wer einen Blick in die Zukunft tun will, braucht nur nach ihm zu sehen. Besonders gute Dienste erfuhr auf diese Weise die alte hessische Familie bei Freiherrn von Riedesel. In einem gläsernen Kästchen lag die Puppe. Jeden Tag nun ward sie aufmerksam beobachtet, zeigte sie doch an sich selbst alles gar pünktlich an, was einem Gliede der Familie zustoßen würde. Stürzte eines im Laufe des Tages, brach dabei einen Arm oder das Bein, "so lag die Puppe mit eben demselben zerbrochenen Gliede da". Trat aber der Tod an eins halb heran, so ward er angekündigt durch das Alraunmännleins Totenfarbe[2].

Im Odenwalde heißen die Alräunchen "Atzelmännchen, weil sie gleich der geschwätzigen Atzel (Elster) alles schwätzen, was sie wissen"[3]. "An Äraunl waz alles im voraus, drum sag i, i bin a äraunl, drum wo an unglück gschiacht gspür i 's in allen glidern", sagte eine alte Frau[1]).

Nach Lütolf, "Sagen, Bräuche, Legenden aus den fünf Orten", p. 192, findet man die Alraunen unter einer weißen Haselstaude, an der eine Mistel wächst. Entdeckst du eine solche, so grabe gerade so tief in die Erde, als hoch an der Staude die Mistel sitzt. Bald kommt ein Kind zum Vorschein, das oft eines Fisches Gestalt hat. Dieses pflege, so geht es dir gut, alle Nahrungssorgen schwinden, denn alles Geld, das du etwa dem

*Weibliche Alraune
(aus dem Hortus sanitatis,
Mainz 1485)*

*Männlicher Alraum
(aus dem Hortus sanitatis, Mainz 1485)*

Wesen unterlegst, kannst du verdoppelt ihm wieder nehmen. Aber es ist ein Teufel und, wer sein dritter Besitzer ist, muß sterben. Am leichtesten können die Wurzeln gewonnen werden an den Fronfasten. Auch unter Hochgerichten kann man sie treffen. "Sie ist eine Pflanze, die beim Ausgraben ein magisches Geschrei erhebt", so daß jeder tot hinstürzt, der es in der Nähe hört. Mit einem Hunde kannst du sie aber leicht herausziehen, verstopfe nur deine Ohren, jener stirbt dann, dir aber lacht von nun an das Glück.

Eine fabelhafte Pflanze bringt Vernaleken mit dem Alraun in Verbindung, den Fonich. Es ist dies eine Waldpflanze von 1 bis 2 Fuß Höhe, mit einem dreieckigen Stengel. Bis zur Mitte hinauf ist sie ohne Blätter, sonst sind die Blätter gefiedert. Zwei Arten Fonich, weißen und schwarzen, gibt es. Der letztere ist am unteren Ende schwarz. Niemals sieht man ihn blühen, eine Stunde im Jahr ausgenommen, in der Thomasnacht (oder in der Nacht vor Pfingsten während des Brennens der Johannisfeuer) nämlich. Diese Zeit genau zu beachten, lohnt sich aber der Mühe wohl, denn der Samen dieser gelbblühenden Pflanze zeigt alle verborgenen Schätze dem Besitzer an, die rote Blüte des andern Fonich aber macht unsichtbar. In Ungarn weiß man eine gute Art, des Samens habhaft zu werden. Nachdem der Fonich mit geweihter Kreide umzogen ist, stellt man einen Kirchenkelch unter, und sofort löst er sich ab und fällt in das heilige Gefäß hinein. Auch in Nieder-Österreich fängt man die Fonichsamen, der eben ein Tragerl ist, auf diese Weise. Dort blüht der Fonich in der Christnacht von 12 – 1. Allerdings läßt sich der Teufel nur schwer diesen kostbaren Samen abgewinnen. Er schreckt die Leute, wenn sie das Tragerl im Kelch nach Hause schaffen, und gelingt ihm einmal die List, daß sie es fallen lassen, so stößt er ein gewaltiges Gelächter aus[1].

Eine Arun in Gestalt einer Kröte hatte ein Geizhals. Im Keller hat er sie gehabt in einem Loch, der mußte er ihr "Bappa ga vom Wißmähl" (Brei aus Weißmehl). Pfarrer Melliger in Tägerig[2].

In Luzern auch hatte einmal ein Alräunchen die Gestalt einer Kröte angenommen: Ein Schuster aus dem Luzerner Gebiet besuchte alljährlich die Burzacher Messe. Ein Herr aus Burzach bat ihn, ihm einen Alraun mitzubringen. Das Jahr darauf ging

unser Schuster auf dem Heimwege gerade an einer Scheune vorbei und sah ind er Mistjauche kleine Kröten, deren er eine als den verlangten Alraun in eine Apothekertasche setzte und dem Burzacher Liebhaber brachte. Unterwegs wuchs sie. Das Jahr darauf aber dankte ihm der Herr für den Alraun und zahlte dem Luzerner eine hübsche Summe aus. Das konnte er leicht tun, denn stets hatte das Alräunchen das Doppelte des untergelegten Geldes gebrütet. Der Luzerner war von jetzt an von seinem Unglauben gegen die Alraune kuriert[2]. Als Frosch und Kröte kennt man das Alräunchen auch in der Oberpfalz: Wenn eine junge Kuh zum ersten Mal trägt und zwei Bullenkälber wirft, so springt zugleich ein kleines Tierchen hervor, das wie ein Frosch oder Kröte aussieht. Man setzt es in einen Milchnapf, und pflegt es mit Semmel und Milch und hüllt es in Baumwolle. "Legt man diesen Reindl oder Altreindl eine Silbermünze unter, so brütet es jeden Tag eine neue, heißt deshalb auch Geldbrüter"[3].
Noch in einer anderen Weise zeigt sich das Alräunchen. Zu Graubünden ist es nämlich ein geflügeltes Tierchen, "das alle Tage ein kleines, goldenes Ei legt"[4]. Indes will es keinem gelingen, "des schalkhaften Tierchens habhaft zu werden"[5].
Sehr ähnlich sind die geflügelten Araundeln in Nieder-Österreich. Die können sich auch unsichtbar machen. Die Seele des Menschen aber, der ein solches Tragerl in seine Dienste nimmt, gehört dem Teufel, es sei denn, es werde frühzeitig genug verschenkt oder verkauft. Das ist aber nicht so leicht, denn der Besitzer darf von seinem Kleinod nichts verlauten lassen. Die kleinen Wesen schlafen und sprechen nie, essen aber und zwar wünschen sie vor dem Besitzer bedient zu werden. Ein solches Tragerl hört nur auf den Ruf "Tragerl trag", um das Gewünschte auch schon bei entfernt Wohnenden wegzustehlen. Aber wehe dem Besitzer, der es verrät, den verläßt es, so daß er verarmt und obendrein seine Seele an den Teufel verliert"[1].
Noch ganz anders erzählt man sichs in Nieder-Österreich. Zu Feldöberg und Umgegend verschaffen sich die Leute "das kleine Glücksteufelchen", das auch alle Geheimnisse der Zukunft aufdeckt, folgendermaßen: Von einer ganz schwarzen Henne nehme das siebte Ei. Sieben Tage lang trage dasselbe unter der linken Achsel, da wird dann das kleine Teufelchen ausgebrütet.

Sofort stellt es einen höflichen Antrag treuer Dienste gegen die Seele des Herrn. Es besteht aber das Gesetz: Kann sein einstweiliger Besitzer den kleinen Teufel unbemerkt einem zweiten zubringen, so ist er seiner los. Bis auf einen siebenten Herrn kann es vergeben werden, dann aber tritt das Teufelchen in seine Rechte ein. Es wird dann immer wilder, verlangt immer mehr Aufmerksamkeit in der Pflege. Der Besitzer kann es nicht schön genug mehr waschen und kämmen, ja während der Nacht zerkratzt es seinem Herrn das Gesicht, und dieser stirbt zuletzt eines geheimnisvollen Todes. Diese bösen Eigenschaften haben die Alraunen von ihrem Vater, dem Leibhaftigen selbst. So schmieden sie tückische Ränke, schaden dem Menschen, verstecken allerlei Geräte und machen sich dabei unsichtbar. Auf verlorenen Gegenständen "sitzt eben ein Araundel". Als Abkömmlinge ihrer Mutter, der klugen Frau Alrune, (Albrune Kuhn W. S. 148) sind die höchstens 2 Zoll messenden Wesen gut und heißen Tragerl, da sie alles nach Wunsch zutragen. Sie sprechen, essen, trinken ganz wie Menschen. Sie müssen an einem geheimen Ort in einer Schachtel oder Flasche aufbewahrt werden, denn wenn sie jemand außer ihrem rechtmäßigen Besitzer sieht, so wird alles zu Wasser, was sie bisher zusammengetragen haben. Steckt man ein Tragerl in die Tasche, so sieht man alles, was man sehen will. Sich selbst kann man dabei unsichtbar machen und in einem Augenblicke überallhin tragen lassen[2].
Damit sind wir also mitten in eine Auffassung geraten, welche den Alraun mit dem Teufel nahezu identifiziert. Nehmen wir hinzu die sonst vom Alraun als Hecketaler bestehende Anschauung und vergleichen diese mit folgender mährischer Sage, so zeigt sich die Beziehung von Alraun und Teufel bzw. spiritus familiaris noch deutlicher. Nach dieser Sage wandelt sich der Teufel in eine schwarze Henne, die ein Ei legt, welches, der Henne untergelegt, täglich einen Taler bringt, ja diesen Tag um Tag verdoppelt und in noch höherem Maße vervielfacht. Der dritte Besitzer aber kann sie nicht mehr los werden[1].
In Nieder-Österreich nennt man ein solches dienstbares Teufelchen, das aus dem Ei einer schwarzen Henne unter dem linken Arm ausgebrütet wird, – während der Brutzeit wasche man sich nicht, noch weniger aber darf man beten – Spazifankerl oder auch Spirifankerl, aber auch Arainl. Es dient

sieben Jahre in einer Flasche oder einer Schachtel. Öffnet man solche, so springt es heraus, wird immer größer und kann nur durch List wieder hineingebracht werden. Man kann es um drei Pfennige loswerden. Der letzte Besitzer verfällt dem Teufel[2].
Nicht dürften die flavischen Didken[3] direkt zu den Alraunvorstellungen gehören. Zu ihrer Gestalt als Stutzer in Frack und engen Beinkleidern und hohem Hute spielen sie doch eine zu gezierte komische Figur, die auch gar zu modern herausgeputzt ist.

Mandragora/Alraun um 1500. Pflanzenaquarell aus Cod. icon. (bot.), Bayerische Staatsbibliothek, München. Cod. icon. = ein handschriftlich illustrierter Herbarius um 1500, Verfasser unbekannt.

1. Drechsler, "Sitte, Brauch und Volksglauben in Schlesien" II, 212.

1. Kuhn, "Sagen aus Westfalen".
2. J. W. Wolf: "Hessische Sagen".
3. Friedreich, "Die Symbolik und Mythologie der Natur", Würzburg 1859, p. 274.
4. "Mythol. Gestalten im Presburger Volksglauben" von Schroer in Ztschr. f. dt. W. II 426.

1. Bernaleken, "Mythen und Bräuche des Volkes in Österreich", p. 239.

1. Bei Lütolf, a. a. V., p. 194.
2. Ebenda, a. a. V., p. 192.
3. Buttke, a. a. V., p. 385.
4. Zu Palästina ist die Mandragora auch als "Ei der Geister" bekannt nach Font, "Streifzüge durch die Biblische Flora" in "Biblische Studien", Freiburg i. B. 1900.
5. Bernaleken, "Mythen und Bräuche des Volkes in Österreich".

1. Bernaleken, a. a. V., p. 260.
2. Ebenda, a. a. V., p. 258 f.

TOLLKRAUT

Die ursprünglich in Südosteuropa beheimatete Skopolie zeigt Ähnlichkeit mit der Tollkirsche, erreicht jedoch nur eine Höhe von 40 cm (aus Hegi, Illustrierte Flora von Mitteleuropa, Lehmann Verlag, München)

Tollkraut (Scopolia)
Skopoliawurzel als Gift und Heilmittel bei Litauern und Letten

von H. Führner

Am 19. Juni 1918 erkrankten drei deutsche Militärschreiber in ihrem Quartier in der Nähe von Jakobstadt in Kurland nach einem Mittagsmahl, welches aus Reissuppe mit Hammelfleisch bestand und mit Petersilie gewürzt war.
Der eine Erkrankte (L.) hatte drei Teller voll von dem Gericht genossen. Nach seinen Angaben bekam er bald nach dem Essen einen Schwindelanfall: Es drehte sich ihm alles im Kopfe herum und er konnte nicht mehr stehen. Sein Gesicht und Hals schwollen an und seine Pupillen wurden, wie er selbst beobachtete, unbeweglich. Er glaubte, daß sein übler Zustand auf den Genuß von verdorbenem Fleisch zurückzuführen sei, und suchte darum seinen Magen durch Erbrechen zu leeren. Nachdem ihm dies gelungen war, besserte sich sein Zustand im Verlaufe einiger Stunden unter Trinken von Milch und Alkohol.
Der zweite Erkrankte (W.) gibt an, daß ihm das Mittagsmahl auffallend säuerlich vorkam, so daß er nur einen Teller davon zu sich nahm. Bald nach dem Essen bemerkte er die Erkrankung von L., während bei ihm selbst Vergiftungserscheinungen erst etwa eine Stunde nach der Mahlzeit auftraten. Es wurde ihm schwarz vor den Augen, er bekam Schwindel und sah schlecht. Dazu empfand er große Trockenheit im Munde, konnte aber nicht erbrechen. Es fiel ihm auf, wie seinem Kameraden L. Gesicht und "Mandeln" anschwollen, während dies bei ihm nicht der Fall war. Im Freien konnte er sich auf den Beinen halten. Drei Stunden nach dem Essen wurde ihm wieder besser, doch litt er noch 14 Tage lang an Kopfschmerzen, Müdigkeit und Benommenheit. Ein dritter Schreiber (Sch.) erkrankte nicht ernstlich, sondern war nur am Nachmittage durch Kopf- und Augenschmerzen verhindert, seinen Dienst zu tun.

Später stellte sich heraus, daß an dem Tage außer den drei Schreibern auch die Köchin R., welche das Essen zubereitet und davon zwei Teller gegessen hatte, erkrankt war. Sie klagte über Magendrücken, Übelkeit und Benommenheit, verbunden mit Halsschmerzen und großer Trockenheit im Munde. Sie spürte Brennen im Gesicht und litt an Kopfschmerzen, ein Zustand, der bis zum Nachmittag des andern Tages anhielt.
Nicht erkrankte nach dem Essen, von dem sie allerdings nach Angabe der Köchin R. auch nur auffallend wenig genossen hatte, die in der Küche als Magd beschäftigte Eva Leelais. Sie hatte zur Zubereitung der Mahlzeit aus dem Garten die Petersilie geholt. Gleichzeitig damit brachte sie aber, nach ihrer Aussage, ein anderes Kraut mit seiner Wurzel, das in der Nähe ihrer Wohnung an einem Gartenzaun reichlich wächst, nämlich ein Exemplar einer Pflanze, die sie lettisch deewa sales, d. h. Gotteskraut, nannte. Beim Ausreißen der Pflanze war sie von einem Offiziersburschen gesehen worden. Auf dessen Frage, was sie mit der Pflanze machen wolle, gab sie keine Antwort, sondern lachte nur. Vor Gericht erklärte sie, sie habe das Gotteskraut auf Geheiß der Köchin geholt, die sich mit den Soldaten einen Scherz machen wollte. Die Köchin habe die Wurzel in einem kleinen Kessel weich gekocht, nachher auf dem Reibeisen zerrieben und die zerriebene Wurzel in das Essen geschüttet. Bei einer späteren Vernehmung gab sie an, die Köchin habe die Pflanze in einem besonderen Topfe gekocht und die Brühe der Suppe zugesetzt. Worin der angebliche Scherz der Köchin mit den Soldaten bestanden haben soll, war aus der Angekgten nicht herauszubekommen. Die Köchin erklärte, von dieser ganzen Sache nichts zu wissen. Da sie selbst nach dem Essen erkrankte, dürfte dies der Wahrheit entsprechen und die Schuld an der Vergiftung der vier Personen einzig auf die Angekgte Leelais zurückfallen.
Ein Exemplar des Gotteskrautes wurde von dem untersuchenden Kriegsgerichtsrat an das Botanische Institut der Universität Königsberg gesandt. Sowohl Prof. Mez wie Prof. Abromeit erkannten darin die pflanzengeographisch und ethnologisch merkwürdige *Scopolia carniolica* Jacq. (*Scop. atropoides* Schultes, *Hyoscyamus Scopolia* L.), eine Pflanze, für welche ein volkstümlicher deutscher Name nicht bekannt ist, wohl aber

mehrere litauische Namen. Da dieselbe als litauisches und lettisches Volksheilmittel und Gift in der medizinischen Literatur bisher kaum erwähnt ist, wegen ihrer Verwendung wie wegen ihrer Beziehungen zur Mandragora der Alten aber weitgehende Beachtung verdient, so soll hier zusammengestellt werden, was ich bisher über sie in Erfahrung bringen konnte.

Obgleich der Wurzelstock von Scopolia carniolica, im Gegensatz zu den Vereinigten Staaten von Nordamerika, in Deutschland nicht offiziell ist, so ist er in pharmazeutischen und medizinischen Kreisen doch allgemein dadurch bekannt geworden, daß E. Schmidt daraus das Skopolamin isoliert und nach der Pflanze benannt hat, das heute zu unseren wichtigsten Arzneimitteln gehört. Neben Skopolamin enthält Rhizoma Scopoliae, wie andere Solanazeendrogen, Hyoscyamin bzw. Atropin, im ganzen bis zu 0,5 Proz. Alkaloide, während die Scopolia japonica nur die halbe Menge davon enthält. Dem Gehalt an mydriatisch wirkenden Alkaloiden entspricht meine Beobachtung, daß ein Auszug aus einem Stückchen des Wurzelstockes der aus Kurland eingesandten Pflanze am Katzenauge Pupillenerweiterung hervorrief.

Wie der Name Scopolia carniolica besagt, ist die Pflanze in Krain einheimisch. Sie findet sich aber nach Abromeit[1] und nach Ascherson[2] außerdem wildwachsend in Südwestrußland, Galizien, Rumänien, Siebenbürgen, durch Ungarn hindurch bis zur Adriaküste, und wird hauptsächlich in Ungarn gesammelt und über Triest exportiert. Ihre der Tollkirsche ähnlichen Blätter sind schon als Fälschung der offiziellen Folia Belladonnae gefunden worden.

Ob die Pflanze den alten Griechen und Römern bekannt war, muß zweifelhaft erscheinen. Hinsichtlich der Wirkung passen die meisten Eigenschaften, welche Dioskurides[3] bei seinem Schlafstrychnos, Strychnos hypnotikos, beschreibt, sehr gut auf die Skopolia, so daß es durchaus verständlich erscheint, wenn Matthiolus[4] in seinem bekannten Dioskurideskommentar als Solanum (Solatrum) somniferum ein unverkennbares Exemplar von Scopolia carniolica abbildet. Unrichtig ist dagegen nach Ascherson und nach Abromeit[5] die Angabe in Gmelins Werk über die Gifte[6] und bei Lewin und Guillery[7], daß der Walkenbaum des Arztes Joh. Weier (Wyer) Skopolia darstelle.

Es handelt sich hier um den Strychnos manikos des Dioskurides, Linnés Atropa Belladonna, unsere Tollkirsche, von Matthiolus und den älteren Botanikern Solanum furiosum genannt.

Es ist nun außerordentlich bemerkenswert, daß von Litauern und Letten Scopolia carniolica als Heilpflanze in ihren Gärten kultiviert wird, wie etwa in alten deutschen Kloster- und Apothekergärten das naheverwandte Bilsenkraut, Hyoscyamus niger. Diese Tatsache ist den Botanikern namentlich durch die Mitteilungen von Abromeit und Ascherson bekannt geworden. In der pharmakologischen Literatur ist sie bisher nicht erwähnt; namentlich vermisse ich eine entsprechende Angabe in den wertvollen Zusammenstellungen über lettische und russische Volksmedizin von Koberts Dorpater Schülern Demitsch[8], von Henrici[9] und Alksnis[10]. In einem Briefe teilte mir Geheimrat Kobert mit, daß er im Baltikum über die Pflanze, obwohl er sehr oft nach ihr gefragt habe, gar nichts feststellen konnte und darum glaubt, daß sie Esten und Letten unbekannt sei. Wenn einem so gründlichen Kenner der Volksmedizin im Baltenland, wie Kobert, der volkstümliche Gebrauch der Skopolia bei den Letten entgehen konnte, so hängt dies sicherlich damit zusammen, daß Litauer und Letten, ebenso wie die Bauern in Siebenbürgen, von ihrer Kenntnis der Pflanze und ihren Wirkungen nicht gerne reden und sie geheim zu halten suchen. Aus welchen Gründen, werden wir später sehen. In der medizinischen Literatur sind mir nur zwei kleine Mitteilungen über die Verwendung der Skopolia bei den Litauern bekannt: Die eine rührt von dem verstorbenen Königsberger Dozenten Dr. Podack her, welcher den Gebrauch der Wurzel gegen Paralysis agitans bei einem alten Litauer kennen lernte. Die andere hat den früheren Kreisarzt von Heydekrug, Dr. Cohn, zum Verfasser, der Fälle von Skopoliavergiftung bei den Litauern erwähnt, auf die ich weiter unten zurückkommen werde.

Einiges über die volksmedizinische Verwendung der Wurzel findet sich auch bei Ascherson und in der Flora von Ost- und Westpreußen von Abromeit. Aus der letzteren sei folgendes angeführt. Die Pflanze wird im nördlichen Litauen, in den Landstrichen am kurischen Haff, pometis ropes genannt, d. h. pometis-Rübe oder -Knolle. Nach freundlicher Mitteilung von

Herrn Geheimrat Bezzenberger ist pometis eine Krankheit, die durch Schrecken hervorgerufen wird und bei der die Gliederschmerzen. Meist wird der Begriff mit Gicht und Rheumatismus übersetzt. In Südlitauen wird die Pflanze durna rope, d. h. tolle Rübe, genannt, wohl auch pikt-rope, "böse Rübe", Bezeichnungen, die nebenher für die knolligen Wurzelstöcke des Wasserschierlings, Cicuta virosa, der Hauptgiftpflanze der Litauer, gebraucht werden. Neben der Verwendung gegen Rheumatismus dient die Pflanze nach Abromeit gegen Zahnschmerzen, wird aber auch zu verbrecherischen Zwecken mißbraucht. Dem kriminellen Gebraucht entspricht die Bezeichnung "Altsitzerkraut", welche sich sowohl bei Abromeit wie bei Ascherson findet. Unter "Altsitzerpulver" versteht man in Ostpreußen den weißen Arsenik, der, von russischen Pferdehändlern und Hausierern über die Grenze gebracht, hier noch häufig dazu dient, unbequeme Kostgänger zu beseitigen. "Altsitzerkraut" wäre das pflanzliche Analogon zum Arsenik. Doch scheint mir hier von seiten der Heydekruger Juristen, von denen diese Bezeichnung stammen soll, eine Verwechslung von Skopolia und Cicuta vorzuliegen, auf die ich noch zurückkomme.

Die Verwendung von Skopolia gegen Zahnschmerzen findet sich in Rußland bei anderen Solanazeen wieder. So wird nach Demitsch in Sibirien die Wurzel von Hyoscyamus physaloides in den hohlen Zahn gelegt. Auch Bilsenkraut- und Stechapfelsamen dienen vielfach demselben Zweck. Aus den Akten des Falles Leelais ergibt sich als Anwendung von Skopolia in Kurland nach der Aussage des Kreisarztes Skobe in Jakobstadt die recht vernünftige Verwendung gegen Kolik, und nach einer Zeugin eine ebenso richtige als Schlafmittel für Kinder. Bei weitem die bemerkenswerteste volksmedizinische Verwendung der Skopolia wurde aber 1897 durch Podack[11] beschrieben. Zu ihm kam ein litauischer Bauer, der 30 Jahre lang mit regelmäßigem Erfolg den frischen oder getrockneten Wurzelstock der Skopolia gegen Paralysis agitans gebraucht hatte, ein Umstand, der Podack und nach ihm von Ketly[12] veranlaßte, Rhizoma Scopoliae carn. vergleichend in seiner Wirkung mit dem Skopolamin bei der Krankheit zu prüfen. Jedenfalls ist es außerordentlich merkwürdig, daß die Litauer die Skopoliawurzel Jahrzehnte, vielleicht Jahrhunderte lang gegen eine Krankheit gebrauchten, gegen welche – ohne Kenntnis dieser Tatsache – die wissenschaftliche Medizin seit Erbe das Skopolamin verwendet.

Während der erwähnte Litauer gegen seine Erkrankung die Wurzel in Substanz zu sich nahm, wird gegen die Pometiskrankheit, wie ich durch Geheimrat Bezzenberger erfuhr, von kundigen Frauen ein Trank durch Knochen mit Bier hergestellt und gegen Bezahlung verabreicht. In dieser Form wird die Skopoliawurzel auch zum Scherz verwandt, um junge Leute "albern" zu machen, und hiermit gelangen wir zur Besprechung der ethnologisch wichtigen Verwendung der Pflanze als Berauschungsmittel, eine Wirkung, die offenbar auch in dem Falle Leelais beabsichtigt war. Nach einem Gewährsmann von Geheimrat Bezzenberger wirken größere Mengen der Wurzel berauschend und erzeugen einen Zustand, der mit unberechenbaren komischen Handlungen verbunden ist. Ganz ähnliche Angaben machte Kreisarzt Cohn[13] 1904 in der erwähnten Veröffentlichung, aus welcher ich folgendes hier

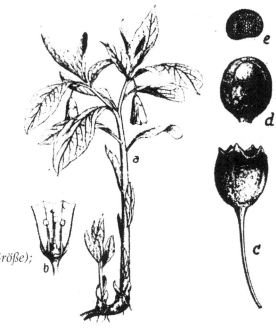

Die Skopolie.
a = Habitus (1/3 natürl. Größe);
b = Blüte aufgeschnitten;
c = Fruchtkelch;
d = junge Frucht;
e = Samen
(aus Hegi, Illustrierte Flora von Mitteleuropa, Lehmann Verlag, München)

wiedergeben möchte: Neben der Verwendung als Heilmittel gegen Rheumatismus bedient man sich einer Abkochung der Pflanze, "um gute Freunde in einen rauschartigen Zustand zu versetzen, wobei man sich an ihrer tollen Laune, an ihrer Ausgelassenheit und ihrer aufgeregten Stimmung belustigt". Cohn zitiert dann einen ihm bekannten Fall, bei dem eine Besitzersfrau und ihre Tochter unter Anklage standen, einem jungen Knecht eine Abkochung der Tollwurzel im Kaffee eingegeben zu haben, um sich mit dem Jungen einen Spaß zu machen. Wird bei derartiger Verwendung die Gabe zu reichlich bemessen, so können längere Zeit hindurch zerebrale Störungen bestehen bleiben, die dann Veranlassung zu Anklagen und Gerichtsverhandlungen geben. Dies gilt für einen letzten, mir bekannt gewordenen Fall von Skopoliavergiftung, der darum bemerkenswert ist, weil der Zustand des Vergifteten von einem Zeugen genau beobachtet und beschrieben wurde. Ich verdanke denselben dem Königsberger Kreisarzt Geheimrat Forstreuter und wiederhole aus dessen gerichtlichem Gutachten das Folgende: Der Fall ereignete sich Ende März 1901 im Kirchdorf Lappienen, Kreis Niederung. Auch hier war von Frauen, angeblich zum Scherz, einem Manne Skopoliaabkochung im Nachmittagskaffee gegeben worden. Nach seiner eigenen Aussage bekam er bald nach dem Genuß heftige Kopfschmerzen und ein furchtbares Brennen. Seine Zunge wurde ihm ganz steif und er wußte eine zeitlang nicht, wo er sich befand. Nach Hause geführt habe er, nachdem er eine Weile zu Bett gelegen, erbrochen, worauf die Schmerzen nachließen. Er habe jedoch drei Wochen lang zu Bett gelegen und während dieser Zeit an starken Kopfschmerzen gelitten. Ein Zeuge, der ihn nach Hause brachte, beschrieb sein Verhalten derart: "Gleich nach der Aufnahme des Kaffees klagte er über innerliche Schmerzen und redete allerlei Unsinn. Auf dem Wege nach Hause gebärdete er sich wie ein Rasender: Er lief, fiel, gab an, Menschen, Holz, Säge und alles mögliche zu sehen. Zu Hause angekommen erkannte er seine Frau nicht, hielt sie für ein junges Mädchen, legte sich zu Bett, sprang wieder auf und war längere Zeit krank."
Wie bei den früher beschriebenen Fällen handelt es sich auch hier um den typischen, wohlbekannten Verlauf der

Solanazeenvergiftung. Dieser schwere, langandauernde Zustand der Vergiftung ist von dem, der die Wurzel zum Scherz verwendet, sicherlich nicht beabsichtigt. In solchen Fällen handelt es sich entweder um Überdosierung des Gifttrankes oder um besondere individuelle Empfindlichkeit gegenüber den Solanazeenalkaloiden, wie sie gegenüber der berauschenden Wirkung des Alkohols zur Genüge bekannt ist. Auch beim Solanazeenrausch mag der eine mehr heiter erregt werden, während der andere sich dem Tode nahe fühlt. Bemerkenswert erscheint mir lediglich die Tatsache der Verwendung von Solanazeen als volkstümliche Berauschungsmittel, auf die in unserer toxikologischen Literatur fast nirgends hingewiesen ist. Und doch handelt es sich hier um einen Gebrauch von Giftpflanzen, der vom Gesichtspunkte der Völkerkunde jedenfalls viel allgemeinere Beachtung verdient, als die überall zitierte Verwendung des Fliegenpilzes als Berauschungsmittel bei den Kamtschadalen, denn diese Verwendung der Solanazeen ist sicherlich auch heute noch eine viel verbreitetere. Hierzu lassen sich gleich in den oben genannten Dorpater historischen Studien von Kobert und seinen Schülern eine Reihe Belege finden. In einer Aufzählung russischer Volksheilmittel aus dem Pflanzenreiche von Demitsch[8] sind die drei Solanazeen Datura Stramonium, Hyoscyamus niger und H. physaloides erwähnt. Bei Datura wird gesagt, daß man im Gouvernement Woronesch die Pflanze ins Bier legt, um ihm stark narkotische Eigenschaften zu verleihen. Nach einer in Gmelins Geschichte der Pflanzengifte[14] erwähnten Reisebeschreibung durch Rußland vom J. 1770 legen Kosaken zum Scherze die Samengehäuse zerdrückt mit den Samen ins Bier, "um eine drollige Narrheit hervorzurufen, welche noch den andern Tag Kopfschmerzen zurückläßt, die sich jedoch durch ein Glas Branntwein verlieren". Die gleiche Verwendung sollen nach Demitsch die Daturasamen seit Jahrhunderten in China finden. Noch bemerkenswerter sind die Angaben bei Hyoscyamus. Die Wurzel von H. physaloides wird in Sibirien dem Bier zugesetzt und veranlaßt dadurch Trunkenheit, "ja eine Art Verrücktheit, bei welcher die Vergifteten alles für ungeheuer groß halten, zu sterben fürchten, weinen etc.", Angaben, die Gmelins Geschichte entnommen

sind, in der sie sich weiter ausgeführt finden. Von weiteren Nachrichten über eine entsprechende Solanazeenverwendung in Asien möchte ich die Angabe von Schroff[15] über die persische Taftwurzel anführen, in welcher Schroff Hyoscyamus muticus erkannte. Diese Wurzel wird in Persien häufig zur Belustigung den Speisen zugesetzt, da ihr Genuß "Sinnentäuschungen und närrische Sprünge und Bewegungen lasziver Art erzeugt".
Aber nicht nur aus dem östlichen Europa und Asien lassen sich Belege für den Gebrauch der Solanazeen als berauschende Genußmittel beibringen, sondern sie finden sich auch in der älteren Literatur aus dem mittleren Europa. Zwei Beispiele dafür sind mir zur Hand:
In seinem Liber de venenis erzählt der schwedische Arzt Joh. Linder (Lindestolpe)[16], daß in seiner Heimat Carlstad i. J. 1682 ein Handwerker seinem Freunde ein Gericht Pastinakwurzeln schenkte, unter die er zum Scherz einige ebenso aussehende große Wurzeln des Bilsenkrautes gemischt hatte. Es wurde daraus ein Mahl bereitet, nach dessen Genuß bald die ganze Familie zu rasen begann und "teils lächerliche, teils furchtbare Gebärden machte", bis schließlich alle in Schlaf verfielen. In der berühmten, im 16. Jahrhundert erschienenen Magia naturalis des Neapolitaners Joh. Bapt. Porta[17] findet sich, neben einer Aufzählung anderer physikalischer, chemischer und medizinischer Wunder und Kunststücke, auch ein ganzes Kapitel mit Vorschriften dafür, wie man Menschen für einen Tag lang verrückt machen kann (quomodo homines per diem dementari possint). In der Einleitung dazu heißt es, daß der Verfasser nicht etwa lehren will, wie man Menschen dauernd ihres Verstandes berauben kann, sondern nur für einen Tag zur "Belustigung" (jucundo spectaculo), ohne irgendwelchen Schaden für die Beteiligten. Als Mittel dazu dienen ihm Mandragora, Stramonium und Belladonna.
Was uns heute bei Litauern, Letten und Russen bei dieser Verwendung von Solanazeen "zum Scherz" entgegentritt, entspricht einem Kulturzustand, wie wir ihn in Mitteleuropa im 16. und 17. Jahrhundert finden.
Aus dem bisher Gesagten geht nicht hervor und bedarf noch der Erklärung, weshalb Litauer und Letten Fremden nicht gerne von ihrer Kenntnis der Skopolia reden und dieselbe heim-

lich, an abgelegener Stelle ihres Gartens, kultivieren.

Fast alle Skopoliavergiftungen, die hier in Ostpreußen bekannt geworden sind, haben das Gemeinsame, daß das Gift von Frauen meist jungen Männern beigebracht wurde. Dies erklärt sich daraus, daß mit dem Rauschzustand offenbar sexuelle Erregung verbunden ist. Die Skopolia gilt als Aphrodisiacum, und dies ist wohl der eine Grund, weshalb auch im Falle Leelais die Angeklagte über die Art des Scherzes keine Auskunft gab. Dann scheint aber die Skopoliawurzel nach einer Zeugenaussage im Falle Leelais bei den Letten und nach Ascherson auch bei den Galiziern und Rumänen als Abtreibungsmittel Verwendung zu finden, und hierin liegt ein anderer Grund sowohl für die Kultur der Pflanze wie für deren Geheimhaltung. In der Verwendung der Skopolia zum Liebestrank und Abortivum bestehen nun, worauf gleichfalls Ascherson hinwies, enge Beziehungen unserer Pflanze zur klassischen Mandragora, der Alraunwurzel der Alten. Die Solanazee des Mittelmeergebietes, die Mandragora, mit allen ihren Eigenschaften, wird im Norden bei Litauern und Letten durch die Skopolia ersetzt. Dies gilt in gleicher Weise für die Karpathenländer, die eigentliche Heimat der Skopolia, von wo aus sie sich nach Norden, Osten und Westen ausgebreitet hat. In Rumänien hat die Pflanze als "Matragun" sogar den Namen der Mandragora übernommen.

Auf diese historisch und ethnologisch außerordentlich bemerkenswerten Beziehungen von Skopolia und Mandragora kann hier nicht eingegangen werden, und es sei auf die wertvollen Arbeiten von Ascherson[18] verwiesen. Über die Art der Verwendung der Skopolia als Abtreibungsmittel bei den Litauern ist bisher nichts bekannt geworden. Vielleicht handelt es sich auch bei ihnen um eine lokale Anwendung des Wurzelstockes oder seines Auszuges, wie sie Dioskurides[19] beim Mandragorasaft beschreibt. Als Vaginalsuppositorium "treibt er die Menstruation und den Embryo aus, in den After als Zäpfchen gebracht, macht er Schlaf". Weiter sagt dann Dioskurides: "Der Saft der Mandragora in der Menge von zwei Obolen, mit Honigmeth getrunken, führt den Schleim und die schwarze Galle nach oben ... ein Genuß von mehr nimmt das Leben weg."

Es kann keinem Zweifel unterliegen, daß große Gaben der Skopoliawurzel, ebenso wie die der Mandragora oder Belladonna, den Tod zur Folge haben können. Zu verbrecherischen Zwecken sind die Solanazeen aber aus dem Grunde wenig geeignet, weil die Vergiftungserscheinungen auch für den Laien als solche leicht erkennbar sind. Wenn Cohn in seiner Mitteilung sagt, "Pessimisten behaupten, daß mancher unaufgeklärte plötzliche Todesfall in der litauischen Bevölkerung auf das Konto der Skopolia zu setzen sei", und wenn er weiter berichtet, der verstorbene Königsberger Botaniker Prof. Caspary[20] habe die Pflanze in seinem Kolleg nie anders als "litauisches Altsitzerkraut" genannt, eine Bezeichnung, welche nach Ascherson, wie erwähnt, von Heydekruger Juristen aufgebracht sein soll, so halte ich diese Bezeichnung der Skopolia für unberechtigt und diesen Pessimismus für unangebracht, denn es ist weder Cohn noch andern ostpreußischen Kreisärzten ein sicherer Todesfall durch die Pflanze bekannt geworden.
Ich verdanke Herrn Schriftsteller Sembritzki-Memel Zeitungsberichte über Pflanzenvergiftungen im Kreise Heydekrug aus den Jahren 1824 bis 1852. Unter ihnen ist nur ein hierhergehöriger Fall erwähnt, in dem der Bauernwirt Jons Luszas nach dem Genuß von "Tollrüben", die er gegen Krankheit nahm, starb. Wie gesagt, kommen bei den Litauern Verwechslungen in der Bezeichnung von Skopolia und Cicuta vor. Da Cicuta gleichfalls als Heilmittel (bei fieberhaften Erkrankungen) genommen wird, so lag vielleicht auch hier eine Vergiftung durch den Wasserschierling vor. Ein entsprechender Irrtum findet sich in der vergleichenden Volksmedizin von Hovorka und Kronfeld[21], auf den hier noch eingegangen sei. In dem Abschnitt über die Tollkirsche geben die Verfasser aus einer Schrift über die Litauer des Pfarrers Prätorius[22] vom J. 1680 die Stelle wieder: "Sie haben auch ein Kraut, das nennen sie Maulda; wenn sie einen was schuldig, sehen sie, wie sie ihm solches im Trincken beybringen; der das Kraut ins Leib bekommet, muß sterben, dagegen hillft die gantze Apothecke nicht." Hovorka und Kronfeld vermuten, daß Maulda eine Verstümmelung von Mandragora sei und daß darunter Atropa oder Skopolia gemeint ist. Atropa kommt in Litauen überhaupt nicht vor. Maulda oder richtiger "mauda" ist aber die litauische Bezeich-

nung für Schierling, namentlich für den in Ostpreußen häufigen Wasserschierling. Todesfälle durch diesen sind hier in der Tat eine ganze Reihe bekannt. Auf den Wasserschierling paßt die Bezeichnung "Altsitzerkraut", und sie ist, nach Mitteilung von Herrn Sembritzki, auch für ihn gebräuchlich.

1. J. Abromeit, Flora von Ost- und Westpreußen. Berlin 1903, S. 589.
2. P. Ascherson, Scopolia. Sitz-Ber. d. Ges. naturforsch. Freunde. Berlin 1890, S. 59.
3. J. Berendes, des Ped. Dioskurides Arzneimittellehre. Stuttgart 1902, S. 406.
4. P. A. Matthioli Commentarii in Libr. VI Ped. Dioscoridis Anaz. de medic. mater. Venetiis 1558, Fol. p. 532.
5. Abromeit, Über Scopolia carniolica, Pharm. Zentr.-Halle 1911, S. 115.
6. J. F. Gmelin, Geschichte der Pflanzengifte. 2. Aufl. Nürnberg 1803, S. 450.
7. L. Lewin und H. Guillery, die Wirkung von Arzneimitteln und Giften auf das Auge. Berlin 1905, 1. S. 165.
8. W. Demitsch, Russische Volksheilmittel a. d. Pflanzenreiche in R. Kobert, Historische Studien a. d. Pharmakol. Institute der Universität Dorpat. 1. Halle 1889, S. 134.
9. A. A. v. Henrici, Weitere Studien über Volksheilmittel verschiedener in Rußland lebender Völkerschaften. Ebenda 4. Halle 1894, S. 1.
10. J. Alksnis, Materialien zur lettischen Volksmedizin. Ebenda. S. 166.
11. Podack, Zur Anwendung des Rhizoma Scopoliae carniolicae bei Paralysis agitans. D. m. W. 1897. Ver. Beil. S. 226.
12. L. v. Ketly, Klinische Erfahrungen über Rhizoma scopoliae carniolicase. Ther. d. Gegenw. 1903, S. 117.

13 Cohn-Heydekrug, Über die Mißbrauch einiger Arzneistoffe seitens der hiesigen Landbevölkerung nebst einem Fall von Strychninvergiftung. Beilage zur Zeitschr. f. Medizinalbeamte 1904, S. 121.
8 W. Demitsch, 1. c. S. 206 ff.
14 Gmelin, 1. c. s. 416 Anmerk.
15 C. Schroff, Die Taftwurzel Persiens. Österr. Zeitschr. f. prakt. Heilkunde 1861, S. 434.
16 Jo. Lindestolpe, Liber de venenis. Francofurti 1739, p. 559.
17 Jo. Bapt. Portae, Neapol. Magiae naturalis libr. XX, Neapoli 1589, p. 151.
18 P. Ascherson, 1. c., ferner: Mandragora. Zeitschr. f. Ethnologie 23, S. 729 (1891). Derselbe, Über Mandragora, Ber. d. deutsch. Pharm. Gesellsch. 2, S. 45 (1892).
19 Berendes, Dioskurides, !. e. S. 409.
20 Obige Angabe von Kreisarzt Dr. Cohn hat mir Prof. Abromeit bestätigt. Falsch ist die Angabe in der "Volksbotanik" von R. Pieper (Gumbinnen 1897), S. 262, daß Prof. Caspary das Bilsenkraut mit diesem Namen belegt habe.
21 O. V. Hovorka und A. Kronfeld, Vergleichende Volksmedizin. Stuttgart 1908, 1, S. 421.
22 Prätorius zitiert nach F. und H. Tetzner, Dainos, Litauische Volksgesänge. Leipzig Reclams Universal-Bibliothek. Nr. 3694, S. 16.

EISENHUT

Photo von Erwin Bauereiß

Eisenhut

von W.Ch. Simonis

Der Eisenhut – Aconitum napellus – lebt sich im Zenit des Jahres im Moden-Zeichen Krebs aus. Wir sehen das mondhaft geballte, rübige Rhizom, wir sehen den hoch aufschießenden Stengel, der dieses Hahnenfußgewächs hinausführen möchte aus der Erdwasserregion, in der die meisten feingeschlitzt, durchlichtet, verzichten fast auf Blattparenchym. Alles ist dabei von sonderbarer Starre durchzogen und übergossen. Und nun erst die Blüten. Maskenhafte Gnomenzüge starren uns an. Verhärtetes Perianth umschließt Honigblätter, Staubgefäße und Stengel. Wir erkennen mit Staunen hier das polarische Geschehen zur Christrose, d.h. vereinigt im Hochsommer der ganze Umkreis des Lichtes und der Wärme sich mit den Erdkräften, so daß eigentlich nirgends Vereinzelung und Enge mehr möglich erscheint, dann formt gerade Aconitum napellus sich zum Gefangenen von Erd- und Mondenkräften. Inmitten von überall waltender Auflösungs- und Verflüchtigungstendenz schließen die Mondenkräfte im Blütengeschehen das Blütenhafte vom Sonnen- und Umkreisgeschehen ab. Wiederholt der Eisenhut nochmals jenen Zustand, wo die "Erde plus Mond" sich abgeschlossen erleben mußten von allen Sonnenkräften. Erd- und Mondenkräfte werden mit Gewalt in der Blüte zu überwiegender Gestaltung hochgerissen. Sie sind in Kelchblättern zwar immer tätig, aber hier formen sie sich im Perianth zur Blüte und nehmen alles in sich hinein, was sich sonst den Sonnen- und obersonnigen Kräften aussetzen möchte. Die echten Blütenblätter verkümmern zu 2 – 3 unscheinbaren Reststümpfchen und zu 2 Honigblättern, die in ihrer S-Form den starken Astralisierungsimpuls widerspiegeln. Was die Sonnenkräfte an Honig hervorrufen, ist nicht den Umkreiskräften und ihren Wesen dargeboten, sondern nur den erdverbundenen Hummeln noch zugänglich.

Im Vergiftungsbild des Eisenhut Aconitum napellus ergibt sich eine gewisse Polarität. Es tritt anfänglich Erregung des Nerven-

und Blut-Herzsystems auf und später Tod durch Lähmung des Atemzentrums. Bei Versuchen an seinen Schülern mit Akonitin beobachtete Hugo Schulz zunächst, wie er schrieb: "... das Gefühl gesteigerter Leistungsfähigkeit auf verschiedenen Gebieten, das aber bald in das Gegenteil umschlug." Auffällig ist bei der Akonit-Vergiftung nach Überwinden des Fieberanstiegs – d.h. der üblichen Ich-Abwehr gegen das Gift – das Erkalten von den Gliedern her; der Puls wird dikrot, irregulär, zeitweilig bis zu 10 Schlägen verlangsamt, bisweilen unfühlbar, und die Körpertemperatur sinkt allgemein. Es treten exspiratorische Pausen auf, d.h. Minderung der Atemzahl und des Atemrhythmus. Angst und motorische Unruhe treten zwischendurch auf, ebenso Krämpfe, doch bleibt das Bewußtsein fast bis zuletzt ungetrübt erhalten, und nur der Willenspol wird frühzeitig ausgeschaltet. Wir haben im Pflanzlichen ein Bild vor uns, wie es z.B. das moderne Industrie-Präparat "Magaphen" lieferte, das ja bewußt fabriziert wurde, um diese Wesensseite des Menschen auszuschalten. Auf Grund dieses Vergiftungsbildes wird einem auch verständlich, daß im Inneren Asiens der giftige Bruder unserer Heilpflanze – Aconitum ferox, für bewußte Vergiftungen von Menschen von jeher verwandt wurde.

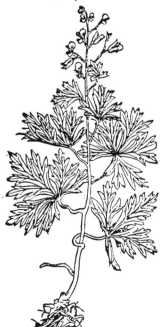

"Eisenhütlein" aus HIERONYMUS BOCKS "Kreutterbuch", Straßburg 1577. Der blaue Eisenhut enthält ein Gift, von dem wenige Milligramm einen Menschen töten können.

Die Aconitarten

von Louis Lewin

In Europa konnten von Aconit nur Aconitum Napellus L Sturmhut, Eisenhut und Aconitum lycoctonum L. Wolfswurz, Wolfstöter vorkommen. Das Maß der Giftigkeit beurteilen die Wissenden unter den alten Völkern richtig. Sie fürchten diese Gewächse, denen sie als Ursprung "den Geifer des Cerberus" gaben. Die mächtigen Einwirkungen, die verhältnismäßig kleine Mengen auf die Funktionen von Herz und Atmung haben, machen diese Pflanzen für Pfeilgifte durchaus geeignet. Und daß die Giftschützen auf der Grundlage der Erfahrung eine zweckentsprechende Form des Giftes gefunden und verwendet haben, kann nicht zweifelhaft sein. So sicher werden sie den rechten Weg hier gegangen sein, wie im fernen Ostasien hoch oben im östlichen Teil des Himalayagebirges und noch weiter ostwärts bei den Ainu auf Yesso noch heute eine Aconitart in bester Wirkungsmöglichkeit als Pfeilgift Verwendung findet.
Um die Wende des ersten Jahrtausends schrieb der erfahrungsreiche Avicenna: "Mit dem Safte von Aconit werden Pfeile versehen. Sie töten den Getroffenen sehr schnell." Dies klingt so bestimmt, daß es nur nach der Wirklichkeit geschildert worden sein kann. Fünfhundert Jahre später bezeichnet ebenso erfahrungssicher Ambroise Paré das Aconitum lycoctonum als diejenige Aconitart, die zu Pfeilgiften gebraucht werde. Wie sollte auch ein so furchtbares Gift verwendet worden sein, da man ja von ihm wußte, daß es als Pfeilgift allein Tiere töten könne, was aus dem Ende des 16. Jahrhunderts in die Worte gekleidet wurde: "Est autem venenum tam dirum ut sagittas hac ceneno tinctis, vulnerata animalia, vi veneni, non vulneris obeant."
Es ist schwer in vollem Umfange die Verbreitung des Gebrauchs diese Giftes in dem Zeitraums von vielleicht anderthalb Jahrtausenden unter "Barbaren" und Nichtbarbaren festzustellen, da nur spärliche Überlieferungszeugnisse darüber vorhanden sind. Es wird überall da verwendet worden sein, wo die Kenntnis der Wirkung durch Tradition oder Selbsterfahrung vorhanden war, vor allem aber in den Gegenden, wo die Pflanze wuchs. In voller Wirkungsstärke lebt sie im Gebirge.

Deswegen werden die Gebirgsbewohner in erster Reihe dazu gelangt sein, dieses von allen Tieren streng gemiedene Gewächs zu verwenden. Wo die Kenntnis der Giftwirkung nicht schon überkommen war, mußte gerade die Scheu der Tiere vor dieser Pflanze auf die Giftigkeit hingewiesen haben. Ich habe oft Kühe die Herbstzeitlose fressen sehen, ohne daß der "Instinkt" sie davor warnte, aber dagegen immer auch in den Alpen beobachtet, wie Rinder, Ziegen, Schafe alles um den Standort von Aconit abgrasten, dieses selbst aber unbeührt ließen.

Über die tatsächliche Verwendung desselben als Pfeilgift lieben Nachrichten vor. Die Mauren benutzten es für diesen Zweck. In der Nähe von Granada wuchs dieses "Schießkraut" reichlich.

Es kann ferner als sicher angenommen werden, daß auch das sogenannte Waldensergift – Die Thora Valendsis – das in den Waldenserkriegen Benutzung gefunden haben soll, aus Aconit bereitet gewesen ist. Ein Mensch oder ein Tier, die dieses Gift durch Stoß- oder Schußwaffe in ihren Körper aufnehmen, gingen – so wurde berichtet – in einer halben Stunde zugrunde. Die tödliche Wirkung träte nicht ein, wenn das Gift in den Magen gelange. Im übrigen sei diese Art der Einführung auch nicht ohne Folgen. Der Saft dieser "Thora Valdensis" würde von den Jägern in Rinderhörnern aufbewahrt. Seine Giftstärke sei dadurch geprüft worden, daß man einen Frosch mit einer in das Gift getauchten Nadel verletzt habe. Für gebrauchsfähig habe es gegolten, wenn das Tier alsbald dadurch gestorben sei.

Bei den Waldensergiften handelt es sich um Aconitum Napellus oder Aconitum lycoctonum. Dafür spricht nebenher die Verbreitung dieser Pflanzen im Wohngebiete der Waldenser, vor allem aber die Schnelligkeit und die Art ihrer Wirkung. Ihre Wurzel wurde eine Zeitlang an einem feuchten Orte aufbewahrt, dann zerstampft und der Saft ausgepreßt. Ein damit bestrichener Pfeil trug tötende Energie in das getroffene Lebewesen. Ein Bär, dem das Gift eingeschossen worden war, begann im Walde hin- und herzulaufen und brach dann zusammen.

Da die toxische Energie des Aconit, wie ich bereits angab, auch im Altertum gut bekannt war – wurde es doch von Plinius für das am schnellsten wirkende Gift von allen gehalten – so wird irgendeine Herstellung aus dieser Pflanze aller Wahr-

aus "Heilpflanzenund Mysterienpflanzen"

scheinlichkeit nach für Pfeilvergiftung benutzt worden sein. Freilich gab sich Matthioli, der Kommentator des Dioscorides viele Mühe, zu beweisen, daß das "Toxikum" der Alten nicht Aconit gewesen sein könne, weil die von Dioscorides angegebene Symptome: Entzündung der Lippen und Zunge, unbezähmbare Raserei und Halluzinationen nicht mit den durch Aconit erzeugbaren übereinstimmten. Dies letztere ist richtig. Dioscorides hat in der Tat ein anderes Gift in seiner Wirkung geschildert. Aconit erzeugt nach seinem Übergang in die Säftemasse des Körpers: Magenschmerzen, allgemeine Müdigkeit, Schwäche, Präkordialangst, schwachen und unregelmäßigen Puls, Schwindel, Ohnmacht, Konvulsionen, Atemstörungen mit Cyanose usw. Der Saft des Krautes und der Wurzel kann sicher von Wunden aus Vergiftung hervorrufen. Sie wurde z.B. einem Manne durch eine kleine Wunde am Daumen beigebracht. Danach entstanden Schmerzen an der Wundstelle und im Arm mit entzündlicher Schwellung, Magenschmerzen, Prädordialangst, Hitze, Ohnmacht und schließlich Eiterung am verletzten Gliede.

Kaninchen, denen man den Saft des Krautes in das Zellgewebe der Seite einbringt, weisen nach etwa 20 Minuten zuerst Bewegungsstörungen auf. Bald legt sich das Tier auf die Seite, hat Zuckungen und Atemnot und nach etwa 40 Minuten stirbt es.

Um die Wirkung kleiner Saftmengen von Wunden aus zu beurteilen, habe ich wiederholt aus den zwei rübenförmigen Wurzeln von Aconitum Napellus und dem knolligen, schwarzbraun mit zwei Seitenknollen besetzten Wurzelstock von Aconitum lycoctonum, die ich in den Jahren 1902 – 1907 im Averser Tale in einer Höhe von etwa 1000 m sammelte, den Saft unter Hinzufügen von sehr wenig Wasser ausgepreßt und damit an Kaninchen und Meerschweinchen Versuche angestellt. Dünne, zugespitze Holzstäbchen wurden etwa 3 cm weit in den Saft getaucht. Trocken geworden brachte sich sie den Tieren in das Unterhautgewebe bzw. die Muskeln und beließ den vergifteten Holzteil bis zu 18 Minuten darin. Auch hier zeigten sich, wie bei anderen Giften, Unterschiede in den Ergebnissen, da bei einigen Tieren Herz- und Atemstörungen sich bereits nach 10 Minuten langem Verweilen des Giftes einstellten, bei anderen dagegen erst nach 18 Minuten. Ein Belassen bis zu 4 Minuten schuf nur zweimal unter 14 Versuchen Vergiftungssymptome, vor allem Herzarythmie, wie sie von anderen und von mir im Jahre 1876 nach Vergiftung mit Aconitin beschrieben worden sind.

Als weitere Arten für Pfeilgifte wurden verwendet, vor allen Aconitum ferox, außerdem Aconitum Fischeri und Aconitum japonicum.

Flora von Mitteleuropa
von Gustav Hegi

Namen in verschiedenen Sprachen:
Holl.:   monnikskap
Dän.:   stormhat
Engl.:   monkshood, wolfbanes
Franz.:   aconit
Ital.:   aconito
Tschech.: omej
Sorb.:   zartowa parnochta
Poln.:   tojad
Russ.:   akonit od. borezc

Artenzahl und Verbreitung:
Zur Gattung Aconitum L. gehören nach einer kritischen Bearbeitung wohl nicht mehr als 60 – 80 Arten. Die Aconitum-Arten kommen auf der ganzen nördlichen Halbkugel vor. Das Gattungsareal beschränkt sich auf die Gebiete, in denen die Hummelgattung Bombus vorkommt, die die wichtigsten Bestäuber der Aconitum-Blüten stellt. Die Arten sind vor allem in Gebirgsgegenden anzutreffen. Das Verbreitungs- und Mannigfaltigkeitszentrum liegt in Ostasien, von wo sich die Arten nach Westen und Osten ausgebreitet haben. Im Gebiet kommen 7 Arten mit z.T. mehreren Unterarten vor: Neben der isoliert stehenden A. anthora L., aus der A. variegatum-Gruppe: A variegatum L., A. paniculatum Lam., aus der A. napellus-Gruppe: A. napellus L., aus der A. lycoctonum-Gruppe: A. lycoctonum L. em. Koelle, A. lamarckii Reichenbach. A. angustifolium Bernh. steht in ihren Merkmalen zwischen der A. variegatum- und A. napellus-Gruppe.

Morphologie:
Die unterirdischen Organe sind in den drei Sektionen unseres Gebietes verschieden ausgebildet. Bei den Arten der Sektion Aconitum findet sich eine zweijährige "Wurzelknolle". An der Ausbildung des unteren Teils dieser Knolle ist zu einem erheblichen Teil die verdickte Primärwurzel beteiligt. Der obere Knollenteil hat aber Sproßcharakter. Er ist mit Niederblättern besetzt, aus deren Achseln ein kurzer, unterirdischer Ausläufer kommt. Dessen Ende bildet sich zum Erneuerungstrieb für das nächste Jahr aus.

Die Blätter haben durchweg die handförmige Struktur der Hahnenfuß-Laubblätter, bald vereinfacht zum dreiteiligen Typ, bald stärker verwachsen. Die Breite der Abschnitte bzw. der Fiederzipfel ist sehr veränderlich.

Die Haare sind bei Aconitum immer einzellig. Sie treten in drei Typen auf (siehe Zeichnung auf voriger Seite). Der das Sekret ausscheidende Haarteil ist ein Köpfchen. Einfache Haare und Kräuselhaare haben eine rauhe, Drüsenhaare eine glatte Oberfläche.

Bei Aconitum sind zwei Kronblätter zu langstieligen "Nektarblättern" ausgebildet. Anomalien im Blütenbereich sind bei mehreren Arten vor allem radiäre Blüten beobachtet worden.

Bastardisierung:
Aus der Gattung sind zahlreiche Bastarde beschrieben worden. Bastarde innerhalb der einzelnen Gruppen sind sehr häufig und voll fertil. Bastarde verschiedener Gruppen sind selten und meist steril.

Blüten- und Verbreitungsbiologie:
Die großen, blauen, violetten oder gelben Blüten können blütenökologisch den Rachenblütlern angeschlossen werden. Die Aconitum-Blüten sind Hummelblüten "par excellence". Der Schauapparat wird von 5 Kelchblättern gebildet, von denen das unpaare hintere zu einem Helm umgewandelt worden ist. In dem Helm, der Frucht- und Staubblätter zugleich vor Regen schützt, ragen die beiden langgestielten nektarfertilen Kronblätter hinein. Die männlichen Staubblätter reifen vor den weib-

lichen Fruchtblättern, somit ist eine Fremdbestäubung gesichert. Die Hummeln kriechen bei der Suche nach dem reichlich abgeschiedenem Nektar ganz in die Blüte hinein. Kurzrüsslige Arten sind schon beobachtet worden, wie sie den Helm von außen anbeißen und durch dieses Loch den Nektar rauben.
Die Samen der Aconitum-Arten sind entweder glatt, haben häutige Lamellen oder sind mit Querrunzeln besetzt. Da sie einige Zeit schwimmfähig sind, dürfte die Verbreitung durch Wasser eine Rolle spielen. Im allgemeinen ist die Verbreitungsfähigkeit der Arten jedoch gering. Vegetative Vermehrung spielt eine recht große Rolle, besonders bei den sterilen Bastarden. Die Samen sind Frostkeimer.

Ökologie:
Die Aconitum-Arten vermeiden als ausgesprochene Frostkeimer weitgehend tiefere Lagen. Die Arten der A. varigatum-Gruppe zeigen eine gewisse Bevorzugung der Kalkgebiete, gedeihen jedoch auf auch Silikat. Sie sind, wie auch die Arten der A. napellus-Gruppe in niederen Lagen fast ganz auf die unmittelbare Nähe von Bächen beschränkt. Fast alle Aconitum-Arten lieben krautreiche Gesellschaften auf feuchtem humosen, nährstoff- und basenreichen Böden mit guter Humuszersetzung (Mullböden) in regional oder lokal sommer-humider Klimaanlage.

Inhaltsstoffe:
Aconitum steht hinsichtlich der chemischen Natur seiner vorhandenen Alkaloide innerhalb der Hahnenfußgewächse recht isoliert. Nur die Gattungen Delphinium und Consolida enthalten noch chemisch ähnlich aufgebaute Alkaloide. Die Aconitum-Alkaloide sind Amino-Alkohole, die frei und verestert vorliegen können. Das außerordentlich toxische Aconitin (verhältnismäßig leicht spaltbar) zerfällt zuerst in das weniger wirksame Benzoylaconin und schließlich in das weniger wirksame Aconin. Bei Lagerung der Droge tritt Wirkungsverlust ein. In den unterirdischen Organen ist eine weit größere Menge Akonitin vorhanden, während es im Blatt Nebenalkaloid ist und im Samen ganz fehlt. Der Aconitin-Gehalt der Knollen

Aconitum anthora L.

Aconitum lamarckii Rchb.

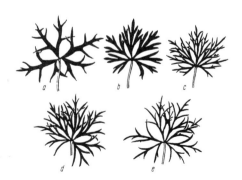

Blattformen von *Aconitum napellus* L. in Europa

schwankt je nach Jahreszeit; er ist vor der Blütezeit am niedrigsten, steigt im Herbst an und erreicht im Winter das Maximum. Das Aconitin ist eines der stärksten Pflanzengifte. Es wurden schon Todesfälle nach von 1 mg Aconitin oder dem Genuß von 1 g Wurzel beobachtet. Vergiftungen treten infolge Verwechslungen der Knollen mit Meerrettich- und Sellerieknollen, nach dem Genuß der brennend scharf schmeckenden Blätter als Salat, der Überdosierung in der Heilkunde und der Verwechslung der Knollen mit anderen Aconitum-Arten auf.

Krankheiten und Schädlinge:
Verschiedene Aconitum-Arten werden von dem echten Mehltau und dem falschen Mehltau befallen. Dazu kommen Rost- und Brandpilze. An tierischen Schädlingen sind zu erwähnen der Rüsselkäfer Ceutoryhnchus lycoctoni, dessen Larven im Stengelmark von A. napellus leben, eine Schaumzikade an verschiedenen Aconitum-Arten, sowie Blattlausarten.

Bestimmungsschlüssel
Die europäischen Vertreter der verschiedenen *Aconitum*-Gruppen (*A. napellus, variegatum* – und *lycoctonum*-Gruppe) zeichnen sich durch eine hohe Variabilität sehr vieler Merkmale aus. Da weiterhin Bastarde innerhalb der Gruppen ebenso wie Introgressionsformen recht häufig sind, ist das Bestimmen von Einzelpflanzen nicht immer leicht. Nach Möglichkeit sollen die Merkmale an mehreren Individuen nachgeprüft werden.

1 Wurzeln nicht knollig verdickt, verzweigt, Helm konisch-zylindrisch, ca. 3 mal so hoch wie breit, Blüten gelb, Nektarsporn 1 1/2 mal spiralig eingerollt
Artengruppe, A. lycoctonum 2.

1* Wurzeln rübenartig oder knollig verdickt, Helme höchstens 2 1/2 mal so hoch wie breit, Blüten gelb, blau oder violett. Nektarsporn gerade bis hakig eingeboten. 3

2 Blätter handförmig 5 – 7spaltig, meist mit breiten Blattabschnitten. Blütenstand locker, meist abstehend ästig. 1083. *A. lycoctonum* L.em. Koelle

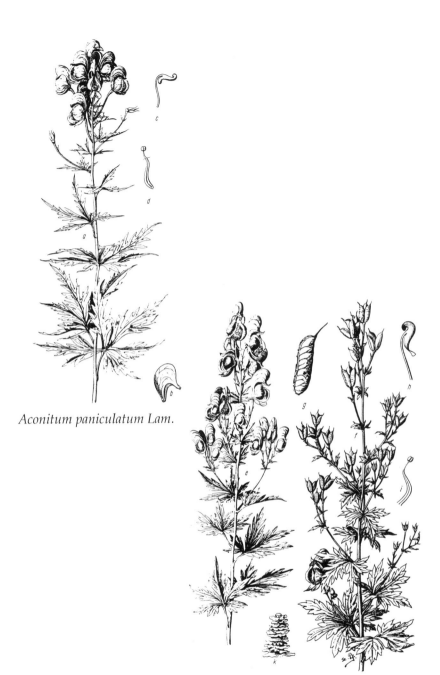

Aconitum paniculatum Lam.

Aconitum variegatum L.

2* Blätter fast ganz zum Grund geteilt, mit schmalen linealen Blattabschnitten. Blütenstand dicht, einfach oder mit aufrechten Ästen.
1084. *A. lamarckii* Rchb.

3 Kelchblätter gelb, bleibend. Samen an den Kanten ungeflügelt
1078. *A. Anthora* L.

3* Kelchblätter blau oder violett (bei Mutanten auch rötlich oder weiß), nie gelb, Samen wenigstens an einer Kante geflügelt 4

4 Wurzeln meist rundlich, Blätter stets deutlich netznervig, Samen mit 4 – 6 häutigen Querlamellen *A. variegatum*-Gruppe 5

4* Wurzeln meist rübenförmig. Blätter (meist) nicht netznervig, Samen glatt oder nur mit Querrunzeln (selten mit 7 – 8 Querlamellen) *A. napellus*-Gruppe 6

5 Blütenstiele kahl oder kraus behaart, Verhältnis Helmhöhe/Helmbreite 1,0 – 2,5 Nektarien gerade, den Helmgipfel nicht erreichend und mit zurückgebogenen Kopf. Vorblätter spatelig, unmittelbar oder nur wenig unter den Blüten stehend. 1081. *A variegatum* L.

5* Blütenstiele drüsig abstehend behaart. Verhältnis Helmhöhe/Helmbreite 0,6 – 1,0 Nektarien gebogen, den Helmgipfel erreichend, mit nur geknicktem Kopf. Vorblätter lineal. 1082. *A. paniculatum* Lam.

6 Samen an den Seitenflächen glatt bis querrunzelig, Infloreszenz behaart bis kahl. Blätter sehr variabel, Blattabschnitte meist breiter als bei folgender Art 1079. *A. napellus* L.

6* Samen mit 7 – 8 Querlamellen an den Seitenflächen. Infloreszenz völlig kahl. Blätter meist sehr fein zerteilt mit linealen Abschnitten
1080. *A. angustifolium* Bernh. in Rchb.

SCHIERLING

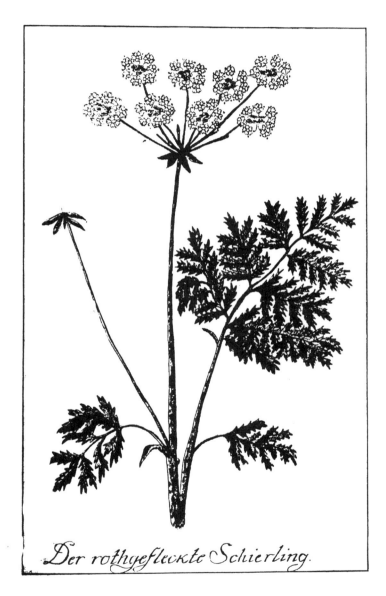

Der rothgefleckte Schierling.

Schierling

von Harold A. Hansen

Als Sokrates der Giftbecher gereicht wurde, sprach er zu dem Manne, von dem er ihn erhielt: "Du verstehst diese Dinge; was soll ich also tun?" – Leere den Becher, dann geh umher, bis dir deine Beine schwer werden, wenn du dich daraufhin niederlegst, wird das Gift seine Wirkung tun."
Sokrates leerte den Becher in einem Zug, ging umher, bis er die Schwere in seinen Beinen fühlte und legte sich dann auf den Rücken. Der Mann, der ihm den Becher gereicht hatte, preßte daraufhin zuerst Sokrates' Fuß, dann mehrere Stellen an den Beinen, um, körperaufwärts gleitend, zu zeigen, daß Sokrates' Körper schon begonnen hatte, kalt und gefühllos zu werden. "Wenn das Gift bis zum Herzen gestiegen ist", sagte er, "wird Sokrates sterben." Als seine Hüften anfingen taub zu werden, sprach Sokrates seine letzten Worte: "Kriton, ich schulde Asklepius noch einen Hahn, bitte vergiß nicht, die Schuld zu begleichen." Kriton versprach's und fragte, ob es noch etwas zu erledigen gebe, aber Sokrates antwortete nicht mehr. Bald ging ein Zittern durch all seine Glieder, und seine Augen wurde starr. Kriton, der dies sah, schloß ihm Mund und Augen.
Auf diese Weise starb also der weise Sokrates an einem Abend des Jahres 399 v.Chr. Mit aller Wahrscheinlichkeit enthielt der Giftbecher Schierlingssaft, gemischt mit Laudanum und Wein. Wie von Plinius zu erfahren ist, benutzten die Griechen normalerweise diese Mischung, um zum Tode Verurteilte aus dem Weg zu räumen. Nur die schlimmsten Verbrecher wurden gezwungen, Akonitin, das Gift des Sturmhuts, zu trinken, das einen weitaus schmerzhafteren Tod zur Folge hatte.
Dioscorides läßt verlauten, daß Schierling, im Mörser zerstoßen und auf die Hoden gestrichen, "bei sexuellen Träumen und unerwünschten Samenergüssen hilft", und er behauptet, daß Schierlingspflaster die Geschlechtsorgane schwäche. Auf die weibliche Brust aufgetragen, lasse er den Milchfluß versiegen und verhindere, daß jungfräuliche Brüste zu groß würden.
Es wurde häufig behauptet, daß der Grund, weshalb der

Schierling in den Norden gelangte, obwohl er dort ursprünglich gar nicht geheimatet war, in seiner Verwendung als Keuschheitsmittel lag; Mönche und Nonnen bedienten sich seiner, um ihrer Fleischeslust zu unterdrücken. Es bestehen auch keine Zweifel darüber, daß er in Klostergärten angebaut wurde; man findet ihn immer noch wild wachsend in der Nähe von Klosterruinen. Mit ziemlicher Sicherheit wurde er aber schon vor der Zeit der Mönche eingeführt. Es scheint, daß es ein vorchristlicher Brauch gewesen ist, Schierling ganz in der Nähe von Wohnstätten anzubauen, um mit seiner Hilfe herumschwirrendes Gift aufzufangen und auf diese Weise die Familie gesund und munter zu erhalten. Wahrscheinlich waren es die Wikinger, die Schierlingssamen von ihren Zügen in den Norden und Wesen mitbrachten. Möglicherweise hatten sie in fremden Ländern beobachtet, wie Heilkundige ihren Patienten vor Amputationen Schierlingssaft als lokales Betäubungsmittel verabreicht hatten, und daraufhin schnell erkannt, daß es nur von Vorteil sein konnte, diese Pflanze auch in ihrem Heimatland zur Verfügung zu haben. Der gefleckte Schierling und der ihm verwandte Wasserschierling, der in Mitteleuorpa wild wächst, gehören zur großen Familie der Doldengewächse.

Im antiken Griechenland war der Schierling der Mondgöttin Hekate geweiht, der Herrscherin und Beschützerin all dessen, was sich in der Dunkelheit verbirgt. Von jeher war sie mächtige Schutzherrin und Ratgeberin der Hexen – sowohl bei Giftmorden als auch in Fällen, wo sich die Hexen in geringeren Künsten oder auch nur billigen Tricks, wie zum Beispiel Hühnerstehlen, ergingen.

Der Schierling war auch dafür bekannt, eine der schlimmsten Geißeln des Mittelalters, Ignis sacer (heiliges Feuer) oder "Antonius-Feuer", eine Vergiftung durch Mutterkorn, zu heilen.

Intensivierte Landnutzung und der Gebrauch von chemischen Unkrautvertilgern trugen gemeinsam dazu bei, daß der Schierling zu eine äußerst seltenen Pflanze wurde; den Wasserschierling kann man allerdings noch gelegentlich an Fluß- und Seeufern und an Bächen finden. Er ist bei weitem der gefährlichere von beiden, da sein giftiger Bestandteil, das krampferzeugende Cicutoxin, viel stärkere Schmerzen erzeugt und in derselben Dosierung giftiger als das Coniin des Schierlings wirkt; darüberhinaus ist der Wurzelstock in gekochtem Zustand geschmacklich fast nicht von Sellerie oder Petersilienwurzel zu unterscheiden. Bei Vergiftungen ist es um die Überlebenschance schlecht bestellt: Die Hälfte aller Vergiftungen durch Wasserschierling verläuft tödlich.

Die Hexen verwendeten Schierling für weitaus Wichtigeres als nur für Giftmorde und Hühnerklau; sie machten ihn vielmehr zu einem der vielen Bestandteile ihrer Flugsalben. Chemische Experimente erbrachten den Beweis, daß das Gift der beiden Schierlingsarten, vor allem das Coniin, in kleinen Mengen eingenommen oder in die Haut gerieben, das Gefühl erzeugen kann, durch die Luft zu gleiten. In einigen Flugsalbenrezepten werden andere Doldengewächse, wie zum Beispiel die Gemeine Hundspetersilie, Aethusa cynapium, erwähnt, die Coniin in geringen Konzentrationen enthält.

Es heißt, daß die natürliche Entwicklung der Sexualität innerhalb ehelicher Bande und von daher auch göttlichen Wohlgefallen anregend, dem Teufel und den Hexen verhaßt war, und die Hexen tatsächlich gelegentlich beschuldigt, Männer ihres "Zeugungsorganes zu berauben". Falls hinter dieser Anschuldigung doch mehr als die männliche Angst vor Impotenz stecken sollte, dann ist vielleicht am ehesten vorstellbar, daß Hexen manchmal nachts in Häuser schlichen, um die Genitalien schlafender Männer mit Schierlingssaft zu bestreichen. Da die Menschen in alten Zeiten nackt zu Bett gingen, war dieses Kunststück wahrscheinlich nicht allzu schwierig auszuführen.

Der Ep(p)ich als Bestandteil der Hexensalben

von Erwin Bauereiß

Der Ep(p)ich kommt in verschiedenen Hexensalben-Rezepten vor. Meist werden verschiedene Doldenblütler damit bezeichnet, aber auch der Efeu. Im Einzelnen können dies sein, der Sellerie, die Petersilie, der Pastinak, die Hundspetersilie, der Wasserschierling. Diese Arten werden auch als "Eleoselinum" bezeichnet oder Arten des Merk, des Wasserfenchels. Unter dem Begriff "Sium" laufen auch noch Ehrenpreis-Arten, die Brunnenkresse und wiederum der Wasserschierling. Oft tritt auch die Bezeichnung Sumpf- oder Wassereppich auf. Damit sind dann wohl die Merk-Arten, die Wasserfenchel-Arten und der Wasserschierling gemeint. Hier ein paar Hexensalben-Rezepte, in denen Eppich verwendet wird:

1. Rezept:
Wassereppich, Eisenhut, Pappelknospen und Ruß mit Öl vermischt zu einer Salbe anrühren.

2. Rezept:
Wassereppich, Wurzel der Gelben Schwertel, Fünffingerkraut und Tollkirsche mit Öl verrieben und mit Fledermausblut zur Salbenkonsistenz gebracht.

3. Rezept (ein Räucherpulver):
Schierling, Bilsenkraut, Safran, Opium, Mandragora, Nachtschatten, Schwarzer Mohnsamen, Saft von Sumpfeppich, Asa foetida und Sumpfporst gemischt und zerkleinert auf die Räucherpfanne geworfen.

4. Rezept (Räucherpulver):
Bilsenkraut, Koriander, Eppich und Schwarzer Mohnsamen.

5. Rezept (Räucherpulver):
Koriander, Eppich, Bilsenkraut und Schierling.

Der Berauschende Kälberkropf

(Chaerophyllum temulentum L.) von Dr. H. Wirth

Als einjähriges Kraut wächst der Berauschende Kälberkropf, auch Taumelkerbel genannt, in Europa und Nordafrika bis zu 1 m hoch. In Deutschland besiedelt er schattige Gebüsche, Hänge und steht an Hecken und Zäunen. Die Pflanze bringt eine spindelförmige Pfahlwurzel hervor. Von dem kantigen, hohlen, rauh behaarten Stengel gehen dunkelgrüne, oftmals gefleckte Blätter ab. Weiße, seltener rötliche Blüten stehen in 6- bis 12strahligen, flachen Dolden.

Da der Taumelkerbel weder als Heilpflanze (außer seltener Anwendung der blühenden Pflanze in der Homöopathie) noch als Nahrungsmittel benützt wird, kommen beim Menschen keine Vergiftungen vor.

Die Vergiftungserscheinungen ähneln denen des Taumellolchs und sind nur beim Vieh bekannt geworden. In den flaschenförmigen Früchten und in der Pflanze befindet sich das flüchtige Alkaloid Chaerophyllin, das äußerlich Hautentzündungen und innerlich Magen-Darm-Erkrankungen hervorrufen kann. Auch bewirkt es atropinartige Erscheinungen, wie das Temulin, nämlich Schwindelgefühl, Lähmungserscheinungen sowie Pupillenerweiterung.

Der Giftlattich *(Lactuca virosa L.)*
von Dr. H. Wirth

Das bis zu 1,5 m hochwachsende Kraut aus der Familie der Korbblütengewächse *(Asteraceae)* ist 2jährig und bildet im 1. Jahr eine Blattrosette, während im 2. Jahr der Stengel mit Blüten erscheint. Die Blätter umfassen den Stengel und stehen waagerecht ab; sie sind umgekehrt eiförmig, ganzrandig und an der Mittelrippe auf der Unterseite mit Borsten versehen. Die gelben, zwittrigen Blüten stehen an der Spitze des Stengels und bilden ein strahlenförmiges Körbchen. Der Giftlattich bringt schwarze Früchte hervor, diese sind langgeschnäbelt, vom Hüllkelch umschlossen und mit einer Haarkrone an der Spitze, die als Fallschirm und Flugapparat der erleichterten Verbreitung des Samens durch den Wind dient.

Das bis zu 1,5 m hochwachsende Kraut ist über West- und Südeuropa verbreitet. Alle Lactuca-Arten haben eine narkotische Wirkung, die der des Bilsenkrautes ähnelt. Auch die Vergiftungserscheinungen gleichen in manchen Symptomen einer Atropinvergiftung (Aufn. Herschel)

Alle Teile der Pflanze enthalten einen weißen Milchsaft, der bei geringer Verletzung zutage tritt und an der Luft schnell zu einer braunen Masse erhärtet. Mit Hilfe dieses Milchsaftes schützt sich der Giftlattich vor den am Stengel hinaufkriechenden Insekten. Massenhaft sind diese an der Pflanze, besonders an den Blütenständen, festgekittet.

Der Giftlattich ist über West- und Südeuropa verbreitet und wächst auch in Nordafrika. In Deutschland kommt er besonders im Rhein- und Moselgebiet vor und wächst östlich bis zum Harz. Zur Gewinnung des Saftes wurde er früher an der Mosel angebaut. Die Pflanze bevorzugt sonnige, felsige Standorte und lichtvolle Waldblößen.

Alle *Lactuca*-Arten haben eine narkotische WIrkung, die der des Bilsenkrautes ähnelt. Früher benützte man den eingetrockneten Milchsaft als "Lactucarium germanicum" in der Medizin; in ihm befanden sich der schon vor ungefähr 100 Jahren isolierte Bitterstoff Laktuzin und Laktukopikrin. Da die beiden Bitterstoffe sehr oxydationsempfindlich sind, wurde der eingetrocknete Milchsaft sehr bald wieder aus dem Heilschatz gestrichen. Der Gehalt an Bitterstoffen ist vom Standort, der Bodenunterlage, von Sonnenlicht und Klima abhängig.

Außer den genannten Bitterstoffen befinden sich im Milchsaft bis zu 27 % nicht bitter schmeckends N-freies Laktuzerin, Kautschuck, Mannit, Asparagin, Oxaläpfel- und Zitronensäure sowie ein noch unbekanntes Alkaloid mit pupillenerweiternder Wirkung. Ob Gleichheit zum Hyoszyamin besteht, konnte noch nicht bewiesen werden. Der Geruch wird durch einen leicht flüchtigen Kampfer hervorgerufen.

Die Bitterstoffe Laktuzin und Laktokopikrin lösen einen zentralbruhigenden Effekt aus, der als Laktukarium ausgenutzt und als "Opium frigidum" bezeichnet wurde. Die Droge war früher weniger als schmerzstillendes, sondern als hustenstillendes Mittel von Wirkung. Hinzu kam ihre Anwendung als Narkotikum, Hypnotikum und Antaphrodisiakum (Stoff, der angeblich den Geschlechtstrieb vermindert). Als Opium frigidum (= Lactucarium) benützte man früher den eingetrockneten Milchsaft des Giftlattichs zusammen mit *Conium* und *Hyoscyamus* bei Operationen und führte mit diesem Narkotikum eine Betäubung durch.

Die Unzuverlässigkeit als Heilpflanze ließ den Giftlattich jedoch bald wieder aus dem Arzneischatz verschwinden. Vergiftungsmöglichkeiten bestanden durch Überdosierungen des ungleich wirkenden Lactucarium und durch den Genuß von als Salat zubereiteten Giftlattichblättern.

Die Vergiftungserscheinungen ähneln in manchen Symptomen einer Atropinvergiftung. So kommt es zur Beschleunigung der Herztätigkeit, zu Schweißausbrüchen, Schwindelgefühl, Ohrensausen, Sehstörung, Kopfschmerzen, Pupillenerweiterung (die anscheinend aus der pupillenerweiternden Wirkung abgeleitete Identität dieses Alkaloids mit Hyoszyamin ist nicht erwiesen und im übrigen höchst unwahrscheinlich, nach Geßner), Schlafbedürfnis, zuweilen auch Erregungszuständen.

Die Behandlung der Vergiftung besteht in Entfernung des Giftes durch Magenspülung und Verabreichung von Tierkohle. Bei Herz-Kreislaufversagen und Atemschädigungen müssen Kreislaufmittel und atemanregende Medikamente verabreicht werden. Jedoch sind schwere Vergiftungen kaum zu erwarten.

Der Taumellolch oder Rauschgras, Schwindelhafer, Tollkorn (Lolium temulentum L.)

von Dr. H. Wirth

Mit Ausnahme des hohen Nordens wächst in Europa, Asien, Nordafrika von Mai bis Juni mit steifem, aufrechtem Halm, 30 bis 100 cm hoch, auf feuchten Äckern, Wiesen und Rainen zwischen Getreide, besonders unter Hafer, Gerste und Lein, an Wegrändern, eine einjährige Grasart, der Taumellolch. Im Volksmund trägt er die verschiedensten Namen, die auf Giftigkeit und Wirkung des Grases zurückgehen. "Schwindelhaber" heißt die Pflanze auf der Schwäbischen Alb, Tollkraut in Nassau, und in der Schweiz sind folgende volkstümlichen Namen bekannt: "Schwindelweizen, Rauschgras, Tobgerste." In Niederösterreich nennt man das Gras "Hammerl", abgeleitet von dem Meister Hämmerlein, und damit ist der Tod oder Henker gemeint.

Der Taumellolch wird meist von Pilzen befallen, die in den Geweben der Pflanze leben, nach anderer Meinung in den Früchten zwischen Samenschale und Endosperm vorkommen

und (nur dann) durch ein Alkaloid (Temulin) giftig sein sollen. In neuester Zeit hat man auch pilzfreien Taumellolch als giftig gefunden. Für die Laien ist es schwierig, ihn von anderen Gräsern zu unterscheiden. Die Hüllspelzen sind so lang wie das Ährchen. Auffallende Blüten fehlen. Als Merkmal der Lolche gilt, daß die Ährchen mit der Schmalseite an der einfachen Hauptachse sitzen. Der Taumellolch wird auch daran erkannt, daß er einjährig ist und fruchtende Sprossen treibt und seine Ährchenspelzen in langen Borsten, wie bei der Gerste die Grannen, auslaufen. Seinen Namen trägt die Pflanze nach der betäubenden Wirkung der Früchte auf Tier und Mensch.
Das Temulin, als noch nicht ganz aufgeklärte Pyridinbase, kommt im Samen mit 0,06 % vor und soll erst bei der Reife der Pflanze auftreten. An weiteren Inhaltsstoffen enthalten die Samen ein fragwürdiges Glykosid Loliin, freie Fettsäuren und in der Asche der Pflanze 50 % Kieselsäure (Si 02).
Der Inhaltsstoff Temulin bewirkt Störungen der Bewegungskoordination, motorische Lähmungen und kann eine spontane Atemlähmung herbeiführen. Seine atropinartigen Erscheinungen drücken sich in einer Erweiterung der Pupille aus. Werden die Samenkörner mit Getreide verbacken, entsteht ein giftiges Brot, welches Zittern der Beine, Erbrechen, Schwindel, Kopfschmerzen und Hörstörungen, Krämpfe und Tobsuchtsanfälle hervorrufen kann. Wenn die zentralen Störungen auch einige Tage anhalten, so sind tödliche Vergiftungen durch Atemlähmung (Temulismus) äußerst selten. In der Behandlung werden atem- unbd kreislaufanregende Mittel verabreicht.
Früher schrieb man diese Vergiftungserscheinungen fälschlicherweise dem Mutterkorn zu. Besonders feuchte Jahre tragen zur Vermehrung des Taumellolchs in den Getreidefeldern und somit zur Infizierung des Getreides bei, die schon Massenerkrankungen auslöste. Der Lolchsamen keimt im Frühjahr, manchmal nach jahrelangem Liegen. Ein Anbau ist nicht erforderlich, da genügend Material gesammelt werden kann. Nicht nur das Getreide hat, mit Lolchsamen verunreinigt, zu Massenvergiftungen Anlaß gegeben, sondern auch Leinöl, das ausmit Lolchsamen vermischten Leinsamen gepreßt wurde. Der giftige Pilz kann schnell und ohne Schwierigkeiten durch Übergießen des Mehles mit Alkohol nachgewiesen werden, wo-

bei eine grünliche Färbung eintritt.

Die atropinartige Wirkung des Taumellolchs nützte man früher aus und gab die Pflanze als berauschenden Zusatz dem Bier bei. Dieses Gras ist so alt wie der Getreideanbau selbst, denn in den 2500 Jahre v. u. Z. angelegten ägyptischen Königsgräbern fand man die durch den Pilz infizierten Früchte des Taumellolchs.

Der Taumellolch wird in der Heilkunde wenig benützt; nur in der Homöopathie verwendet man ihn bei rheumatischen und gichtischen Beschwerden, gegen Magenschmerzen, Schwindel und Gliederzittern.

Taumellolch

Sumpfporst

Der Sumpfporst
(Ledum palustre L.)
von Dr. H. Wirth

Mooriges, feuchtes Gelände und Torfsümpfe in Nord- und Nordostdeutschland, Hochmoore der skandinavischen Länder, auch Grönlands, von Polen und der Sowjetunion bilden die Heimat des Sumpfporstes, der Porst, wilder Rosmarin oder Motten-, Wanzen-, auch Brauerkraut, Bienen-, Hartheide, Kienrost genannt wird. An vielen Stellen ist die Pflanze aber vom Aussterben bedroht, wie z.B. in Süddeutschland. Vereinzelt kommt der Sumpfporst im Urstromtal der Elbe vor, und die schönsten Bestände befinden sich im Königsmoor bei Schmilau im Kreis Lauenburg (Schleswig-Holstein). In Sachsen blüht er an wenigen Orten im Elbsandsteingebirge und in Ostsachsen.
An allen Fundstellen in Mitteleuropa ist ein Rückgang dieses schönen, 0,5 bis 1,5 m hohen, sparrig beasteten Strauches, der zu den Ericaceen unserer Heimat gehört, durch die Trockenlegung der Hochmoore zu verzeichnen.
Er wächst vornehmlich an den Rändern der Hochmoore oder als Unterholz in den angrenzenden Wäldern, in Gemeinschaft mit Kiefern und Birken. Die Zweige und Blätter ähneln denen der viel besungenen Rosmarin- oder Lavendelheide (*Andromeda polifolia*). Die Oberseite der Blätter ist runzelig und mattgrün, und als Unterschied zu Rosmarinheide ist die Unterseite der Sumpfporstblätter dicht braunrot, filzig. Die lederartigen Blätter sind immergrün, kurz gestielt, lineal-lanzettlich und am Längsrand eingerollt. Herrscht trockenes und sonniges Wetter, hängen die Blätter welk herab. Mehrere weiße bis gelblichweiße, sternförmig angeordnete Blüten bilden von Mai bis Juni am Ende der Triebe schöne Dolden. Die weißen Blüten haben einen kleinen 5zähnigen Kelch, 10 Staubgefäße, die länger als die sternförmigen weißen, zuweilen auch rosa Blütenblätter sind. Im Herbst bringen die Fruchtknoten Kapseln mit vielen kleinen Samen hervor.

Den beblätterten Trieben und vor allem den Blüten entströmt ein betäubender Geruch. Deswegen hieß der Sumpfporst im Volksmund auch "Mottenkraut" und wurde ehedem, bevor die Pflanze unter Schutz gestellt wurde, massenweise gesammelt und besonders durch gewissenlose Händler in Gefahr gebracht. Dabei zeigt sich das Mottenschutzmittel als völlig wirkungslos. Wahrscheinlich wurde der Sumpfporst mit dem Gagelstrauch (*Gale palustris* (Larnk.) Chev.) verwechselt, dessen Geruch die Räupchen der Kleidermotte von ihrer zerstörenden Tätigkeit abhalten soll.

Nicht nur die Bilsenkraut- und Stechapfeldroge setzte man früher dem Bier zu, um seine berauschende Wirkung zu steigern, sondern gebrauchte für den gleichen Zweck auch die Blätter des Sumpfporstes. Das in allen Teilen der Pflanze enthaltene aromatisch duftende, "brennend"- und bitterschmeckende ätherische Öl ist von stark narkotischer und damit atropinartiger Wirkung und reizt lokal die Magen- und Darmschleimhaut, führt zu Erbrechen und Leibschmerzen, wirkt resorptiv zentral erregend und lähmend. Das Porstöl (Oleum Ledi) enthält als wichtigsten Bestandteil den Ldol-Porstkampfer. An weiteren Inhaltsstoffen sind vorhanden: Arbutin (im Blatt), Flavonglykoside, Gerbstoffe.

Die Pflanzenauszüge beeinflussen auch die Gebärmutter, so daß der Sumpfporst zu den "Abtreibungsmitteln" gerechnet werden kann und Vergiftungen durch ihn schon vorgekommen sind.

Die Vergiftungserscheinungen zeichnen sich durch eine starke Reizung des gesamten Magen-Darm-Kanals, unter Umständen der Nieren sowie der ableitenden Harnwege und Geschlechtsorgane aus. An weiteren Nebenwirkungen sind bekannt geworden: Schweißausbrüche, Gelenk- und Muskelschmerzen, Schwindelgefühl sowie rauschartige Zustände, wie sie nach reichlichem Alkoholgenuß auftreten.

Die Rauschbeere, Moorbeere, Trunkelbeere
(*Vaccinium uliginosum* L.)

von Dr. H. Wirth

Die Rauschbeere ist der Heidelbeere *(Vaccinium Myrtillus)* in Größe und Aussehen ähnlich, weicht jedoch von ihr ab, da sie höhere Büsche bildet, größere Beeren hervorbringt und statt spitzer und gesägter, oberseits blaugrüner, unterseits mattgrünere, stumpfe und ungesägte Blätter hat. Ihre Blüten sind weiß oder lila.

Die zu den Heidekrautgewächsen *(Ericaceae)* gehörende Pflanze wächst häufig in Heide- und Sumpfgegenden des Nordens, aber auch in Mooren der Voralpen und Alpen.

Im Inneren der kleinen, schwarzen, kugel- oder birnförmigen, blaubereiften Früchte befindet sich ein ungefärbter schleimiger Fruchtsaft, der in manchen Gegenden ein berauschendes Gift in kleinen Mengen enthält. Der Wirkstoff ist bis heute noch unbekannt.

Nach größeren Menschen, offenbar sind sehr hohe Dosen nötig (nach Lendle 1941), kommt es zu atropinartigen Erscheinungen, z.B. Rötung des Gesichtes, Schwindelgefühl, Sehstörungen, Mattigkeit, kaum fühlbaren Puls und Lähmungserscheinungen.

So haten Kreuter und andere festgestellt, daß nach dem Genuß von 250 bis 350 g Rauschbeeren eine halbe Stunde nach der Einnahme Blau- und Gelbsehen, Akkommodationsstörungen, Mydriasis, Berauschtheit, euphorische Gefühle, verlangsamter, kaum fühlbarer Puls und Lähmungserscheinungen auftreten können.

Da jedoch eine erhebliche Bradykardie (Herzschlagverlangsamung) einsetzt, die bei Atropinvergiftung nicht besteht, wird auf einen parasympathikotropen Wirkstoff, der wahrscheinlich ein Pilzprodukt darstellt, geschlossen. Oft ist in den Beeren ein Pilz (*Sclerotinia megalospora* Woron) als Schmarotzer enthalten.

Durch den nicht immer anwesenden Pilzschmarotzer wäre zu erklären, daß die Rauschbeeren manchmal ohne Vergiftungserscheinungen vertragen werden.
Der Schweizer Moeschlin und schwedische Forscher haben diese Angaben nachgeprüft und größere Mengen Rauschbeeren genossen, ohne Nebenerscheinungen an sich festzustellen.
Der giftige Bestandteil in der Rauschbere wechselt auch nach dem Standort und der Pflanzenvarietät.
Als Inhaltsstoffe sind in der Rauschbeere noch vorhanden: Zucker und organische Fruchtsäuren, in den Blättern Arbutin (wie bei vielen Heidekrautgewächsen) und Flavonglykoside.

In Heide- und Sumpfgegenden des Nordens, aber auch in Mooren der Voralpen und Alpen wächst die Rauschbeere. Der schleimige Fruchtsaft der schwarzen Beeren enthält ein berauschendes Gift, dessen Wirkstoff bis heute noch ungeklärt ist (Aufn. Herschel)

MOHN

Photo von Erwin Bauereiß

Schlafmohn
(Papaver somniferum)
von Wolfgang Broszat

Bei dem Wort "Mohn" haben viele Menschen das Bild des blühenden Klatschmohns in einem Getreidefeld vor sich. Mit seinen leuchtend roten Blüten stellt der nahe Verwandte des Kulturmohns eine wahre Augenweide in unserer Kulturlandschaft dar. Oder man denkt an die fernen Mohnfelder Asiens, die den Grundstoff für süchtigmachende Drogen liefern – leicht werden Assoziationen zur Rauschgiftszene wach.

Dem Kultur- oder Schlafmohn als Mutterpflanze des Opiums haftet zumindest in unsrem Kulturkreis etwas "Unheimliches" an. Häufig wird er als "gefährlichste Blume der Welt" (SCHOMANN und SPRING, 1991) verteufelt. Wegen des möglichen Mißbrauchs unterliegt der Mohnanbau in Deutschland der Genehmigungspflicht.

Der Schlafmohn ist die einzige Pflanze, die Morphin und Codein enthält (BÖHM, 1970). Diese Substanzen sind im Milchsaft des Mohns und seiner getrockneten Form, dem Rohopium, enthalten und dienen als Ausgangsstoffe verschiedener, in ihrer Wirkung bisher nicht zu ersetzenden Arzneien. Die Verwendung des Opiums als Heil- und Schmerzmittel hat eine lange Tradition und reicht nachweislich bis in die frühe Antike zurück. Der Genuß als Rauschdroge jedoch beginnt nach Studien von SEEFELDER (1990) erst im frühen Mittelalter (7. Jh. n. Chr.). Auch heute noch ist Opium mit seinen Derivaten, trotz der enormen Verbreitung anderer, zum Teil synthetischer "Rauschgifte", die auf der Erde am meisten benutzte Droge (PFEIFER, 1962).

Die Bedeutung des Mohnes erschöpft sich jedoch nicht in der Gewinnung von Rauschmitteln und wichtigen Arzneistoffen, im Gegenteil: Die Nutzungsmöglichkeiten der Mohnpflanze

sind sehr vielfältig. Sie reichen von der Verwendung als Babyrassel bis zur Herstellung von Künstlerfarben höchster Qualität. Noch im vorigen Jahrhundert war die abendländische Malerei auf Mohnöl angewiesen, "besonders den Impressionistenwar der Mohn Motiv und Farbgrundstoff zugleich" (SCHOMANN und SPRING, 1991).
Daneben ist der Mohn die älteste und wertvollste Sommerölfrucht Mitteleuropas (FISCHER, 1948), die ein hochwertiges Speiseöl liefert. Von allen ölhaltigen Pflanzen, die in unseren Breiten kultiviert werden, besitzen die Samen des Mohns den höchsten Ölgehalt, weshalb Mohn in der Vergangenheit in Deutschland und vielen anderen Ländern Europas angebaut wurde. In der Nachkriegszeit nahm seine Bedeutung jedoch stetig ab, da das Anbauverfahren relativ arbeitsintensiv war und der Raps höhere Flächenerträge lieferte. Auch ließ sich Mohnöl durch andere, preiswertere Importspeiseöle ersetzen.
Der Verzehr von Mohnsamen als "Luxusnahrungsmittel" in Gebäck und Kuchen ist eine relativ junge Erscheinung (EYSDEN, o. J.). Heute werden sie in Europa in vielfältiger Weise zur Herstellung von Backwaren verwendet. Da der Schlafmohn in Deutschland nur noch zu Forschungs- und Züchtungszwecken auf kleinsten Flächen angebaut werden darf, importiert man die Samen inzwischen aus anderen Ländern.
In der vorliegenden Arbeit wird versucht, die möglichen Perspektiven des Mohnanbaues in Deutschland nur noch zu Forschungs- und Züchtungszwecken auf kleinsten Flächen angebaut werden darf, importiert man die Samen inzwischen aus anderen Ländern.
In der vorliegenden Arbeit wird versucht, die möglichen Perspektiven des Mohnanbaues in Deutschland auszuleuchten. Neben einer historischen Darstellung zur Bedeutung dieser Kulturpflanze wird der Mohn in seiner Morphologie und Physiologie, seinen Ansprüchen an Klima und Standort, sowie seiner pflanzenbaulichen Bedürfnisse und den sich daraus ableitenden Kulturmaßnahmen ausführlich beschrieben. Außerdem wird ein zusammenfassender Überblick über den Stand der Züchtung gegeben. Der letzte Teil befaßt sich mit den Möglichkeiten, Einschränkungen, Vorteilen und auch Risiken des Mohnanbaues unter den gegebenen Bedingungen in Deutschland.

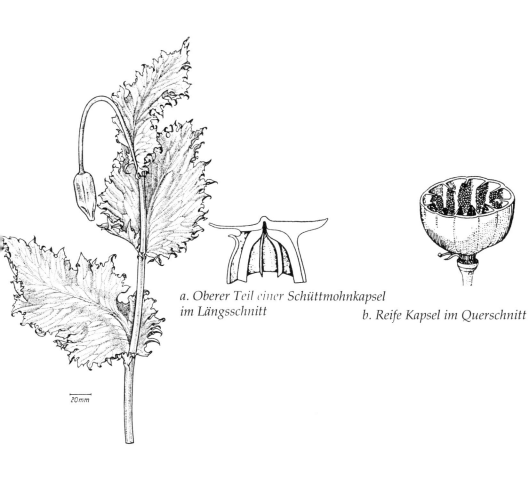

a. Oberer Teil einer Schüttmohnkapsel im Längsschnitt

b. Reife Kapsel im Querschnitt

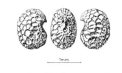

a. Oberflächenstruktur   b. Mohnsame mit Keimling

Abbildung 6: Morphologie der Samen des Schlafmohns
(a. aus: KNÖRZER, 1971; b. Zeichnung: A. L. WINSTON, aus: SCHOR-
MÜLLER, 1969 / ENGLER, 1965)

ZUR KULTURGESCHICHTE UND BEDEUTUNG DES MOHNS
von Wolfgang Broszat

Historischer Rückblick
Der Mohn gilt als eine der ältesten Kulturpflanzen Europas. Seine Nutzung läßt sich nachweislich bis in die Frühgeschichte der Menschheit zurückverfolgen. Die ältesten Nachweise von prähistorischen Samen des Kulturmohns stammen aus der frühesten Epoche der Jungsteinzeit (Linearbandkeramik, etwa 4600 – 3800 v. Chr.). Man nimmt an, daß sich sein Verbreitungsgebiet quer durch Mitteleuropa erstreckte (KÖRBER-GROHNE, 1987). Mohnsamen aus dieser Zeit sind bisher aber nur westlich des Rheins gefunden worden. Sieben dieser Mohnsamen-Fundstellen hat der Vorgeschichtsbotaniker KNÖRZER (1971) zusammenfassend beschrieben. Eine weitere Stelle in den östlichen Niederlanden ist von BAKELS (1982) bearbeitet worden (siehe Abbildung 2/Seite 26).

Viele Funde rings um die westlichen und mittleren Alpen stammen aus der mittleren und späten Jungsteinzeit (etwa 3000 – 2000 v. Chr.). Es sind die sogenannten Pfahlbauten, in deren Siedlungsschichten teils verkohlte, teils unverkohlte Mohnsamen gefunden worden sind. Die Funde lassen auf eine sehr sorgfältige und verbreitete Kultur des Mohns im Gebiet der heutigen Schweiz schließen (BECKER-DILLINGEN, 1928). BERTSCH und BERTSCH (1947) vertreten die Auffassung, daß in dieser Zeit auch in Südfrankreich der Schlafmohn bereits kultiviert wurde. Außerhalb des Alpenvorlandes sind Funde dieser Zeitepoche noch im Neckarland und bei Krakau in Polen gemacht worden (SCHULTZE-MOTEL, 1979). Aus der gleichen Zeit stammt ein Fund aus den 30er Jahren: In Südost-Spanien bei Albunol (Provinz Granada) fand man in der sogenannten "Fledermaushöhle" einen Begräbnisplatz mit Beigaben, die u.a. Mohnkapseln enthielten, deren Alter auf das Ende der Jungsteinzeit datiert wurden.

Das nördliche Voralpenland ist das Gebiet, in dem aus der nachfolgenden Bronzezeit (ca. 1800 – 800 v. Chr.) am häufigsten Mohnreste gefunden wurden. Während es sich bisher bei den meisten Funden um einzelne Mohnsamen gehandelt hat, fand man in der Wasserburg Buchau, im württembergischen Federseeried ein größeres Gefäß, das ganz mit Mohnsamen gefüllt war. Auch in der freien Kulturschicht des ehemaligen Sees lagen Massen unverkohlter Samenkörner (BERTSCH und BERTSCH, 1947). Nach PFEIFER (1962) dürfte feststehen, daß unseren Vorfahren aus dieser Zeit bereits mehrere Varietäten der Mohnpflanze bekannt waren.

Weitestegehende Einigkeit der verschiedenen Autoren herrscht in der Frage der Nutzung des Mohns in der Frühzeit der Menschheitsgeschichte. Er wurde in erster Linie wegen seiner ölreichen Samen zu Speisezwecken kultiviert. Nach BERTSCH und BERTSCH (1947) handelt es sich möglicherweise um das älteste Gewürz, welches bei der Bereitung von Brotfladen verwendet wurde. Daß die beruhigende Wirkung des Absudes unreifer Mohnkapseln schon bekannt war, ist nicht ganz auszuschließen, doch fehlen eindeutige Nachweise.

Während der Gebrauch von Mohnsamen als Nahrungsmittel sich weit zurück verfolgen läßt, sind die medizinischen Eigenschaften des Milchsaftes erst wesentlich später entdeckt worden (PFEIFER, 1962). Dem widersprechen KRITIKOS, PAPADAKI (1967) und auch SCOTT (1969). Sie führen an, daß schon auf sumerischen Ideogrammen (Bild- oder Begriffszeichen) aus der Zeit von 6000 – 5000 v. Chr. der Mohn als Medizinalpflanze dargestellt wird. KÖRBER-GROHNE (1987) präzisiert diesen Befund: Danach soll es frühe Zeugnisse über die Nutzung eines Pflanzenextraktes mit Namen >gil< (bedeutet: "Glücklich" oder "Vergnügen" und wird mit dem Opium des Schlafmohns identifiziert) in den Keilschriften der Sumerer (Ende 3. Jahrtausend v. Chr.) geben. Die Autoren leiten daraus ab, daß bereits um 5000 v. Chr. von den Sumerern Mohn zur Opiumgewinnung kultiviert wurde. SCHULTZE-MOTEL (1979) zweifelt diese Mitteilungen aus den Keilschriften an.

Nach WAGNER (1969) waren die ägyptischen Ärzte vermutlich die Ersten, die die betäubende Wirkung des Mohnsaftes entdeckt und in die Heilkunde eingeführt haben. Die Nachweise und Nachrichten aus dem alten Ägypten sind allerdings nicht eindeutig, wenngleich in einem Grab der 18. Dynastie in einer ölhaltigen Salbe Morphin nachgewiesen werden konnte (KRITI-

KOS und PAPADAKI, 1967). Nach SCHULTZE-MOTEL (1979) sind bei den zahlreichen Ausgrabungen im Nahen Osten, deren Funde etwa auf die Zeit zwischen 7500 v. Chr. und 1000 n. Chr. datiert wurden, trotz größter Aufmerksamkeit bisher niemals Mohnrübenreste gefunden worden. Die ältesten Schlafmohnfunde im östlichen Mittelmeergebiet (Makedonien, Kreta, Zypern, Griechische Inseln, West-Türkei) fallen in die Bronzezeit (KRITIKOS und PAPADAKI, 1967); in dieser Epoche tauchen auch die ersten Kulturzeugnisse auf, die die Darstellung der Mohnpflanze oder Teile davon zum Gegenstand haben. Dazu gehören kleine Tongefäße und Haarnadeln aus Knochen oder Metall, die der Form von Mohnköpfen (wie man die Mohnkapseln wegen ihrer Form auch bezeichnet) nachgebildet sind. Einen eindeutigen Hinweis auf die Nutzung des Mohns liefert die gut erhaltene Figur einer Gottheit, deren Kopfschmuck aus Mohnkapseln besteht. Sie wurde in Gazi auf Kreta gefunden und stammt aus der 1400 – 1200 v. Chr.

Skulptur einer minoischen Göttin mit drei angeritzten Mohnkapseln als Kopfschmuck
(aus: KRITIKOS *und* PAPADAKI, 1967)

Eine Mohnkapsel umschließt mehrere hundert Samen. Diese enorme Vermehrungsfähigkeit machte den Mohn frühzeitig zum Symbol der Fruchtbarkeit (PFEIFER, 1962). Als Sinnbilder für Fruchtbarkeit, Fülle und Gesundheit findet man häufig Getreideähren zusammen mit Mohnköpfen dargestellt, z.B. in der Hand der griechischen Göttin des Ackerbaues >Demeter< (römisch: Ceres), oder auf Anhängern von Halsketten, auf Siegelringen und vor allem auf Münzen griechischer und römischer Prägung (KRITIKOS und PAPADAKI, 1967). Gleichzeitig war die Mohnkapsel das "Symbol für >Morpheus<, den Gott des Schlafes, und auch >Nyx<, die Göttin der Nacht, und >Thantos<, der Gott des Todes, wurden von den Griechen mit diesem Symbol bedacht" (WAGNER, 1969). Viele Autoren sehen hierin einen eindeutigen Beweis dafür, daß die Wirkungen des aus den Kapseln der Mohnpflanze gewonnenen Saftes schon in der frühen griechischen Epoche bekannt waren.

Das Altertum
Schriftliche Erwähnung fand der Mohn zum ersten Mal bei HESOID (8. Jh. v. Chr.). Er berichtet von der Stadt Mekoné (Mohnstadt) in der Nähe von Korinth, was nach Übereinstimmung verschiedener Autoren auf den Mohnanbau in dieser Gegend hindeutet (KRITIKOS und PAPADAKI, 1967; u.a.).
Um etwa die gleiche Zeit erwähnt auch HOMER (2. Hälfte des 8. Jh. v. Chr.) in der "Illias" den Mohn. In seinem berühmten Epos, der "Odyssee", nennt er mehrmals eine Droge namens >Nepenthes<, die Kummer und Sorgen vergessen machen soll (ARNAU, 1967). Man vermutet, daß es sich dabei um ein Opiumpräparat handelte.
Eine Verwendung als Mittel zur Schmerzlinderung ist erst aus Schriften ab dem 7. Jahrhundert vor unserer Zeitrechnung mit Sicherheit bezeugt. HIPPOKRATES (460 – 377 v. Chr.), der bedeutendste Arzt des Altertums, beschreibt schon verschiedene Mohnpflanzen und Reifestadien sowie einige Anwendungsmöglichkeiten des "Mohnsaftes" (KRITIKOS und PAPADAKI, 1967). Ursprünglich verwendete man Extrakte der Mohnkapsel (GRÜMMER, 1955) und anderer Pflanzenteile. Die erste feststellbare geschichtliche Erwähnung der gezielten Gewinnung dse "einschläfernden Saftes" stammt von dem grie-

chischen Philosophen und Botaniker THEOPHRASTUS (372 – 287 v. Chr.), einem Schüler des ARISTOTELES (ARNAU, 1967). Das Anritzen der unreifen Mohnkapseln zur Opiumgewinnung war ihm schon genau bekannt (WAGNER, 1969). Er unterschied bereits zwischen dem als >Opos< (griech.: Saft, daraus abgeleitet: Opium) bezeichnetem eingetrockneten Milchsaft der Kapsel und dem schon damals als weniger wirksam erkannten >Mekonion<, dem Extrakt der ganzen Pflanze (FLÜCKIGER, 1891).

Von Griechenland ausgehend verbreitete sich die medizinische Verwendung des Mohns im römischen Reich (GRÜMMER, 1955). Ausführliche Beschreibungen über die Herstellung von opiumhaltigen Pasten und Medikamenten, sowie deren Verwendung als Arzneimittel finden sich bei den berühmten römischen Ärzten des Altertums: LARGUS, CELSUS und PLINIUS. Ihnen waren auch bereits die Gefahren, die dem menschlichen Körper bei Aufnahme größerer Mengen des Heilmittels drohten, bekannt. Da gutes Opium fast geschmacklos ist, wurde es als Speisezusatz für Giftmorde verwendet (GRÜMMER, 1955). DUKE (1985) berichtet, daß die römischen Soldaten bei Kreuzigungen aus Mitleid mit den "Gefangenen" den gereichten Getränken aus saurem Wein Mohnsaft zufügten.

Nach KÖRBER-GROHNE (1987) wurde während der Jahrhunderte vor und nach Christi Geburt besonders viel Schlafmohn in Phrygien (westl. Teil der heutigen Türkei) angebaut, auch wurde in Kleinasien zu dieser Zeit mit Sicherheit Opium gewonnen. DIOSKURIDES (1. Jh. n. Chr.) gibt auch schon Hinweise auf Verfälschungen des Opiums (PFEIFER, 1962) und erwähnt die Verwendung der Mohnsamen als Brotbeigabe (BECKER-DILLINGEN, 1928). Aus dieser Epoche stammen auch einige Mohnsamenfunde in Römerkastellen der germanischen Provinzen nördlich der Alpen, sowie in Süd-England und Schottland (KÖRBER-GROHNE, 1987). LENNERTS (1984) vermutet, daß der Mohn bei seiner von Rom ausgehenden, nördlichen Verbreitung zunächst als Zierpflanze genutzt wurde.

Als ANDROMACHUS, der Leibarzt des römischen Kaisers NERO (37 – 68 n. Chr.), eine Medizin gegen "alle" Krankheiten erfinden sollte, mischte er seiner Patentmedizin >Theriak< Opium bei (WAGNER, 1969). Nach und nach wurde die Vorschrift des Theriaks zum berühmtesten Rezept in der Heilkunde. Nach PFEIFER (1962) beruht seine Verwendung bis in unser Jahrhundert vor allem auf dem Gehalt an Opium. In der späten römischen Epoche wurde der eingetrocknete Milchsaft des Mohns von GALEN (131 – 201 n. Chr.) als Husten-, Fieber- und Beruhigungsmittel sowie gegen vergiftete Wunden und Schlangenbisse angewendet. Er kannte auch schon dessen erheiternde Wirkung und erwähnte den Gebrauch bei Depressionen (PFEIFER, 1962). Wenn man bedenkt, daß es keine andere Pflanze gibt, die so viele dosierbare Wirkungsmöglichkeiten in sich vereinigt, wie der Schlafmohn, wird seine große Bedeutung in dieser Zeit verständlich (KÖRBER-GROHNE, 1987). Der Verfall der römischen Reiches führte vor allem auch zum Niedergang der Heilkunde, die dann in die Hände der Araber überging.

Das Mittelalter
In Europa wird uns der Mohnanbau für das 8. und 9. Jahrhundert sicher bezeugt (BERTSCH und BERTSCH, 1947). KARL DER GROSSE (747 – 814) befahl, auf seinen Landgütern Mohn anzubauen, wobei die Samen dem direkten Verzehr dienten (LENNERTS, 1984). Die Gewinnung des Mohnöls kam nach den Kreuzzügen, die entscheidend zur Verbreitung orientalischer Gegenstände und Gewohnheiten in Mitteleuropa beitrugen, in Mode (BECKER-DILLINGEN, 1928; LENNERTS, 1984). Auch im Norden Europas wurde damals Mohn angebaut. So war z.B. in Wales die medizinische Verwendung der Mohnkapseln üblich und in Norwegen diejenige der Blätter (FLÜCKIGER, 1891).
Während des Mittelalters wird Mohn in allen wichtigen schriftlichen Quellen von Nahrungs- und Arzneipflanzen unter der lateinischen Bezeichnung >papaver< aufgeführt. Ein aus Mohnkapseln bereiteter, einfacher und zusammengesetzter >Sirupus de Papavere< wurde im 11. Jahrhundert von MESUE empfohlen, dennoch scheint Opium im europäischen Mittelalter nicht

sehr häufig verwendet worden zu sein (FLÜCKIGER, 1891). Nach PFEIFER (1962) hielten die europäischen Ärzte des Mittelalters Opium für sehr gefährlich und wandten es nur als Bestandteil der sogenannten >Schlafschwämme< an. Diese waren mit einer Lösung aus Opium und Pflanzensäften von Nachtschattengewächsen getränkt und wurden den Kranken vor Operationen so lange vor Mund und Nase gehalten, bis sie einschliefen.

Nach Übereinstimmung der meisten Autoren wurde die Mohnpflanze und das Wissen um ihren Gebrauch wahrscheinlich im 7. und 8. Jahrhundert von den Arabern nach Indien, Persien und China eingeführt (PFEIFER, 1962). KRITIKOS und PAPADAKI (1967) hingegen sind der Überzeugung, daß der Mohn bereits im 4. Jahrhundert v. Chr. durch ALEXANDER DEN GROSSEN nach Indien gelangte.

Während Opium in Europa fast ausschließlich für medizinische Zwecke verwendet wurde, kam im Orient sein Genuß als berauschende Droge auf (KÖRBER-GROHNE, 1987). Nach GRÜMMER (1955) finden sich in der arabischen Literatur des Mittelalters erste Andeutungen, die auf einen Gebrauch als Rauschmittel schließen lassen, Ägypten wird als Anbauzentrum des Mohns genannt. Trotz zahlreicher Angaben aus der damaligen Zeit spielte das Opium jedoch keine überragende Rolle unter den Rauschmitteln; dies änderte sich mit seiner Ausbreitung nach Osten. Nachdem der Mohn dort zunächst nur als Ölpflanze in Kultur genommen wurde (GRÜMMER, 1955), lernten die Chinesen im 13. Jahrhundert bei Feldzügen gegen weiter westlich wohnende Völker den Gebrauch des Opiums als Genußmittel kennen. In dieser Zeit begann man in China Opium zu kauen (PFEIFER, 1962), sein Genuß bürgerte sich dann rasch ein. Während der Herrschaft der MING-Dynastie (1368 – 1644) war Opium auch am kaiserlichen Hofe sehr beliebt (GRÜMMER, 1955). Es begann eine starke Kommerzialisierung der Arzneimittelherstellung, und man verarbeitete nicht mehr allein Mohn aus den chinesischen Provinzen, sondern importierte halbreife, geschnittene Pflanzen (ARNAU, 1967).

Auch in Indien verbreitete sich der Opiumgenuß im Gefolge der mohammedanischen Eroberungszüge sehr rasch. Anfang des 16. Jahrhunderts machten die Mogule den Anbau des Mohnes und den Opiumhandel dann zum Staatsmonopol, welches später auf die britisch-ostindische Kompanie überging (FLÜCKIGER, 1891). Aus der zweiten Hälfte des 16. Jahrhunderts stammen zahlreiche Reiseberichte mit Angaben über gewohnheitsmäßigen Opiumverzehr in Indien (GRÜMMER, 1955).

Die Neuzeit
Zu Beginn der Neuzeit soll Opium durch PARACELSUS (1493 – 1541) bekannt geworden sein (BECKER-DILLINGEN, 1928). Seine als Wunderheilmittel gepriesene Arznei >Laudanum< (heißt: Die lobenswerte, rühmliche Arznei) war, nach WAGNER (1969), nichts anderes als eine in seiner Zusammensetzung geheime Opiumtinktur. Durch den Engländer SEYDENHAM (17. Jh.), der die >Tinctura Opii crokata< (safranhaltige Opiumtinktur) herstellte, gewann die Verwendung als Arzneimittel in der Medizin an Bedeutung (PFEIFER, 1962; ARNAU, 1967). Von einem Mißbrauch als Rauschgift ist zu dieser Zeit nirgends die Rede.
In der Folgezeit verlagerte sich die Nutzung des Mohns in erster Linie auf die Ölgewinnung (KÖRBER-GROHNE, 1987). Nach LENNERTS (1984) hat sich in Deutschland der erste größere Mohnanbau zur Gewinnung von Öl nach den Befreiungskriegen ab 1820 in Thüringen entwickelt. Wie aus einem 1874 veröffentlichen Bericht von LANGETHAL hervorgeht, verlagerten sich die Mohnanbaugebiete ab 1870 mehr und mehr nach Sachsen-Anhalt (LENNERTS, 1984). Später fand der Mohnanbau seine größte Ausdehnung in Württemberg und Baden. In den Provinzen Schlesien und Brandenburg wurde Mohn in geringerem Umfang kultiviert (BECKER-DILLINGEN, 1928).
Nachdem der Anbauumfang in Deutschland im letzten Jahrhundert sehr zurück gegangen war (BERTSCH und BERTSCH, 1947), wurde der Mohn in der Zeit zwischen 1933 und 1944 durch den damaligen Reichsnährstand wegen seiner hohen Erträge (15 – 20 dt/ha) als Sommerölfrucht erheblich gefördert (LENNERTS, 1984). Die Hauptanbaugebiete waren auch damals Württemberg und Baden sowie Thüringen und Sachsen, wo der

Mohnanbau etwa 1 % der Getreideanbaufläche erreichte (KÖNEMANN, 1947). Nach dem letzten Weltkrieg ist der Anbau in Deutschland immer stärker zurückgegangen.

Tabelle 1: Anbauentwicklung bei Mohn in Deutschland (in ha)

Jahr	1883	1913	1917	1919	1935	1938	1942
Fläche	5.756	1.758	5.663	13.061	3.500	2.400	50.000

(nach KÖNEMANN, 1947; BOGUSLAWSKI, 1953; STATISTISCHES BUNDESAMT, 1991)

Abbildung 4: Mohnblüten
(Zeichnungen: R. KILIAN; aus: MAASS, 1986)

HANF

Hanf (Cannabis Sativa)

von Christian Rätsch

Das Kraut der germanischen Liebesgöttin

Der älteste bisher bekannte archäologische Hanffund (von Eisenberg/ Thüringen) stammt noch aus vorgermanischer Zeit. Aber schon für die frühe germanische Zeit gibt es archäologische Belege. In der Asche einer Graburne aus Wilmersdorf in Brandenburg wurden die Samen von *Cannabis sativa* entdeckt. Der Fund wird auf das 5. Jh. v. Chr. datiert (REININGER 1968: 14). In südgermanischen Gräbern aus dem gleichen Zeitraum wurden Hanfsamen, -fasern und -blütenstände gefunden (KESSLER 1985: 22). Daraus läßt sich schließen, daß der Hanf bereits in prähistorischer Zeit bei den südgermanischen Stämmen rituell, eben als Grabbeigabe, verwendet wurde.
Der Hanf hieß bei den Germanen, die hauptsächlich Bauern waren, *hanapiz, haenep* oder *hanaf*. Er wurde zusammen mit Getreide, Gemüse und anderen Nutzpflanzen auf Äckern angebaut (DEROLEZ 1963: 21). Der Hanf durfte nur von Frauen ausgesät, gepflegt und geerntet werden (STORL 1986; 324). Aussaat und Ernte erfolgten unter erotischen Ritualen (RÄTSCH 1992). Bei der Ernte kam es zu starken Berauschungen: "Von dieser Betäubung kann man auch in deutschen Hanffeldern durchaus eine Vorstellung bekommen" (TOBLER 1938: 67). Der Hanf diente als Faserlieferant, als Nahrungsmittel sowie als Aphrodisiakum und Heilmittel. Die Stengel wurden bei der rituellen Austreibung des Winters verwendet: "Man legt einen solchen Stengel quer auf zwei Gartenböcke, schnellt ihn mit einer Gerte in die Luft ... Diese fliegenden Hanfstengel stellen die Pfeile des Frühlings vor, durch die der Winter fortgeschossen wird." (PERGER 1864: 197)
Der Hanf symbolisierte bei den germanischen Völkern die Fruchtbarkeit. Er war die heilige Pflanze der Liebesgöttin (KESSLER 1985: 22, NEMENYI 1988: 94). Die Liebesgöttin Frija war die Göttin der Fruchtbarkeit, des Frühlings und Schutzgöttin

des Lebens und der Ehe. Der ihr heilige Hanf sollte bei den Menschen Fruchtbarkeit und Gesundheit bewirken.

Möglicherweise symbolisierte der Hanf bei den Germanen auch das Schicksal, das von den drei Nornen, den Schicksalsgöttinnen, die Vergangenheit, Gegenwart und Zukunft personifizieren, in einem endlosen Band aus (Hanf-)Fasern gesponnen wird (vgl. STORL 1986: 325).

Da zur traditionellen Gewinnung der Fasern die ganzen Pflanzen geschwelt werden (TOBLER 1938), muß man davon ausgehen, daß die Germanen die psychoaktive Wirkung der Blüten bei der Räucherung erkannt haben. "An diese Hanfräucherungen mit narkotischer Wirkung knüpfen sich auch die vermeintlichen Wirkungen der Einwickelung schmerzhafter Glieder mit Hanfwerg "Haarbad" in der oberdeutschen Volksmedizin (Ersatz des Hanfbades (der Skythen)) oder die Bähung mit Hanfkraut, eine Erfahrung vermutlich aus der germanischen Nomaden-Periode, wo in den Zelthütten Hanfgras zeitweise zur Feuerung benutzt worden sein dürfte. Wenn das Hanföl heute noch gegen das Keuchen der Pferde verwendet wird, so ist auch dies eine Ableitung aus jener Hanfräucherung. Die Hanfkultur wurde aber im Mittelalter zumeist nur wegen des Hanföls, eines Fastenfettes (mhd. hanef-suppe) in eigenen Hanfgärten betätigt, damit erklärt sich auch, daß die ernährende Ölpflanze wie andere fruchtbarmachende Nährpflanzen als Heiratsorakel dient." (HÖFLER 1990: 99)

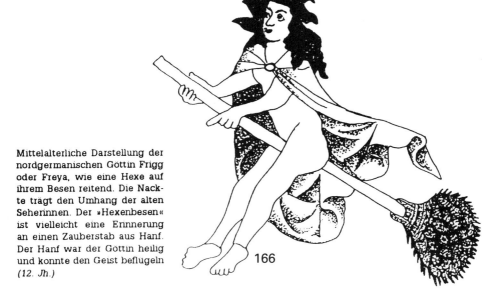

Mittelalterliche Darstellung der nordgermanischen Göttin Frigg oder Freya, wie eine Hexe auf ihrem Besen reitend. Die Nackte trägt den Umhang der alten Seherinnen. Der »Hexenbesen« ist vielleicht eine Erinnerung an einen Zauberstab aus Hanf. Der Hanf war der Göttin heilig und konnte den Geist beflügeln (12. Jh.)

Hanf als Hausmittel in der Volksmedizin

Im 19. Jahrhundert wurde die Volksmedizin in Deutschland besonders durch den aufkommenden Gebrauch sogenannter Arztbücher geprägt. Solche Bücher lagen in den meisten Haushalten, besonders in den Haushalten der mittleren, gehobenen und höchsten Gesellschaftsschichten. Trat ein Wehwehchen, eine Verbrennung, Erbrechen oder ähnliches auf, so wurde der *Hausarzt* in Buchform befragt. Das entsprechende Rezept wurde dann streng oder frei befolgt. Das einflußreichste Arztbuch jener Zeit war die *Encyklopädie der gesammten Volksmedicin* von Dr. Georg Friedrich MOST. MOST wurde 1794 geboren, studierte in Göttingen Medizin, wurde schließlich Professor der Medizin in Rostock und verstarb im Jahre 1842. MOST war ein Universalgelehrter mit schriftstellerischen Ambitionen. Er hinterließ eine Fülle medizinischer und philosophischer Schriften. Doch war sein Hauptwerk jene *Encyklopädie der Volksmedicin*, die erst ein Jahr nach seinem Tode erschien. Die darin aufgeführten Rezepturen und Verfahren hat er sowohl im deutschen Volkstum aufgespürt, selber entdeckt, von befreundeten Ärzten, aus Reiseberichten und der damaligen medizinischen Literatur übernommen. Mit diesem Buch suchte er bewußt die Nähe zum Volk. 1849 wurde das vielbeachtete Werk unter einem neuen Titel wiederaufgelegt: *Der Hausarzt. Ein vollständiges Handbuch der vorzüglichsten und wirksamsten Haus- und Volksarzneimittel aller Länder. Nach den besten Quellen und nach dreißigjährigen Beobachtungen und Erfahrungen gesammelt und herausgegeben von Georg Friedrich Most.* Mit diesem Titel wurde die Rolle des Buches programmatisch vorbestimmt.
MOST widmet dem Haft als Heil- und Rauschmittel einen überdurchschnittlich breiten Raum. Wie aus seinen Texten hervorgeht, hat er den Hanf vielseitig selbst angewendet:
"Kleine Kinder im ersten Lebensjahre bekommen nach Erkältung oft Harnverhaltung, wogegen ich als ein sehr wirksames Hausmittel einen Theelöffel voll gestossenem Hanfsamen *(Semen Cannabis)* mit einer halben Obertasse kochenden Wassers

übergossen, von einer hiesigen alten Dame habe kennen lernen. Man lässt den Thee warm, mit Zucker versetzt, trinken." (MOST 1843: 244)

Unter dem Eintrag *Hanf* gibt er auch an, wie man sich damit am besten berauscht:

Hanf (*Cannabis*, von *Cannabis sativa L.*). Der Same, so wie die ganze Pflanze werden getrocknet als ein sanftes Mittel gegen schmerzhaftes Harnen, Urinverhalten bei Säuglingen als Thee mit Nutzen gebraucht (s. oben *Goldruthe*). In Marokko raucht man getrocknete Hanfblätter statt des Tabaks, um sich zu erheitern und hypochondrische Launen zu vertreiben. Auch die Fröhlichkeitspillen der Morgenländer haben Hanf zum Hauptbestandtheil. – Gegen den Keichhusten der Kinder lobt Hufeland das Extract der ganzen Pflanze. Man kann sich dasselbe so bereiten, dass man den Hanf vor der Blüthezeit sammelt, zerstampft, mit etwas Flusswasser begiesst, dann auspresst und den frischen Saft unter gelindem Feuer bis zur Dicke des Extracts abdampft. Man gibt Kindern von zwei bis sechs Jahren dreimal täglich zwei bis drei Gran, Erwachsenen sechs bis zehn Gran. Dieses Extract ist auch ein bekanntes, oft gemissbrauchtes Stimulans, welches als solches in folgender Mischung genommen wird:

Nr. 89. Nimm: Hanf-Extract, zwei Quentchen, Pomeranzenblüthwasser, sechs Unzen, Spanisch Pfeffer-Tinctur, ein halb Loth. Man nimmt davon ein bis zwei Stunden ante actum ein bis zwei Esslöffel voll mit Wein. Das ausgepresste fette Hanföl (*Oleum cannabium*) ist ein altes Mittel gegen Nervenschmerzen, Colik, Magenkrampf, Verhärtung des Uterus, indem man den leidenden Theil damit einreibt.

Der von MOST hier angegebene oder empfohlene Gebrauch als psychoaktives Aphrodisiakum war ein Deutschland im 19. Jahrhundert sehr weit verbreitet (AIGREMONT 1986: 24, HOVORKA & KRONFELD 1908/09). Man glaubte damals, dieser Gebrauch sei von den serbischen Zigeunern eingeführt worden. Sie sollten "die Hanfblume gepulvert mit Menstruationsblut vermischt" eingenommen haben (ebd.). Ebenso galt der Hanf als Liebeszauber (KRONFELD 1981: 40). Unter dem Eintrag *Semen cannabis* wird MOST noch deutlicher:

Links: eine einzelne männliche Blüte (4fache Vergrößerung). Photo: R. Harris
Rechts: männliche Blütentrauben

Links: eine einzelne weibliche Blüte (4fache Vergrößerung). Photo: R. Harris
Rechts: junge weibliche Blütentraube

Semen Cannabis. Wir fügen zum Artikel Hanf noch folgendes: Ein sehr wirksames, von mir selbst oft erprobtes Hausmittel gegen spastische Harnverhaltung der Säuglinge (auch Erwachsener) ist ein bis drei Theelöffel voll gequetschter Hanfsamen, mit zwei Tassen kochendem Wasser infundirt und warm getrunken. – Nach Freudenstein (Diss. de cannabis sativae usu et viribus narcoticis. Marpurgi 1841) gibt es ausser Cannabis sativa L. noch eine andere Species: Cannabis indica Lamarck *(sic)*, welche narkotischer, als jene wirkt. Als Berauschungsmittel kannten schon die alten Scythen, nach Herodot, den Rauch von Hanfblättern, – in Aegypten bedienen sich die Spitzbuben desselben, um die, welche sie bestehlen wollen, dadurch einzuschläfern, und das Hanfextract lobt Aubert (De la Peste etc. Paris 1840) besonders in der Post, wo er von zwölf Kranken dadurch sieben genesen sah. Das harzige Hanfextract hat Dr. O'Shaughnessy als ein narkotisches Mittel angewendet, wobei zu bemerken ist, dass in heissern Climaten, als bei uns, aus den Blättern und dem Stamme des Hanfes ein harziger Saft ausschwitzt, welcher einen scharfen, narkotischen Geruch und bittern Geschmack hat. Das Extract wird durch Kochen der getrockneten Pflanze in Spiritus und Abdampfen erhalten, worauf durch Auflösung von drei Gran Extract in eine Drachme Alkohol man auch eine Tinctur bereitet. Das Mittel soll sich besonders bei Tetanus bewährt haben, wo man alle halbe Stunde eine Drachme Tinctur gibt, bis der Krampf nachlässt. (British and Foreign med. Review, July 1840.) Als Berauschungsmittel vertritt der Hanf in vielen Gegenden des Orients die Stelle der Spirituosa, des Weins und Branntweins. – Personen, die ihn als Vergnügungsmittel zu sich nehmen, fühlen eine besondere Heiterkeit, Fröhlichkeit und Munterkeit des Gemüths, ein behagliches Vergessen aller Traurigkeit und jedes Schmerzes; stets lächeln sie milde, wenn auch keine äussere Ursache dazu vorhanden ist, aller Zorn und Hass schweigt und nach einigen Stunden verfallen sie in einen milden und sanften Schlaf, während desselben sie, wie vorher im Wachen die lieblichsten Phantasiebilder ergötzen, – Alles Zeichen des Hanfrausches. Der Angabe des Sonnini zufolge ist diese Störung des Denkvermögens, diese Art von Seelenschlaf auf keinerlei Weise mit

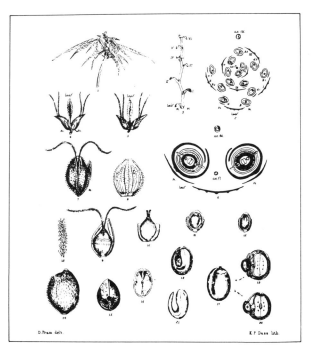
Morphologie der weiblichen Cannabis sativa-Pflanze

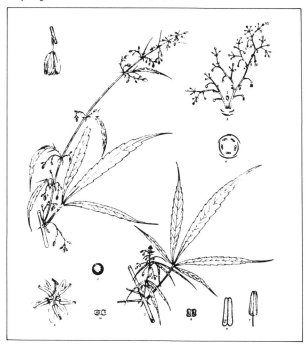
Morphologie der männlichen Cannabis sativa-Pflanze

dem Rausche vom Weine oder anderer geistiger Getränke zu vergleichen, und unsere Sprache besitzt keinen Ausdruck, um jenes Gefühl anzudeuten. Die Hanftrunkenheit hat noch ferner das Eigene, dass durch sie die Circulation des Blutes nicht beschleunigt, das Athmen nicht schneller vor sich geht, und der Kopf nicht angegriffen wird; wol aber entsteht ein wahrer Hundshunger (*fames canina*). Uebrigens hat dieser Missbrauch des Hanfes doch auch, wenn er zu lange fortgesetzt wird, Dummheit, Blödsinn und grosse Körperschwäche zur Folge.

Es gibt verschiedene Arten, den Hanf als Berauschungsmittel zuzubereiten. In Indien sind, nach Ainslie, deren drei gebräuchlich. Ein aus den Blättern dargestellter Trank, dessen sich, zumal die Muhamedaner, bedienen, heisst Banghie. Eine andere Zubereitung heisst Majum, zu welcher nebst den Hanfblättern noch Mohnblätter, Blumen des Stechapfels, Krähenaugen, Zucker und Milch verwendet werden. Sehr stark ist eine aus diesen Substanzen bereitete Latwerge, deren sich jedoch nur sehr ausschweifende Leute bedienen. Auch kommen daraus bereitete Pillen vor, welche sanskritische Schriftsteller mit dem Namen Gandschakini bezeichnen. – Besonders beliebt ist der Hanfgebrauch in Persien, wo man den Hanfsamen mit Tabaksblättern gemischt, aus besondern Pfeifen zu rauchen pflegt, welche Nardschihli heissen, oder man bereitet auch einen Tabak aus Hanf, Krähenaugen, Kali und Wein, dessen sich aber die rechtgläubigen Muselmänner nicht bedienen; endlich macht man auch ein Infusum aus Hanf une Mohnblättern mit Krähenaugen, welches Bangue, Baeng oder Beng heisst, Benennungen, die auf indischen Ursprung deuten. Nach dem Berichte des Olearius, der 1633 in Persien war, bereitet man daselbst Pillen aus den Blättern und Samen des Hanfes mit Honig, die als Aphrodisiacum dienen. Auch in der Berberei bedient man sich des Hanfpulvers oder raucht die Blätter, um sich aufzumuntern und ad coitum zu stimuliren; aber hier ist in Folge dieses Missbrauchs auch die Impotenz und Sterilität sehr häufig (s. Dublin Journ. März 1841). Merkwürdig! ganz anders spricht Woyt (l. c. p. 156) vom Hanfe. "Der Samen" – sagt er – "mindert die männliche Natur, wird auch wider den Samenfluss (Pollutionen), Schmerzen, Seitenweh, Husten und gelbe Sucht gebraucht." Ganz richtig! denn Alles, was momentan stimulirt,

hat schnelles Unvermögen zur Folge (s. *Hanf*).
Unter dem Eintrag *Fröhlichkeitspillen* findet sich ein hochaktives Rezept:
Fröhlichkeitspillen. Um üble Laune und hypochrondrische Gemüthsverstimmung zu vertreiben, nehmen die Orientalen, welche bekanntlich sich auch gern am Opiumrauchen und Opiumessen ergötzen, ihre Zuflucht zu einer Mischung: *Nepenthe* genannt, bestehend aus dem Pulver der trocknen obersten Blätter und Blüthen des Hanfs, in Verbindung mit Opium, Arecanuss, Gewürzen und Zucker, welche sie in Pillenform verschlucken.
Da die Mostschen Rezepte fleißig befolgt wurden, darf man davon ausgehen, daß breite Bevölkerungsschichten über die Wirkungen des Hanfs aufgeklärt waren. Über die "wunderbaren Wirkungen der orientalischen Fröhlichkeitspillen" haben auch andere, ähnlich einflußreiche Autoren, wie der Arzt Johann Friedrich OSIANDER (1838) geschrieben (vgl. RÄTSCH 1990: 11).
Neben der weitverbreiteten Verwendung von Arztbüchern gab es auch den Brauch, selbst Rezepte für Hausmittel zu sammeln und in Hausbüchern niederzuschreiben. Ein besonders interessantes und vielbeachtetes derartiges Hausbuch stammte von der Frau Rath Schlosser, die zur näheren Verwandtschaft von Goethe gehörte. Sie empfiehlt den Hanf an mehreren Orten. So soll ein Pflaster aus Hanffasern mit Vitriolöl getränkt bei Bissen tollwütiger Tiere auf die Wunde gelegt werden (BERNUS 1982: 20). Die Rose oder Gürtelrose ist eine Krankheit, die schon immer mit Volksmitteln und magischen Praktiken behandelt wurde. Frau Rath Schlosser kannte eine besonders gute Methode:
Gegen die Rose. Man nehme aus 9 Welschen Nüssen das sogenannte Kreuz, mache davon einen Abguß wie Tee und lasse trinken, während man fein gestoßenen Hanf auf die entzündete Stelle legt. (BERNUS 1982: 25)
Gegen Haarausfall hat sie gleich zwei hanfhaltige Rezepte parat:
Pomade für den Haarwuchs. Man nehme Hühnerfett, Hanfsamenöl und Honig, von jedem 4 Unzen, lasse das Ganze in einem Topf zergehen und vermische sie innig bis zur Konsistenz einer Pomade. Acht Tage hintereinander reibe man den Kopf damit ein. (BERNUS 1982: 52)

Und:
Mittel, die Haare wachsen und neu wiederkommen zu machen. Man nehme die Wurzel des weißen Weinstockes, Wurzel vom Hanf und zarte Kohlstrünke, von jedem zwei Handvoll, trockne sie und verbrenne sie dann. Aus der Asche mache man eine Lauge. Vor dem Waschen des Kopfes mit dieser Lauge massiere man ihn mit Honig und tue dies dreimal hintereinander jeden zweiten Tag." (BERNUS 1982: 57)
Wer weiß, ob der Hanf die Haare wieder zum Wachsen bringt. Aber viele dieser Rezepte haben sich im Volke so lange gehalten, weil sie sich durchaus als wirkungsvoll erwiesen haben.

CANNABIS SATIVA   Zamer Hanff.

Leonhardt Fuchs

Cannabis sativa, die verbreitetste und größte Art, sie wurde ursprünglich der Fasern wegen angebaut, heute hauptsächlich für den Schwarzmarkt.

Cannabis indica, die stärkste Art, sehr harzhaltig, kurz und buschig, sie wird hauptsächlich als Rauschmittel angebaut.

Cannabis ruderalis, eine seltene sibirische Art, die im Westen wenig bekannt ist.

FLIEGENPILZ

Photo von Erwin Bauereiß

Fliegenpilz

Fliegenpilz
Amanita muscaria (Fr.) Hook.
Wichtigste Kennzeichen:
Roter Hut mit weißen Warzen, gerandert-wulstige Knolle. Stiel mit Manschette.
Hut: Je nach Unterart rot, hellbraun, dunkelbraun, gelb. Alle Arten auf der Hutfläche weiße Warzen.
Lamellen: Weiß, abgerundet, gedrängt.
Stiel: Weiß bis blaßgelb, bis 20 cm hoch, Manschette weiß, hängend, Fußknolle sehr groß, wulstig gerandet, mit warzigen Gürteln.
Fleisch: Weiß, unter der Huthaut gelb.
Geruch und Geschmack: Nicht hervortretend.
Standort und Vorkommen: Nadelwald und Laubwald, saurer Boden, Juli bis November.
Bemerkungen: Durch seine Farbe nicht zu verwechseln; giftig, auch nach Abzug der Huthaut.
Bekannt ist eine sehr schlanke goldgelbe Form, meist ohne Hüllflocken (Amanita muscaria var. aureola Kalchbr.) und eine braune mit reichlich, meist konzentrisch angeordneten Hüllflocken (Amanita muscaria var. umbrina F.). Beide sind giftig.

Der Fliegenpilzmann und die Tollkirschenfrau

von Erwin Bauereiß

Immer zu Beginn des Herbstes, wenn Tag und Nacht sich wieder gleichen, feiern die beiden ihre Hoch-Zeit. Der Fliegenpilz entschlüpft dem weißen Ei und legt seinen leuchtend roten, weiß bepunkteten Mantel an, während die Tollkirsche, eine gar mächtige Staude, ihre zahlreichen schwarz-violetten Früchte zur Schau trägt. Bei meinen Gängen durch den Wald ziehen mich diese beiden wundersamen Wesen stets aufs neue mächtig in ihren Bann. Schon allein ihr bloßer Anglick öffnet mir die Pforten zum Reich der Zauberwelt. So manche Menschen in vergangenen Zeiten haben das wohl ähnlich empfunden. Seien es die sibirischen Schamanen mit ihren Pilzzeremonien oder die römischen Frauen, die den Saft der Tollkirschenbeeren sich in ihre Augen tropften, um schöner zu wirken. Viele Märchen, Sagen und Geschichten ranken sich um diese beiden wohl bekanntesten Zauberpflanzen unserer heimischen Wälder. Nehmen wir sie in uns auf, so ist uns eine Reise in die Anderswelt gewiß. Dann können wir kommunizieren mit Riesen und Zwergen, mit Sylphen und Nymphen und den feurigen Wesen. Aber sind wir behutsam in der Menge, denn eine zu hohe Dosis könnte uns die Rückkehr aus der Anderswelt für immer verschließen. Doch wie arm wäre unsere Welt, würden wir uns dieser wundersamen Wesen verschließen; denn es gibt wirklich wesentlich mehr zwischen Himmel und Erde als die Realität unseres Alltags. Mögen den Leserinnen und Lesern dieser Schrift in diesen Tagen und Wochen der Fliegenpilzmann und die Tollkirschenfrau, jedem auf seine eigene Weise, ebenfall begegnen.

Amanita
von Hans Wagner

Es ist schon viele Jahre her, daß ich das erste mal mit dem Geist Amanita zusammentraf. Vieles hat Amanita mich gelehrt, meinen direkten Bezug zur Natur, meine Liebe, meine Hingebung zu ihr habe ich von ihm gelernt, und jeden Herbst gab es neue Zusammenkünfte, neue Begegnungen, erneuerte Einweihungen. Er hat mich gelehrt, die Natur von innen her anzugehen, er gab mir die Möglichkeit magischen Handelns. Er hat mir den Weg zur Seele gezeigt. Unsere Seele steht in ihrem unbewußten Wesensteil in innerster lebendiger Verknüpfung mit der Natur, dem Kosmos, und erhält auf dem im Wachbewußtsein nicht betretbaren Wegen Zugang zu den inneren Zusammenhängen. So geraten auch Tatsachen und Geschehnisse in ihr Gesicht, die in der äußeren Welt zukünftig sind, sich aber in der raumzeitlosen Innenwelt ihrer Anlage nach schon vorfinden. In diesem inneren Naturgebiet herrscht ein anderes Verhältnis von Zeit und Raum, Zukunft liegt in gewissem Sinn da wie Gegenwart, und Vergangenheit lebt weiter, nicht phänomenal, sondern der inneren Potenz nach. Amanita war für mich ein Schlüssel, ein Zugang zu den Mysterien meiner eigenen Innenwelt und Außenwelt. Was ist das eigentlich für ein Pilz, dieser Amanita muscaria, auch Fliegenpilz genannt? Es ist der traditionelle Zauberpilz sibirischer Schamanen. Man findet ihn in fast allen Teilen der Erde. Schon immer eine begehrte Zauberpflanze, von Schamanen, Zauberern und Heilern verehrt, vom gewöhnlichen Menschen als Giftpilz gefürchtet. Getrocknete Fliegenpilzhüte oder in den Preßsaft des Wiesenröschens eingelegte Stücke werden von den tungusischen Schamanen eingenommen, um in Trance zu verfallen. Die Pilze werden oft als Zwerge personifiziert, die im Besitz der Droge als allmächtig gelten. Wer kennt nicht das Kinderlied, ein Männlein steht im Walde, das eindeutig den Fliegenpilz meint. Bei den taoistischen Alchymisten dienten Fliegenpilzextrakte als Zutaten zu diversen Unsterblichkeitselixieren. Im Hindukusch hat sich ein altes Ritual erhalten, bei dem Fliegenpilzstücke mit Berg-

springkraut und übersäuerter Ziegenkäselake gekocht werden. Diesem Sud werden gelegentlich die samentragenden Blütenkelche des Bilsenkrautes beigemengt. Der Fliegenpilz heißt dort Tschaschbaskon, d. h. Augenöffner. Der Fliegenpilz wird oft mit den klassischen Zauberpflanzen Haoma und Soma in Verbindung gebracht. Viele Ethnologen glauben, daß das rätselhafte Soma, das arische Einwanderer nach Indien mitbrachten, nichts anderes als Amanita Muscaria war. Die Hymnen, welche die Priester zu Ehren des verherrlichten Soma sangen, der die Menschen den Göttern gleichsetzt, sind im Rig Veda enthalten:
"Der Trank hat mich fortgerissen wie ein stürmischer Wind ...
das Denken hat sich mir dargeboten, wie ein Kuh ihrem kleinen Liebling ...
Die eine Hälfte des Ich läßt die beiden Welten hinter sich ...
Ich habe an Größe diesen Himmel und diese Erde übertroffen ...
Ich merke, daß ich Soma getrunken habe ...
In der vedischen Religion gab es keinen Tempel und pompöse Schauzeremonien. Die Religion manifestierte sich im Menschen als mystische Erfahrung. Dazu wurde der Somatrank einge-

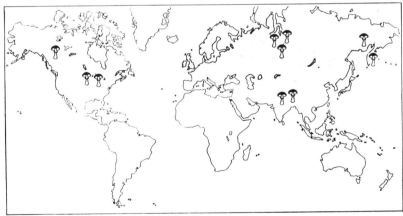

Amanita muscaria ist ein Pilz, der in den nördlich-gemäßigten Klimazonen heimisch ist, wie diese Karte zeigt. Er wurde in beiden Hemisphären als Halluzinogen benützt. Seine Bedeutung als Halluzinogen in der Neuen Welt wurde erst vor kurzem entdeckt.

nommen. Er bewirkte eine extatische Verschmelzung mit der Ewigkeit und den Göttern. Er schenkte Visionen von der wirklichen Welt, machte unsterblich, unbesiegbar, verhalf zu glückseligen Liebesregungen. Wahrscheinlich war Soma ein Oberbegriff und bezeichnete eine Reihe von psychoaktiven Pflanzen. Doch dürfte es als sicher gelten, daß der Fliegenpilz in Soma enthalten war. Die Ägypter nannten ihn Rabenbrot, eine Bezeichnung, die sich auch in Ost- und Mitteleuropa bis heute erhalten hat. Auch die Anhänger des Dionysos verzehrten bei ihren Mysterien den Pilz, der enorme Körperkraft, erotische Potenz, wahrhafte Visionen und prophetische Gaben verlieh. Bei den Germanen war der Pilz Wotan-Odin zugeordnet. Der Sage nach entstehen Fliegenpilze dort, wo der Schaum aus dem Maul von Odins Pferd auf die Erde tropft. Der Name Rabenbrot deutet in seiner germanischen Wurzel auf die beiden Raben Odins hin, der deutsche Name Fliegenpilz leitet sich wahrscheinlich von der Fliege als Zaubertier oder der Kraft des Pilzes, den Menschen fliegen zu lassen, her. Jacques Brosse schrieb über den Fliegenpilz: "Aber das Geheimnis der Rolle, die die Birke in den schamanistischen Zeremonien spielt, beruht eher auf ihrer symbiotischen Verbindung mit dem Fliegenpilz, den die Schamanen essen, um den Trancezustand herbeizuführen. Der Fliegenpilz bildet Lebensgemeinschaften mit den Wurzeln bestimmter Bäume, aber am liebsten ist ihm die Birke; an ihrem Fuß hat man die meiste Aussicht, ihn zu finden. Am zweithäufigsten wächst er bei der Fichte, die bei den sibirischen Völkern oft als Weltenbaum gilt. Ißt man vom Fliegenpilz, so wird man zuerst für eine Weile schläfrig, aber später wird man aufgeregt und angeregt, die großen körperlichen Leistungen zu vollbringen, die so berühmt sind."

Die ersten Wirkungen treten ungefähr eine Stunde nach der Einnahme auf. Das Gesicht hellt sich auf, der Körper wird von einem leichten Beben durchlaufen, dann gerät er in einen Zustand lärmender Aufregung, manchmal mit aphrodisischen Nebenwirkungen. Der vom Pilz Berauschte tanzt, lacht laut, dann wieder zeigen sich jähe Wutanfälle mit Heulen und Schimpfen. Er hat akustische und visuelle Halluzinationen; die Form der Gegenstände ändert sich, ihre Umrisse sind verdoppelt. Dann wird er blaß und völlig bewegungslos, als sei er in tiefstem Erstaunen befangen. Nach ein paar Stunden kommt er zu sich und weiß nichts von dem Anfall, den er erlebt hat. So berichtet J. M. Pelt in seinem Buch, Drogues et Plantes Maqigues, in Westeuropa wurde der Fliegenpilz meist für schädlich gehalten.

Schon im 16. Jahrhundert berichtete der Botaniker Jean Bauhin, er heiße in Deutschland der Pilz der Verrückten. Der Volksglaube bringt ihn oft mit der Kröte, dem Tier der Hexen in Zusammenhang. Er steht wie sie mit den düsteren Mächten der Unterwelt in Verbindung und andererseits mit dem Mond und dem Regen. Im Englischen ist einer der populären Namen des Pilzes Toadstool, d. h. Krötenstuhl. Alle diese scheinbar unzusammenhängenden Einzelheiten deuten auf einen gemeinsamen Fluchtpunkt hin: den schamanischen Gebrauch des Fliegenpilzes.

Als Knabe hatte ich einmal ein seltsames Erlebnis mit Amanita. Ich saß unter einer großen, mächtigen Fichte, es war die Zeit des Frühherbstes, der moosige Boden war voller Morgentau und tausende silberner Spinnweben durchfunkelten den morgendlichen Wald. Ich schwänzte mal wieder die Schule und fühlte mich so richtig wohl, bei dem Gedanken an meine pflichtbewußten Mitschüler, sollten die nur einmal lernen. Direkt vor mir wuchs ein herrlicher Fliegenpilz, er gefiel mir so gut, daß ich ihn ewig lange anstarrte, plötzlich regten sich in mir Gedanken, wie ich sie nie zuvor gedacht hatte. Ich wollte mit einem Male so sein wie dieser Pilz hier in seiner einzigartige Schönheit, einfach nur Tag und Nacht an diesem Platze verweilen, den Liedern der Vögel lauschen, Rehe und Hasen beobachten, den gleitenden Flug des Bussards und Sperbers erspähen, ja dies war für mich etwas ganz Großartiges und dieser Gedanke hat mich mein Leben lang nicht mehr losgelassen, und oft habe ich später dieses Gefühl wieder in mir gefunden: Dieses in der großen Gemeinschaft mit Baum, Stein und Tier bin ich nicht alleine. Erst später wurde mir klar, daß ich mich an jenem schönen Frühherbsttage das erste mal bewußt mit einem Wesen aus dem Pflanzenreich unterhalten hatte. Und wenn ich heute bei meinen Waldgängen Fliegenpilzen begegne, dann habe ich großen Respekt vor ihnen, manchmal treffe ich auch ei-

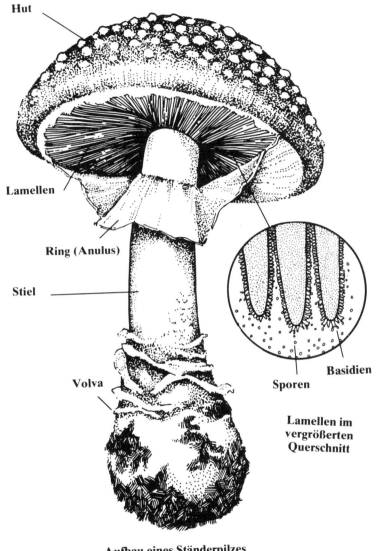

Aufbau eines Ständerpilzes

- Hut
- Lamellen
- Ring (Anulus)
- Stiel
- Volva
- Sporen
- Basidien

Lamellen im vergrößerten Querschnitt

nen besonders prächtig aussehenden unter ihnen, dann weiß ich, dies ist der König aller Fliegenpilze, eine Inkarnation jenes großartigen Wesens meiner Kinderzeit. Wohl verhielt es sich so wie mit der Rose Platons: Jede einzelne Rose ist ein Abbild der archetypischen Rose, der Urrose, die, indem sie in das materielle Dasein hinuntersteigt, in abertausende Einzelexemplare zerschellt. Die Einzelpflanze verhält sich zur Pflanze an sich, wie die Einzelbiene zum Stock, die Einzelzelle zum Organismus, der Tropfen zum Meer. So opfert sich die Pflanze in die Erscheinungswelt hinein. Noch viele Begegnungen sollten dieser ersten schamanistischen Begegnung mit einem Pflanzenwesen folgen.

Trotz vieler Verleumdungen ist er nicht wirklich giftig. Alle modernen Untersuchungen stimmen darüber überein, daß Amanita muscaria, im Gegensatz zu Amanita phalloides, dem tödlichen Knollenblätterpilz nicht giftig ist, d. h. nicht tödlich giftig wie sein Verwandter. Auch die populäre Etymologie, wonach man den Namen Fliegenpilz von einer Verwendung als Fliegengift ableiten müsse, ist falsch. Wenn man nämlich experimentell prüft, was mit einer Fliege geschieht, die von Milch getrunken hat, in der Fliegenpilze eingeweicht wurden, beobachtet man, daß sie nur scheintod wird. Sie fällt zwar nach kurzen Flugversuchen betäubt nieder, erhebt sich aber nach einiger Zeit gesund wieder. Der Ausdruck bezieht sich also eher auf das Fliegen als auf die Fliege.

Für die Orolschen, ein tungusisches Volk, reinkarnierten sich die Seelen der Toten im Mond als Fliegenpilz und kamen, so verwandelt, auf die Erde zurück. Über einen in Sibirien sehr verbreiteten Volksglauben berichtet der finnische Historiker Uno Halmberg-Hava in Siberian Mythologie: Der Geist der Birke ist eine Frau reifen Alters, die manchmal zwischen ihren Wurzeln erscheint, manchmal aus dem Stamm hervortritt, wenn man sie in guter Absicht beschwört. Sie zeigt sich bis zur Mitte mit gelöstem Haar und streckt die Arme aus; ihre Augen blicken den Gläubigen ernst an und sie präsentiert ihm ihre nackte Brust. Wenn er ihre Milch getrunken hat, fühlt der Mensch seine Kräfte verzehnfacht. Wie R. Gordon Wasson, der Kenner der psychedelischen Pilze, bemerkt, handelt es sich fast sicher um den Geist des Fliegenpilzes: Sind diese Brüste etwas

anderes als der Busen, Udhan, des Rig-Veda, der milchspende-
de Hut des Pilzes. In einer Variante derselben Erzählung gibt
der Baum einen himmlischen, gelben Saft ab. Handelt es sich
nicht um das gelbrote Paramana des Rig-Veda? Wasson, der
lange Zeit die Wirkungen der verschiedenen und zahlreichen
Pilze mit psychedelischen Inhalten in der ganzen Welt erforscht
hat, ist heute überzeugt, die bisher so geheimnisvolle Pflanze
gefunden zu haben, aus der man den Somatrank gewann. Wie
schon anfangs bemerkt, von den Ariern als Gottheit verehrt
und in hundertundzwanzig Gesängen des Rig-Veda gefeiert, ist
der Soma der König der Pflanzen, der König und Lenker der
Wasser – aber auch ihre Urquelle – manchmal auch der König
der Götter und der Sterblichen, oder alles dessen, was die
Sonne sieht, der König der Welt. Sein Saft ist der Regen, der die
Pflanzen wachsen läßt, und deren Saft selbst, das Lebenselexier,
das Vorbild und die Essenz jeder lebensspendenden Flüssigkeit,
das nährende Prinzip der Speisen und Getränke, als auch die
Milch der Kuh und der Samen des Hengstes in seiner männlichen Kraft. Diese Erwähnung des Pferdes ist hervorzuheben.
Das Agnistoma, die Opferung des Soma, der vor der Dar-
bietung rituell ausgespreßt wurde, sollte die Götter erfrischen,
besonders Indra, den Gott des Blitzes und der Krieger, der ihn
bis zum Mißbrauch liebte, aber er war auch eine magische
Zeremonie von großer Wichtigkeit: Der Soma, perlend und
fließend, läßt den Himmel weinen. Der Soma wurde also in
Verbindung mit Blitz und Regen zusammen mit Agni gefeiert,
wie der Name dieses Rituals besagt. Mit Agni, dem vom
Himmel herabgestiegenen Gott des Feuers, bildete der Soma eine Polaritätsbeziehung, ein Paar. Im übrigen wurde der Soma
mit dem Mond als dem Aufenthaltsort der Toten identifiziert.
Anders gesagt, der Gott Soma besaß viele auch für den
Weltenbaum und besonders für den Baum des Schamanen, die
Birke, charakteristische Züge. Die Beschreibung, die in den al-
ten Sanskrittexten von der Pflanze gegeben wird, paßt nach
Wasson sehr gut auf den Fliegenpilz. Im Rig-Veda wird er mit
einer weiblichen Brust verglichen, die mit Tropfen ihrer göttli-
chen Milch besprengt ist, was an die weißen Schuppenreste der
Haut erinnert, die den Hut zieren. Nun konzentriert sich das
Muscarin, die Substanz, die für die Verwirrungen verantwort-

lich ist, die sich nach dem Verzehr des Pilzes zeigen, vor allem in der Haut des Hutes. Die Hymnen vergleichen die rote glänzende Haut der Pflanze mit der Haut des roten Stieres, auf die der Soma in der ersten Phase des Opferrituals gelegt wurde. Die Hymnen sagen ferner, der Soma leuchtete tagsüber und sei in der Nacht von silbernem Weiß. Am Tag zeigt der Fliegenpilz das märchenhafte Schauspiel seiner Farben, und in der Nacht verblassen letztere, und nur die Fragmente der weißen Hülle sind im Mondlicht sichtbar, wie übrigens auch die Rinde der Birke. Schließlich hat der Fliegenpilz eine ganz besondere, in der Pflanzenwelt vielleicht einzigartige Eigenschaft, die auf merkwürdige Weise diese Identifikation bestätigen könnte. Das aktive psychedelische Prinzip, das Muscarin, geht sehr rasch in den Urin über, dessen, der es zu sich nimmt. Die Völker des nordöstlichen Sibiriens kennen diese Besonderheit so gut, daß sie sich, vielleicht dem Beispiel der Rentiere folgend, die Urin und Fliegenpilz mögen, angewöhnt hatte, den Urin der Fliegenpilzesser zu trinken und die Wirkung hielt bis in die vierte oder gar fünfte Generation der Trinker an. Nun wird aber im Rig-Veda mehrmals gesagt, daß die Götter vor allem Indra, reichlich Soma pissen. Möglicherweise ist es also der somahaltige Urin der Götter, von dem man glaubte, daß die vedischen Priester ihn tränken. In seinem Buch "Die weise Göttin" schreibt Robert von Ranke-Graves: Das wichtigste mänadische Rauschmittel war wohl Amanita muscaria, der weißgefleckte Fliegenpilz, der allein die nötige Zauberkraft verleiht. Hier werden wir an Phoroneus, den Frühlingsdionysos und Erfinder des Feuers erinnert. Er erbaute die Stadt Argos, deren Emblem laut Apollodor eine Kröte war; und Mykene, die Hauptfestung von Argolis, trug nach Pausanias diesen Namen, weil Perseus, der sich zum Dionysos-Kult bekehrt hatte, auf ihrem Grund einen Fliegenpilz gefunden hatte. Dionysos hatte zwei Feste – im Frühling das Anthesterion, das blumensprießen- und das herbstliche Mysterion, das vermutlich soviel heißt wie Spriessen der Fliegenpilze; Mykosterion war als Ambrosia, Speise der Götter bekannt. War Phroneus auch der Entdecker eines dem Fliegenpilz innewohnenden göttlichen Feuers und mithin sowohl Phryneas (Krötenwesen) als auch Fearinus, d. h. Frühlingswesen: Amanita Muscaria, wenngleich kein Baum, wächst doch unter einem Baum; nördlich von Theakien und in den keltsichen Ländern bis zum Polarkreis stets unter einer Birke. Südlich von Griechenland und Palästina aber, bis zum Äquator, unter einer Tanne oder Fichte. Im Norden ist Amanita scharlachrot, im Süden eher fuchsrot ...

Einer meiner ersten Begegnungen mit Amanita habe ich in meiner Schilderung "Im Bann des Pilzes" festgehalten, die ich hier nochmals wiedergeben möchte: Der Oktober war ins Land gezogen und die Nächte hatten an Kühle schon empfindlich zugenommen. Den ganzen Tag waren wir schon unterwegs gewesen, hatten intensiv nach Fliegenpilzen Ausschau gehalten und gesammelt.

Dieses Jahr bescherte uns Mutter Erde eine paradiesische Pilzschwemme. Für das Ritual, das diese Nacht stattfinden sollte, benötigte jeder von uns dreien sieben Pilze, nach Möglichkeit mit je sieben Punkten. Bis zum Abend hatten wir es geschafft und unsere magische Frucht eingebracht. Einen Tipi aus grüner Plane hatten wir Tage zuvor in einem dichten Fichteinhain aufgestellt. Wir hatten ihn aus neun armdicken Ebereschenstämmen errichtet. In der Mitte des Zeltes befand sich eine Feuerstelle aus sieben großen Sandsteinen gefertigt. Etwa zwanzig Meter vom Tipi entfernt floß ein Bächlein durch den Fichtenhain. Bei mir war es nicht die erste schmanische Seance, meine beiden Begleiter was das erste Mal dabei. Nach Sonnenuntergang zündeten wir im Innern des Zeltes ein Feuer und achteten darauf, daß sich für die Nacht eine Menge Glut ansammelte. Ich erklärte meinen Begleitern, daß sich nur durch intensive Konzentration eine Vision erreichen ließe und so saßen wir zunächst mindestens zwei Stunden regungslos, meditativ verharrend vor dem Lagerfeuer. Manchmal warfen wir einen Scheit Buchenholz in die Glut. Am Himmel gingen der Mond auf, irgendwo lockte ein Käuzchen aus der kühlen Waldnacht. Mäuse raschelten im Gebüsch, ein Schatten und lauteres Knacken im Unterholz ließen mich vermuten, daß ein Dachs umherstrich. Meine beiden Begleiter waren Großstädter, ihre Ohren waren nicht auf die Geräusche des nächtlichen Waldes eingestellt. Sie nahmen sie wahr, konnten sie aber nicht lokalisieren. Fragende Blicke trafen mich. Es waren ungefähr zwei Stunden vergangen seit Aufgang des Mondes, als wir mit dem

Fliegenpilzsakrament begannen. Meine städtischen Bekannten wußten nicht um die Eigenschaft der Fliegenpilze, denen man im Ritual mit Ehrfurch und Respekt begegnen sollte, da er sonst Angst und Schrecken hervorrufen wird. Ich war bereit, rückwärts oder vorwärts durch die Zeiten zu reisen, eine andere Ebene der Existenz zu betreten. Ich forderte meine Begleiter auf, mit dem Ritual zu beginnen, und langsam und bedächtig aßen wir unsere Pilze. Das Feuer war bis auf die Glut herabgebrannt, der feuchte Fichten- und Moosgeruch, der von außen her ins Tipi drang, wurde stärker. Wir hatten eine kleine Trommel dabei, die ich langsam zu schlagen begann. Der Trommelschlag wurde unheimlich klar, durchdrang meinen ganzen Körper, Dunkelheit umgab uns, und die glühenden Holzscheite erschienen in einem seltsamen Rot. Mein Körper wurde schwer wie Blei, doch meine Gedanken, die ich förmliche spürte, schwingten sich hoch, durch das Rauchloch den Tipi verlassend und ebenso schnell wieder zurückkehrend. Ich fühle mich unendlich frei, war ganz Empfänger von Tönen, die aus der Erde und aus dem All zu kommen schienen. Meine Begleiter lagen auf dem Boden, anscheinend in Schlaf oder Bewußtlosigkeit versunken, ich hatte mit dem Trommeln aufgehört. Durch den Rauchabzug des Tipis starrte ein Stern auf mich, ich sah ihn lange an, plötzlich löste sich etwas Glühendes von ihm, schwebte leicht wie eine Feder aus dem All ins Tipi. Es war ein farbiger Lichtpunkt, der sich langsam in ein Auge verwandelte, das über der Glut der Feuerstelle schwebe, ich sah es deutlich und klar, spürte, daß ich es anfassen konnte, wenn ich nur wollte, und doch, ich nahm es mehr mit einem Gefühl wahr, einem Gefühl, das unbenennbar, unbeschreiblich war. Ich war getrennt von Zeit und Raum, was ganz im Bann von Amanita, dann hörte ich klar wie nie zuvor in meinem Leben den Ruf des Waldkauzes, ich legte die Hände zusammen und rief zurück. Es entstand eine richtige Kommunikation, ja ein Gespräch zwischen mir und dem Waldkauz, waren es Minuten oder Stunden, ich weiß es nicht mehr. Irgendwann schlief ich ein. Nach Stunden erwachte ich, mir war als hätte in meinem Innern eine Explosion stattgefunden, für kurze Zeit war die ganze Umgebung in wahnsinnige, skurile Farben getaucht. Meine beiden Begleiter waren verschwunden, ich verließ das Zelt, der Morgen dämmerte, im

Freien spürte ich sofort, daß die Wirkung der Pilze nachließ. Ich hatte das Gefühl, daß die Bäume langsam auf mich zukamen, doch von Minute zu Minute kehrte ich in meine Alltagsrealität zurück. Die ersten Stunden fühlte ich mich verkatert, doch bis zum Mittag war mein Körper wieder in alter Frische erstärkt. Meine beiden Begleiter kehrten aus dem Walde zurück, fürchterlich angeschlagen, sie hatten die Nach irgendwo im Gebüsch verbraucht, konnten noch nicht über ihre Erfahrungen sprechen, gegen Abend verließen sie den Wald, ich blieb alleine zurück, eine Nacht wollte ich hier noch alleine verbringen mit meinen Gedanken bei Amanita.

In vielen Begegnungen mit Amanita, da er mir in den verschiedensten Verkörperungen erschien, lehrte er mich ein Stückchen Daseinserkenntnis. Er lehrte mich, die äußere Natur als eine Analogie zur inneren Natur zu sehen. Er lehrte mich auch, das Göttliche im Menschen zu erkennen. Das Göttliche zu begreifen. Im Banne Amanitas mag uns Gott wie ein vielfältiger Kristall erscheinen, er spiegelt sich immer wieder neu, vom dunklen Schwarz bis zum hellsten Licht, in allen Berechnungen und Farben, denn er ist in der Made, die der Vogel aus der Rinde zieht, und er ist das Wesen des Baumes, an dem der Kleiber klettert. Er ist in der uns umgebenden Natur. Er ist nichts und doch alles. Das Nichts freilich ist im gewöhnlichen Verstehen leere Nichtigkeit, es kann auch die ganze Erfüllung, die höchste kreaturlose, eigenschaftslose, innerste Wirklichkeit, also die Gotteswesenheit selber sein. Die Seele des Menschen besitzt Gott, wenn sie nicht mehr in sich hat. Wenn sie Leere hat. So lehrte mich Amanita. Wenn die Spuren der Zivilisation und deren Errungenschaften keinen Einfluß mehr auf den Menschen, letztendlich auf seinen Kern, seine Seele haben. Gott ist das große Du außerhalb unser, er ist die verhüllte Natur und die hervorbrechende Urgewalt, die Gottheit ist der Baum am Wegesrand, die Quelle im Wald, die Blume auf der Wiese, der Schmetterling, der auf ihr sitzt.

Ein Männlein steht im Walde

Volkslied

Ein Männlein steht im Walde auf einem Bein
und hat auf seinem Haupte schwarz Käpplein klein.
Sagt, wer mag das Männlein sein, das da steht im Wald allein
mit dem kleinen schwarzen Käppelein?

Hoffmann von Fallersleben

Der Pantherpilz (*Amanita pantherina*)

In Laub- und Nadelwäldern Europas wächst dieser Pilz vom Juli bis Oktober und hat schon häufig durch seine hellen Abarten auch in Deutschland Anlaß zu zahlreichen Vergiftungen gegeben. Viele Pilzsammler verwechseln ihn mit dem Grauen Wulstling (*A. spissa* (Fr.) Quel.) oder dem eßbaren Perlpilz (*A. rubenscens* Pers. ex Fr. S. F. Gray).
Als typische Kennzeichen werden für den Pantherpilz angegeben:
1. Weiße, meist kreisförmig angeordnete Hüllreste
2. Der geriefte Hutrand
3. Die ungeriefte Manschette
4. Die Wulst am Stielgrunf.

In seiner Giftigkeit ähnelt er dem Fliegenpilz und ruft sehr schnell atropinartige Erscheinungen, wie Krämpfe, Seh- und Sprachstörungen, Wahnvorstellungen, rauschartige Zustände, die sich bis zu Tobsuchtsanfällen steigern können, hervor. Durch ärztliche Hilfe können sie schnell beseitigt werden. Früher wurde der Pantherpilz wie der Fliegenpilz zum Töten von Fliegen benutzt.

Unterscheidungsmerkmale nach Engel:

	Pantherpilz	Wulstling Grauer oder Gedrungener	Perlpilz
	stark giftig!	unschädlich, aber zu meiden	eßbar
Hut	braun bis fast weiß	braun bis grau	hell rötlichblau
Hüllreste	weiß, kreisförmig angeordnet	grau, mehlig	blaß bis rötlichgrau
Hutrand	deutlich gerieft	ungerieft	ungerieft
Blätter	weiß	weiß	weiß, bräunend
Stiel	weiß, schlank	weiß bis grau, stämmig	weiß, rötend
Manschette	ungerieft	gerieft	gerieft
Knolle	mit scharf abgesetzter Hauttasche	mit undeutlichen Wulstresten	mit undeutlichen Wulstresten
Fleisch	weiß	weiß, unter der Haut grau	weiß, rötend

Kleinwüchsige Zauberpilze Europas

Darstellung der Psilocybe semilanceata durch Sowerby (London 1803).

Abb. 16 **Beschreibung:** *Psilocybe semilanceata* (Fr.) Quél. (= *Geophila semilanceata* Quél)
Hut gelbgrünlich bis braunoliv, oft blaugrün-fleckig, mit zartgeriefter, schmieriger, leicht abziehbarer Oberhaus; kahl ohne Velum, spitzkeglig mit mehr oder weniger scharf ausgepräger spitzer Papille, höher als breit, sehr dünnfleischig, 2 cm breit und 2,5 cm hoch (1,5/1,7 cm oder 1,2/1,5 cm) mit anfangs eingebogenem Rand. Stiel 8 – 10 cm manchmal bis 15 cm lang, schlank, 2 – 3 mm dick, hellockerfarbig bis blaßbräunlich, Stielbasis häufig blaugrün gefärbt, faserig, etwas seidig-glänzend, bisweilen aufwärts verdickt, knorpelig-weißmarkig-wattig gefüllt; immer wellig-verbogen. Lamellen oliv-braun bis dunkelrotbraun mit weißer, flaumiger Schneide, gedrängt, aufsteigend, schmal, leicht bauchig-lanzettlich; bei kleinen Stück fast linear angeheftet. Fleisch im Hut blaß-gelblich, im Stiel bräunlich werdend, ohne auffälligen Geruch oder Geschmack. Sporen länglich-elliptisch, erst grauviolett dann gelbbraun durchschneidend, glatt, mit Keimporus, 11 – 15 x 6,4 – 8 um; Sporenstaub purpurbraun. Zystiden an der Blattschneide zahlreich, spindelig-pfriemlich, 22 – 27 x 6 – 8 um. Basidien 4sporig, 25 – 35 x 8 – 10 um.
Pilzbeschreibung nach Michaelis (1977).

Psilocybe semilanceata (Fr.) Quél. (Spitzkegliger Kahlkopf)
Nachweis von Psilocybin in deutschen Funden
von H. Michaelis
Im Oktober 1972 fand ich in Thüringen *Psilocybe semilanceata* (Fr.) Quél., die nach Heim (1969) die einzige Psilocybin enthaltende Psilocybeart in Europa und nach Ricken ein häufig vorkommender Pilz ist. Da die Untersuchung von Pilz-Inhaltsstoffen zunehmend an Bedeutung gewinnt und in USA, Kanada, England, Frankreich und der Tschechoslowakei in dort wachsenden *P. semilanceata* Psilocybin nachgewiesen wurd, sollte mit diesem Beitrag festgestellt werden, ob dies auch für in Deutschland (Bundesrepublik und DDR) wachsende Pilze dieser Art zutrifft.
Erste Publikation über den Psilocybingehalt deutscher Pilzproben.

Aquarell der Psilocybe semilanceata aus dem Jahre 1927 (Deutschland).

189. Spitzkegeliger Kahlkopf. Wertlos. Psilócybe semilanceáta Fr.

Der Hut ist bleibend kegelig-glockig, in der Mitte spitzlich oder stumpflich, fast warzenartig gebuckelt, anfangs öfter höher als breit, am Rand eingeknickt-umgebogen, später 1 1/2 bis 4 cm breit, hygrophan, im feuchten Zustande schmutzigolivbraun, am Rande durchscheinend gerieft, alsdann in der Mitte ockerfarben oder grünlichgelb, weiterhin schmutzigblaßgelb, öfter zum Teil grünfleckig, nur noch am Rande mit einer dunklen, durchwässerten Zone versehen, wenn ganz trocken, ungezont und ungestreift, kahl, schleierlos, mit einer lange schmierigklebrig bleibenden, trocken glänzenden, leicht abziehbaren Oberhaut bedeckt, dünnfleischig.

Die Blätter sind olivbraun bis schwärzlichpurpurbraun, an der Schneide lange weiß, ziemlich gedrängt, fast linear oder buschig, bis 3 1/2 cm breit, am Stiel erst angewachsen oder angeheftet, später frei.

Die Sporen sind länglich-elliptisch, groß, 12 bis 16 u lang und 6 bis 8 u breit, glatt. Der Sporenstaub ist schwärzlichpurpurbraun.

Der Stiel ist sehr schlank, fast gleichmäßig dünn, stets verbogen, 6 bis 12 cm lang und 1 1/4 bis 2 mm dick, gelblich oder weißlich, an Druckstellen bläulichgrün, seidig-glatt, etwa in der Mitte wie durch Schleierreste gefasert, oben weiß bereift, saftig berindet, brüchig, von einem weißen, wolligen Markstrank durchzogen.

Das Fleisch des Hutes ist in trockenem Zustande blaßgelblich, das des Stieles, besonders unten, ockerbraun. Es ist geruchlos und schmeckt mild.

Der Pilz wächst von August bis Oktober gesellig, oft scharenweise, auf Triften und an Wegen auf gänzlich verrottetem Dung. Er ist nicht gerade selten.

Die vorzügliche Psilocybe semilanceata-Beschreibung von Michael/Schulz (1927).

757. Psil. semilanceáta (Fr. 1818). **Spitzkegeliger Kahlkopf.** Taf. 66, Fig. 6.

H. braunoliv oder *grünlichgelb*, zartgerieft, mit schmieriger, leicht abziehbarer Haut, kahl und nackt, auch ohne Spur eines Velums, *bleibend-spitzkegelig, höher als breit* 1,5/1,5 – 2, mit anfangs eingeknicktem Rande, fast häutig. St. bräunlichblaß, fast seidenglänzend, faserig, fast gleichdünn 7 – 10/2, bisweilen aufwärts fast verdickt, wellig-verbogen, knorpelig, markig-ausgefüllt oder innen weißwollig. L. olivbräunlich, schl. *rotbraun* mit weißer, gefranster Schneide, aufsteigend, angeheftet. Fl. feucht gleichfarbig, trocken blaß, mild, geruchlos.

Auf Triften, an Graswegen, gesellig 9 – 10. Nicht selten. Sp. länglich-elliptisch 12 – 16/6 – 8 u, glatt, 25 – 30/8 – 10 u, Cyst. an Schneide, spindelig-pfriemlich 20 – 25/4 – 5 u. Eine durch den bleibend-schmalkegeligen, grünlichen, schmierigen Hut auffallende und sehr bestimmte Art, stets mit aufsteigenden, fast linearen Lamellen.

Rickens Definition der Psilocybe-Art (1915).

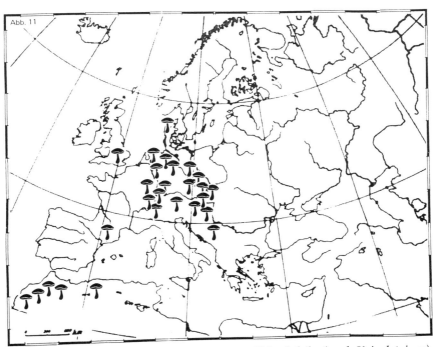

Psilocybe cyanescens in Europa und Nordafrika (nach Krieglsteiner).

Aquarell des Panaeolus subalteatus aus dem Jahre 1927 (Deutschland).

192. Gezonter Düngerling. Wertlos. Panaeolus subbalteátus Berk. u. Br.

Der Hut ist flachglockig, stumpf, in der Mitte öfter etwas gebuckelt, meist 3 bis 4, manchmal auch bis 5 cm breit, hygrophan, im feuchten Zustande rotbraun, trocken blaß, bräunlichfleischfarben, am Rande eine Zeitlang durchwässert dunkler gezont, glatt oder etwas runzelig, kahl, schleierlos, ziemlich fleischig.

Die Blätter sind erst rotbräunlich, schließlig rußig-schwarz, ziemlich gedrängt, bauchig, 7 bis 8 mm breit, dicklich, am Stiel angeheftet, später von ihm getrennt.

Die Sporen sind fast zitronenförmig, 13 bis 14 u lang und 8 bis 9 u breit, glatt, schwarz, undurchsichtig.

Der Stiel ist schlank, fast gleichmäßig dick, oft verbogen, 4 bis 8 cm lang und 3 bis 4, seltener bis 5 mm dick, rotbräunlich, seidig-faserig, nur oben schwach bereift, engröhrig-hohl, zerbrechlich.

Das Fleisch ist blaß, geruchlos und von mildem Geschmack.

Zeit und Standort: Der Pilz wächst von Juni bis Oktober büschelig, fast rasig, an grasigen Orten, besonders üppig auf gedüngten Äckern, kommt aber seltener vor.

Panaeolus subalteatus im Pilzbuch von Michael/Schulz aus dem Jahre 1927.

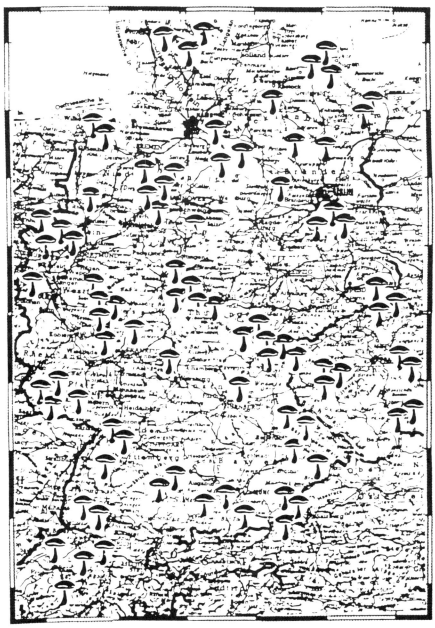

Psilocybe semilanceata in Deutschland und angrenzenden Gebieten (nach Krieglsteiner).

Dunkelrandiger Düngerling (Panaeolus subbalteatus). *Gewölbt-ausgebreitet, lehmbraun mit dunkler Randzone.* Hut 2 – 4 cm, gewölbt, bald leicht gebuckelt ausgebreitet, glatt, jung kastanienbraun, von der Mitte aus verblassend bis lederfarben-lehmbraun, aber fast immer mit kastanienbrauner Randzone, ohne Schleier. Lamellen marmoriert, allmählich fast schwarz. Stiel recht kräftig, schwach gerieft, mit etwas Hutfarbe. – Auf gedüngtem Boden. Recht häufig.
Beschreibung des Gezonten Düngerlings im Jahre 1962.

Eine Düngerlingvergiftung in Bremen
Von W. Neuhoff
Vergiftungen durch die schwarzsporigen Düngerlinge *(Panaeolus)* kommen anscheinend nur selten vor. Bekanntgeworden sind bisher vereinzelte Fälle aus Nordamerika und England. Die Schilderung des Krankheitsverlaufes geht im wesentlichen zurück auf Louis C. C. Krieger – "A popular guide to the higher fungi (mushrooms) of New York State", 1935, S. 147 –, der die Symptome als ähnlich denjenigen einer Alkoholvergiftung beschreibt: Schwierigkeiten beim Stehen und Gehen, unzusammenhängendes und unangebrachtes Reden und Lachen, visionäres Schwanken oder Tanzen von Gegenständen der Umgebung. Hinzu kommen bemerkenswerte Halluzinationen prachtvoller Farbenzusammenstellungen. Äußerlich besonders auffallend sind die geröteten Augen und die Erweiterung der Pupillen.
Erste Erwähnung einer Vergiftung mit Düngerlingen aus Deutschland (1957).

Der schlafende Elfenkönig Richard Doyle (1870)

Psilocybe cyanescens an natürlichem Standort (USA).

1. Panaeolus cyanescens (Bk. & Br.) Sacc. – Syll. Fung. 5: 1123 (1887)
Bas.: *Agaricus cyanescens* Bk. & Br. – Journ. Linn. Soc. 11: 557 (1871)
Deutsche Namen: Blauender Düngerling, Falterdüngerling.
Synonyme:
Copelandia papilionacea (Bull.) Bres., non Fr. – Hedwigia 53: 51 (1913)
Campanularius anomalus Murr. – Mycologia 10: 32 (1918)
Panaeolus anomalus (Murr.) Sacc. & Trott. – Syll. Fung. 23: 323 (1925)
Campanularius westii Murr. – Lloydia 5: 154 (1942)
Panaeolus westii (Murr.) – Lloydia 5: 157 (1942)
Copelandia westii (Murr.) Sing. – Mycologia 36: 552 (1944)
Copelandia cyanescens (Bk. & Br.) Sing. – Lilloa 22: 473 (1951)
Copelandia cyanescens (Bk. & Br.) Boedijn – Sydowia 5: 222 (1951)
Dieser mittelgroße Düngerling ist durch sein blauendes Fleisch und die an den Lamellenflächen vorkommenden dickwandigen Zystiden (Metuloiden) gut gekennzeichnet. Die ziemlich breiten, glatten, deutlich abgeflachten Sporen tragen einen breiten Keimporus. Maße: 11 – 14 (15) x 8 – 11 x 6,5 – 8 um. Der 1 – 4 cm breite Hut ist weder hygrophan noch schmierig. Die Farben sind, wie bei allen Düngerlingen, sehr veränderlich und variieren von dunkelbraun bis hin zu hellgrau. Ein Velum ist nicht vorhanden.
Synonyme von Panaeolus cyanescens nach Gerhardt.

Psilocybe cyanescens in Deutschland und angrenzenden Gebieten (nach Krieglsteiner).

Inocybe aeruginascens im Rasen.

Beschreibung
Hut: 2 – 3 cm, trocken, mittelbräunlich, nach dem Rand zu radialfaserig, im Jugendstadium stumpfkegelig, dann ausgebreitet, in der Mitte gebuckelt, spitz zulaufend, Rand nicht selten etwas eingebogen, Farbe des Buckels etwas dunkler, mitunter etwas oliv- bis blaugrünlich gefärbt.
Lamellen: zuerst im Jugendstadium hell, später ton-, oliv- bis tabakbraun, normal dichtstehend.
Stiel: 3 – 4,5 cm, 2 – 5 mm Durchmesser, zur Spitze hin etwas verbreitet, seidig gestreift, nur an der Spitze bereift, Basis knollig, jung weißlich, am Standort bald, vom Stielgrund her, bis etwa zum Mittelteil außen mehr oder weniger deutlich blaugrün verfärbend, nach dem Längsschnitt durch den Fruchtkörper verfärbt sich auch das Fleisch in diesem Bereich ebenfalls blaugrün.
Sporen: 7 – 9 (12), 4,5 – 5,5 ug, glattwandig, etwas elliptisch.
Zystiden: 46 – 60, 21 – 25 um, auffällig dickwandig und dickbauchig mit Kristallschopf.
Beschreibung der Inocybe aeruginascens aus dem Jahre 1986.

Habitus von Pluteus salicinus.

Grauer Dachpilz (Pluteus salicinus). Grau-rußbraun, *Stielbasis etwas ins Blaugrüne.* Hut 3 – 6 cm, bald abgeflacht-gebuckelt, fein faserig, am Buckel fein schuppig, grau-braun. Lamellen weiß, später lachsfarben. Stil schlank, weiß, unten etwas braunfaserig mit mehr oder weniger Stich ins Blaugrüne. – Auf Laubholzstümpfen. Recht selten.
Beschreibung des Grauen Dachpilzes im Jahr 1962.

MUTTERKORN

Claviceps sp. auf Waldgerste
(Hordelymus europaeus)

Photo von Erwin Bauereiß

Mutterkorn und Roggenbrot
von Dean Latimer

LSD-25 wird aus einer auf Roggen wachsenden Pilzart, dem Mutterkorn oder "Claviceps purpurea", gewonnen, Es bildet die 25. Substanz in der Reihe der Lysergsäure-Abkömmlinge, die von Dr. Albert Hofmann in den Schweizer Sandozlaboratorien aus dem Mutterkorn entwickelt wurde.
Nachdem er im Jahre 1943 zufällig eine kleine Menge davon durch die Fingerspitzen absorbiert hatte und daraufhin ganz überraschend auf einen Trip befördert wurde, taufte er den Stoff mit den "pound-shilling-pence-Initialen" (L-s-d); dieser Name ist wohl inzwischen den meisten von uns recht gut bekannt. Ursprünglich hatte das Mutterkorn der Wissenschaft zur Herstellung einer ganzen Reihe von Arzneien gedient, wie z.B. dem Histamin (zur Einleitung von Wehen), dem Methergin (um Blutungen im Uterus zu stillen) und dem Hydergin (um der Alterssenilität entgegenzuwirken). Für die meisten Leute was das Mutterkorn jedoch nur ein eklig unangenehmer Pilz, der gelegentlich eine Roggenernte zunichte machte, so daß sie weder verkauft noch zum eigenen Verbrauch genommen werden konnte.
Wie in der Encyclopedia Britannica nachzulesen ist, handelt es sich bei "Claviceps purpurea" um "einen Askomyzeten bzw. Schlauchpilz", der in die von ihm befallenen Roggenähren einen süßlichen, gelben Schleim absondert, der nach einiger Zeit wieder verschwindet. Danach hört die Ähre auf zu wachsen, verliert ihre Stärke, und das Pilzgeflecht, das dann im Herbst das Sklerotium bildet, durchdringt mehr und mehr die Fruchtknoten"; mit anderen Worten, das Mutterkorn dringt so geschickt in den Roggen ein und nimmt von ihm Besitz, daß dessen äußeres Erscheinungsbild bis auf ein paar vereinzelte, phallusartige Auswüchse aus gräulich-purpurfarbenem Pilzgewebe unverändert bleibt ... Die einzelnen Erscheinungsformen von Claviceps purpurea sind äußerst vielfältig und können einen auch so manches Mal in die Irre führen. Aber obwohl es ungefähr 20 verschiedene Arten von Mutterkorn gibt, wo immer in

der Welt Roggen angebaut wird, bleibt es doch ein recht seltener Parasit, der nur unter einer ganz bestimmten Abfolge von Witterungseinflüsse entsteht.

Wenn die Roggenernte im August auch nur annähernd gut ausgefallen war, so zollten dies die Bauern der Mutter Korn, d. h. derjenigen, "die das Korn zum Wachsen bringt", mit eindeutig heidnischem Tribut.

Die Mutterkornvergiftung konnte sowohl akut als auch chronisch verlaufen. Die akute Form "Ergotismus gangraenosus", kam vor allem in Frankreich vor. Die chronische Form "Ergotismus convulsivus" trat vor allem in Deutschland unter der Bezeichnung "Nervenkrankheit" in Erscheinung. Der konvulsive Ergotismus gleicht der Epilepsie: Die Gliedmaßen krampfen sich zusammen, die Muskeln arbeiten unkoordiniert gegeneinander, die Hände ballen sich zu Fäusten, die Zunge ragt aus dem Mund, und das ganze Gesicht ist verzerrt; zusätzlich überfallen den Betroffenen heiße und kalte Schauer sowie Leibkrämpfe mit starkem Würgreiz. Diese Anfälle kehren wochen- und monatelang jeden Tag wieder und dauern manchmal stundenlang an; "von der Epilepsie nur dadurch zu unterscheiden, daß die Betroffenen während der Anfälle bei Bewußtsein bleiben", läßt eine Enzyklopädie des 19. Jahrhunderts verlauten.

Daß Mutterkornepidemien mit organisiertem Hexenzauber in Verbindung gebracht werden, ist eine recht ausgefallene Idee neueren Datums. Die großen Hexenverbrennungen in Europa kamen aber erst so ungefähr um 1600 voll in Gang, zu einem Zeitpunkt, als die Mutterkornvergiftung schon 700 Jahre lang auf dem Kontinent gehaust hatte.

Claviceps purpureaia: a) eine sehr junge Roggen-Ovarie im Sphacelia-Stadium; b) ältere Ovarie mit der Sphacelia am oberen Ende, während sich am unteren das Skerotium ausbildet; c) Längsschnitt durch dasselbe Stadium wie bei b) beschrieben – Beispiel a etwa achtmal und Beispiele b und c etwa fünfmal vergrößert.

Kernpilze (Pyrenomycetes.)
Pyrénomycètes, Champignons des céréales.

Mutterforn. Claviceps purpurea.
Ergot de seigle.

MISTEL

Viscum album (ssp. album) auf Apfelbaum   Photo von Erwin Bauereiß

Von Druiden und Bäumen – Mistelernte im Wandel

von Hartmut Ramm

Der Naturhistoriker Plinius berichtet, wann und wie die Mistel in vorchristlicher Zeit gepflückt wurde: Als besonders günstig erschien den keltischen Priestern der 6. Tag nach Neumond. Der Mond ist dann bereits groß genug und hat doch noch nicht die Hälfte seines Alters erreicht. Diese Konstellation symbolisierte ihnen ein Alter von 30 Jahren, das im Leben des Menschen einen bedeutsamen Einschnitt und Übergang darstellt: das Lösen von den Bindungen im Erbstrom und das Erwachen zur Freiheit der eigenen Individualität. Man empfand dies als Geburt in das Sonnenhaft-Bewußte, das sich über das Mondenhaft-Unbewußte erhebt. Kosmisch manifestiert dies die Sichel, die das Sonnenlicht an diesem Tag auf die dunkle Mondenscheibe zeichnet.

Irdisch unterstützten die Druiden dieses Moment, indem sie die Mistel mit einer goldenen Sichel vom Baum und den darin strömenden Wasser- und Salzkräften trennten. Gold gilt als das Metall der Sonne, Wasser und Salz stehen für das Mondenhafte. Feierlich in weiße Kleider gehüllt, bestieg der Priester den Baum und achtete sorgfältig darauf, daß die Mistel nicht den Erdboden berühre – in einem weißen Mantel wurde sie aufgefangen. Weiß ist auch das alle Farbnuancen umfassende Sonnenlicht.

Die Mistel galt den gallischen Druiden als die Allesheilende, vor allem, wenn sie auf der Eiche wuchs.

Heute, auf dem Boden der fast zwei Jahrtausende währenden christlichen Kultur, hat sich die Mistelernte zeitgemäß gewandelt. Noch immer wird größte Sorge getragen, daß die Mistel nicht mit Irdischem in Berührung kommt. Weiße Kleidung dagegen spielt heute genauso wenig eine Rolle wie die goldene Sichel zum Schneiden der Mistel. Was dazumal äußere Signatur sein mußte, lebt heute mehr innerlich.

Noch immer spielt die Eiche eine besondere Rolle unter den beernteten Wirtsbäumen. Vom Umfang bedeutender sind allerdings inzwischen die Misteln vom Apfelbaum und von der Kiefer. In kleinerem Maße gehören auch Ulmen- und Tannenmistel dazu.

Zweimal im Jahr wird geerntet. Um Johanni, wenn die Mistel ganz im vegetativen Wachsen aufgeht, und in der Adventszeit, wenn die Beeren reifen und sie sich anschickt zu blühen.

Aus praktischen Gründen wird der Erntetermin heute nicht mehr am Mondstand ausgerichtet. Wohl aber werden Erntetage, an denen ungünstige Konstellationen die Vitalität der Mistel einschränken, sorgfältig vermieden.

Früher kulminierte die allesheilende Qualität der Mistel in einem bestimmten Zeitpunkt, und äußere Signaturen stützten dieses Moment. Heute entsteht die angestrebte Qualität in einem vom Menschen eingerichteten pharmazeutischen Prozeß. Dieser kulminiert in der sogenannten Drehung, wenn sich die Säfte von im Sommer und im Winter geernteten Misteln in spezieller Weise durchdringend steigern. Die Mistel reift zum spezifisch in der Krebstherapie eingesetzten Heilmittel. Die Drehung findet hauptsächlich in der Osterwoche statt, und nicht selten fällt heute der 6. Tag vor Neumond in die hier kulminierende pharmazeutische Verarbeitung der Mistel.

"Zu jung für diese Welt" – die Mistel in der Mythologie

Im Sommer verbirgt sich die Mistel im Laub der Baumkronen. Sie scheut die Erdenverhältnisse und vermag nicht, wie andere Pflanzen, Erdenstoffe zu sammeln und sich einzuverleiben. Wären da nicht die Bäume, die sie bewirkten, sie hätte keine Existenz auf der Erde. Die Mistel hat nicht gelernt, eine Wurzel zu bilden, sie ist zu jung für die Anforderungen der mineralischen Erde.

"Westlich von Walhall wächst eine Staude, Mistel genannt, die schien mir zu jung", antwortet Frigg, die Asenmutter, auf die Frage eines alten Weibes, ob alle Wesen einen Eid geschworen hätten, dem lichten Baldur keinen Schaden zuzufügen. Hatte

Druide mit Mistelzweigen. Quelle: Sammlung Editions Tchou.

doch Baldur geträumt, daß seinem Leben Gefahr drohe. Daraufhin war Frigg, seine Mutter, ausgezogen und hatte alle Wesen der Welt in Eid genommen, um Baldur in Sicherheit vor allen Gefahren zu wissen.

Auf die gute Nachricht hin feiern die Asen ein Fest und treiben herausfordernd Kurzweil mit Baldur, dem keine Waffe, die auf ihn geworfen wird, etwas anhaben kann. Das mißfällt dem listigen Loki. Er verkleidet sich als alte Frau und erschleicht von Frigg das Geheimnis der zu jungen Mistel. Flugs macht sich Loki auf den Weg nach Westen, reißt die Mistel aus und begibt sich zurück auf das Fest.

Ein wenig abseits des ausgelassenen Treibens steht unbeteiligt der blinde Hödur. Er hat keine Waffe, um den Schutz Baldurs zu versuchen. Er sieht ja auch nicht, wohin er zielen sollte. Loki tritt an Hödurs Seite, beginnt ein Gespräch und ermuntert ihn, auch auf Baldur zu schießen. Er drückt ihm den ausgerissenen Mistelzweig in die Hand, weist dem Blinden die Richtung und drängt ihn, zu werfen. Hödur folgt und wirft den Zweig. Der trifft genau, und augenblicklich fällt Baldur, tödlich getroffen, um.

Lähmendes Entsetzen erfüllt die Asen. Baldur, ihrer aller Liebling, ist tot. Sein böser Traum hat sich erfüllt. Aller Aufwand war umsonst, weil Frigg die Mistel für zu jung gehalten hatte. Die Mistel ist unschuldig schuldig geworden am Tode Baldurs.

Die Erzählung der jüngeren Edda fährt fort mit dem Werben der Asen, Baldur für das Leben zurückzugewinnen und dem schließlich unvermeidlichen Begräbnis. Die Mistel wird nicht mehr erwähnt. Niemand achtet des zu jungen Wesens, dieses Kindes unter den Pflanzen, das in Abgründen der Verzweiflung und Ohnmacht versinkt, als es bemerkt, welches Unglück durch sein Wesen ausgelöst wurde.

Wohl bekannt ist das Schicksal, unschuldig schuldig zu werden, allzu natürlich die Reaktion, sich in sich selbst zurückzuziehen und die Welt zu meiden. Und nur zu verständlich ist, wie die Mistel in der lichterfüllten Welt des Sommers sich verbirgt und sich nicht einlassen mag auf die irdische Welt. Die Frage aber taucht auf: Kann der Mensch, der dieses Schicksal erkennt, die Mistel erlösen, sie, die so gar nicht Erdengeschöpf sein will, zur

Geburt bringen und zu einem erdentauglichen Wesen aufrichten? Trägt die Mistel, verborgen im Innern, Fähigkeiten, die der Hilfe und Ausbildung bedürfen, um der Erdenwelt und den Menschen dienen zu können?

Literaturhinweise

Ackenheil, M.: Bewußtseinsändernde Drogen – "Brücke", Hoechst, 35/1968
Ackerknecht, E. H.: Suchtprobleme im Lauf der Jahrhunderte – "Die Praxis", 60/1971
Ahlheim, Karl-Heinz: Wie funktioniert das? Medikamente – Gifte – Drogen – München 1972
Aigremont: Volkserotik und Pflanzenwelt (Nachdruck von 1907/08) – Brensbach 1978
Alberts: Einwirkungen des Meskalins auf komplizierte psychische Vorgänge – Inaug. Diss. Heidelberg 1920
Alexander, G. M.: Hexenbesen (Ihre Morphologie und Entstehung) – Diss. Utrecht-Rotterdam 1927
Allegro, J. M.: Der Geheimkult des heiligen Pilzes – Wien 1971
Ammon, G.: "Bewußtseinsverändernde" Drogen in psychoanalytischer Sicht – 1971
Andritzky, Walter: "Das Koka-Orakel" – Esotera 3/87: 50 – 57
Andritzky, Walter: Schamanismus und rituelles Heilen im alten Peru (2 Bde.) – Berlin 1989
Andritzky, Walter: Ethnopsychologische Betrachtung des Heilrituals mit Ayahuasca (Banisteria Caapi) unter besonderer Berücksichtigung der Piros (Ostperu) – Anthropos 84, St. Augustin 1989: 177 – 201
Anert, G.: Polecal, V., Hansner, M., Semerdzieva, M.: Halluzinogene Wirkungen zweier Hutpilze der Gattung Psilocybe tschechoslowakischer Herkunft – 2. Ärztliche Fortbildung 74, 933 – 1980
Anrep, B. von: Über chronische Atropinvergiftung – Archiv für die gesame Physiologie des Menschen und der Thiere, hrsg. v. E. F. W. Pflüger, Bd. 21 – Bonn 1880
Arcálides, N.: Toxikogene in Griechenland – Athen 1928
Arends, D., Hickel, E., Schneider, W.: Das Warenlager einer mittelalterlichen Apotheke (Ratsapotheke Lüneburg, 1475) – Braunschweig 1960
Arends, Georg: Volkstümliche Anwendung der einheimischen Arzneimittel – Berlin 1925
Arends, Johann: Volkstümliche Namen der Arzneimittel, Drogen, Heilkräuter und Chemikalien – Berlin 1971
Arnau, Frank: Rauschgift (Träume auf dem Regenbogen – mit einer Geschichte der wichtigsten pflanzlichen Rauschgifte) – Luzern, Frankfurt/M. 1967
Arnoldi, W.: Beitrag zur therapeutischen Verwendung von Atropin – Berliner klinische Wochenschrift, Berlin 56 (1919), S. 223 f
Ascherson, P.: Mandragora – Zeitschrift für Ethnologie 1891, Bd. 23, S. 735
Auel, Jean: Ayla und der Clan des Bären – München 1986
Auel, Jean: Das Tal der Pferde – München 1988
Auel, Jean: Mammut-Jäger – München 1989
Auel, Jean: Im Tal der großen Mutter – München 1990
Austin, G.: Die europäische Drogenkrise des 16. und 17. Jahrhunderts
Autorenkollektiv: Geheimnisse und Heilkräfte der Pflanzen – Zürich, Stuttgart, Wien (Das Beste) 1978
Babos, M.: Eine neue Inocybe-Art in Ungarn und Inocybe aeruginascens – Fragementa Botanica 6, 19 – 1968
Babos, M.: Beobachtungsangaben bei einer halluzinogenen Inocybe-Art (ungarisch-deutsche Zusammenfassung) – Mikoögicie Közlemenyek 3, 143
Backe, H.: Der Hanfbau – Berlin 1936
Bächtold-Stäubli: Handwörterbuch des deutschen Aberglaubens – Berlin 1927 – 1942, 1987 als Taschenbuch
Baer, Gerhard: Der vom Tabak berauschte – Naturforschende Gesellschaft in Basel 1986 (96: 41 – 84)
Bäumler, Ernst: Amors vergifteter Pfeil – Hamburg 1976

Ballmaier, Helmut: Über den Wirkungsunterschied zwischen galenischen Belladonna-Zubereitungen und Belladonna-Reinalkaloiden – Diss. Frankfurt/M. 1960
Bally, R. O.: Heil- und Giftpflanzen der Eingeborenen in Tanganyika – Dahlem 1938
Bandlin, O.: Die Gifte und ihre Gegengifte (3 Bde.) – Basel 1869 – 1873
Barkhausen: Vergiftung durch Belladonna mit außerordentlicher Exaltation der Phantasie – Medicinische Zeitung von dem Verein für Heilkunde in Preußen 4 (1835), S. 217
Baroja, C. J.: Die Hexen und ihre Welt – Stuttgart 1967
Bastian, H.: Lexikon der Pflanzenwelt – Frankfurt/M. 1973
Bauer, Wolfgang: Fliegenpilz (Fleisch der Götter – Schamanistische Extasekulte in Europa) – Trikont-dianus, München
Bauer, Wolfgang, Duerr H. P., Mandel, M.: Ein Gespräch mit Hans-Peter Duerr über Zauberpflanzen – integration 1: 10 – 17 – Knetzgau 1991
Bauer, Wolfgang: Der Fliegenpilz in Zaubermärchen, Märchenbildern, Sagen, Liedern und Gedichten – integration 2/3: 39 – 54 – Knetzgau 1992
Bauer, Wolfgang: Das wundertätige Wurzelkreuz in der Kirche von Maria Straßengel – integration 4: 39 – 43, Knetzgau 1992
Bauereiß, Erwin: Stechapfel-Monografie – Bad Windsheim 1992
Bauereiß, Erwin: Halluzinogene Nachtschattengewächse (Reprint verschiedener Autoren) – Bad Windsheim 1994
Bauereiß, Erwin: Blauer Eisenhut (Aufsatzsammlung) – Bad Windsheim 1994
Bauereiß, Erwin: Bilsenkraut-Monografie – Bad Windsheim 1995
Baumann, Peter: Hanf heute – Wert und Unwert – Medizinische Ärztezeitung 70 (4): 134 – 140 – 1989
Baur, Eduard: Studien über die Bedeutung der Alkaloide in pharmagnostisch wichtigen Solanaceen, besonders Atropa belladonna und Datura stramonium – Diss. Bern 1919
Bayrle-Sick, Norbert: Drogensubkultur – Linden, Volksverlag 1984
Beckmann, D., Deckmann, B.: Alraun, Beifuss und andere Hexenkräuter (Alltagswissen vergangener Zeiten) – 1990
Behr, Hans-Georg: Haschisch-Kochbuch – Darmstadt
Behr, Hans-Georg: Weltmacht Drogen – Wien 1980
Behr, Hans-Georg: Von Hanf ist die Rede – Basel 1982
Benesch, Knut: Magie der Renaissance – Wiesbaden 1985
Benjamin, W.: Über Haschisch – Frankfurt 1972
Berge, Fr.: Riecke V. A.: Giftpflanzen-Buch – Stuttgart 1845
Bergmark, M.: Lust und Leiden durch Drogen – Stuttgart 1958
Bergner, H., Oettel, R.: Vergiftungen durch Düngerlinge – Mykologisches Mitteilungsblatt 15, 61 – 1971
Beringer, Kurt: Der Meskalinrausch – Berlin 1927, Neudruck New York 1969
Bernhardi, J. J.: Über die Arten der Gattung Datura – Tromms. N. Journ. Pharm. 26: 118 – 158 – 1833
Beseler, Basilius: Hortus Eystettensis – Eichstätt 1713
Besl, H., Mack, P.: Halluzinogene Rißpilze – Z. Mykol. 51: 183 – 1985
Bibra, E. Freiherr v.: Die narkotischen Genußmittel und der Mensch – Nürnberg 1855, Reprint Leipzig/Wiesbaden 1983
Biedermann, Hans: Medicina Magica – Graz 1972
Binder, Michael A.: Zu Wirkungsweisen von Tetrahydrocannabinol – Frankf. Biol. Med. 1, 199 – 207 – 1982
Bingen, Hildegard von: Naturkunde – O. Müller-Verlag – Salzburg 1974
Blätter, Andrea: Kulturelle Ausprägungen und die Funktionen des Drogengebrauchs – Hamburg 1990
Bleakley, Ian: Früchte des Mondtabus – München 1987
Bock, Hieronymus: New Kreutterbuch – Strassburg 1953 u. 1551, Nachdruck Grünwald bei München 1964
Boericke, W.: Homöopathische Mittel und ihre Wirkungen – Leer (Wissenschaftlicher Autorenverlag) – 1986
Boettcher, C.: Über die Anwendung des indischen Hanfes in der Psychiatrie – Berliner klinische Wochenschrift 3/1866
Böttcher, H. M.: Wunderdrogen (Die abenteuerliche Geschichte der Heilpilze) – Köln 1962
Böhm, H.: Ergebnisse und Möglichkeiten der Arbeit an einem Arzneimohn – Planta Medica, Nr. 19, 39 – 109 – 1870
Boerner, Franz: Taschenwörterbuch der botanischen Pflanzennamen – 3. Aufl. – Berlin/Hamburg 1978
Böse, Georg: Im blauen Dunst – eine Kulturgeschichte des Rauchens – Stuttgart 1957
Boland, Maureen & Bridget: Was die Kräuterhexen sagen – München 1983

Bonin, W. F.: Naturvölker und ihre übersinnlichen Fähigkeiten (von Schamanen, Medizinmännern, Hexen und Heilern) – München 1986
Borner, Stefan: Populäre Rauschdrogen in der Schweiz: Psilocybe- und Papaver-Arten – Diss. Bern 1991
Boshart, K.: Der Anbau einiger medizinisch wichtiger Solaneen – München 1918
Bowles, P., Mrabet, M.: Haschisch-Geschichte – Löhrbach/Odw.
Bozzano, Ernesto: Übersinnliche Erscheinungen bei Naturvölkern – Freiburg i. Br. 1975
Bräunlein, Peter: Vom Zauber der Pflanzen in der mittelalterlichen Heilkunst (in Kräuterkunst, Begleitbuch zur Ausstellung im Augustinermuseum Freiburg)
Brandes, Rudolph: Über das Atropium, ein neues Alkaloid in den Blättern der Belladonna (Atropa belladonna L.) – Journal für Chemie und Physik, hrsg. v. Schweigger u. Meinecke, Bd. 28, 9 – 31 – Nürnberg 1820
Brandes, Rudolph: Über das Atropin, Annalen der Pharmacie, hrsg. v. R. Brandes, Ph. L. Geiger u. J. Liebig, Lemgo/Heidelberg 1 (1832), 68 – 87
Brau, Jean-Louis: Von Haschisch zum LSD. Geschichte der Droge – Frankfurt 1969
Braun, Hans: Heilpflanzen-Lexikon für Ärzte und Apotheker – Stuttgart 1981
Bresinsky, A., Besl, H.: Giftpilze – Wissenschaftl. Verlagsanstalt Stuttgart 1985
Bretschneider, E. V.: Botanicon Simicum – Berlin 1885
Brøndegaard, Vagn J.: Ethnobotanik (Pflanzen in Brauchtum, in der Geschichte und Volksmedizin – Beiträge zur Ethnomedizin etc. VI – Berlin 1985
Brosse, Jacques: Magie der Pflanzen
Broszat, Wolfgang: Der Mohn (Anbau und Markt einer wiederentdeckten Kulturpflanze) – Witzenhausen 1992
Brunn, W. V.: Von den Schlafschwämmen – Therapeutische Berichte 1929
Brunnfeltz, Otto: Kontrafayt Kreutterbuch – Strassburg 1532, Nachdruck Grünwald bei München 1975
Brunngraber, Rudolf: Opiumkrieg (Roman) – Wien ca. 1950
Brunngraber, Rudolf: Heroin (Roman der Rauschgifte) – Wien 1951
Bühler, Walther: Meditation als Erkenntnisweg – Bewußtseinserweiterung mit der Droge – 4. Aufl. – 1980
Buess, Heinrich: Zur Geschichte von Atropa belladonna als Arzneimittel – Gesnerus 10: 37 – 52 – 1953
Burian, Wilhelm, Irmgard Eisenbach-Stangl: Haschisch: Prohibition oder Legalisierung – Weinheim und Basel 1982 (Beltz)
Burroughs Jr. William & Allan Ginsberg: Auf der Suche nach Yage – Wiesbaden 1964
Burroughs Jr. William: Speed (Roman) – Köln 1972
Burroughs Jr. William: Junkie, auf der Suche nach Yage – Naked Lunch, Nova Express – Frankfurt 1978
Buschan, Georg: Über Medizinzauber und Heilkunst im Leben der Völker – 1941
Caduff, F., Pestalozzi, B. C.: Gruppenvergiftung mit Tollkirschentee – Schweiz. mediz. Wochenschrift 116 (27/28, 924 – 926) – 1986
(Canstatts Jahresbericht): Solaneae – Solaneen – Canstatts Jahresbericht über die Fortschritte der Pharmazie – Bad Cannstadt 1858, S. 29f
Carl, Helmut: Die deutschen Pflanzen- und Tiernamen. Deutung und sprachliche Ordnung – Heidelberg 1957
Carrichter: Kräuterbuch – 1530 und Straßburg 1589
Castaneda, Carlos: Die Lehren des Don Juan – Frankfurt 1973
Castaneda, Carlos: Eine andere Wirklichkeit – Frankfurt 1973
Castaneda, Carlos: Reise nach Ixtlan – Frankfurt 1976
Castandea, Carlos: Die Kunst des Pirschens – Frankfurt
Castaneda, Carlos: Das Feuer von Innen – Frankfurt
Castaneda, Carlos: Der Ring der Kraft – Frankfurt
Castaneda, Carlos: Der zweite Ring der Kraft – Frankfurt
Castaneda, Carlos: Die Kraft der Stille – Frankfurt
Chamisso, Adelbert von: Illustriertes Heil-, Gift- und Nutzpflanzenbuch – Berlin 1988
Chatelain, M.: Bericht über Drogenkonsum im alten und neuen Testament – Cambridge 1903
Chrubasik, Sigrun & Joachim: Kompendium der Psychotherapie – Stuttgart 1983 (Hippokrates-Verl.)
Cloetta, M.: Über das Verhalten des Atropins bei verschiedenen empfindlichen Tierarten – Archiv für experimentelle Pathologie und Pharmakologie, Leipzig, Suppl. bd. (1908), 119 – 125
Clorfene Richard, Jack S. Margolis: Der Grassgarten – Linden 1979 (Volksverlag)
Cranach, D.: Drogen im alten Ägypten
Cremerius, H.: Was ist Süchtigkeit? – Stuttgart 1960

Cube, Joh. Wonnecke v.: Hortus sanitatis – Mainz 1485, Nachdruck Grünwald bei München 1966
Dahl, Jürgen: Die Zauberwurzel der kleinen Leute ... – Zeitschr. Natur 6/85: 83 – 84 – 1985
Dahl, J.: Nachtfrauen und Galsterweiber (Eine Naturgeschichte der Hexe) – Ebenhausen bei München 1960
Dalla, Torre von: Die volkstümlichen Pflanzennamen in Tirol und Vorarlberg – Innsbruck 1895
Danert, Siegfried: Die medizinisch genutzten Datura-Arten und deren Benennung – Die Pharmazie 9, 349 – 362 – 1954
Danert, Siegfried: Die Verzweigung der Solanaceen im reproduktiven Bereich – Abhandlung der Deutschen Akademie für Wissenschaften zu Berlin, Klasse für Chemie, Geologie und Biologie, Jahrgang 1957, Nr. 6
Danert, Siegfried: Zur Systematik von Papaver somniferum L. – Die Kulturpflanze, Bd. 4, 61 – 88 – 1958
Danert, Siegfried: Ein Beitrag zur Kenntnis der Gattung Datura – Feddes Rep. Spec. Nov. Reg. Veg. 57 (3), 231 – 242 – 1969
Darmstädter, E.: Hexen, Hexenchemie und Narkose – Berlin 1930
Daunderer, M., Roth, L., Kormann, K.: Giftpflanzen-Pflanzengifte – Landsberg 1984
Deimel, Claus: Tarahumara – Frankfurt/M. 1980
Deimel, Claus: Die Peyoteheilung der Tarahumara – Schreibheft 25: 155 – 163 – 1985
Deimel, Claus: Der heilsame Rausch – Geo Special Nr. 2 (Mexiko), S. 86 – 87 – 1986
Delmar, A.: Haschisch. Oper in einem Aufzug – Berlin 1896
Deltgen, F.: Mit Flinte und Blasrohr – Köln 1979
Demitsch, Wassily: Russische Volksheilmittel aus dem Pflanzenreich – Uni Dorpat
Derlon, P.: Unter Hexen und Zauberern – Basel 1976
Dieckhoff, R.: Drogen und Literatur
Diepgen, Paul: Frauen und Frauenheilkunde in der Kultur des Mittelalters – Stuttgart 1963
Dierbach, Joh. Heinrich: Handbuch der medizinisch-pharmaceutischen Botanik – Heidelberg 1819
Dierbach, Joh. Heinrich: Die Arzneimittel des Hippocrates – Heidelberg 1824
Dieterich, E.: Neues pharmazeutisches Manual – Berlin 1901
Dinand, Ang. Paul: Handbuch der Heilpflanzenkunde – Eßlingen/München 1921
Dioskurides: Arzneimittellehre – Stuttgart 1902, Reprint: Grünwald bei München 1964
Dittrich, Adolf: Ätiologie: Unabhängige Strukturen veränderter Wachbewußtseinszustände – Stuttgart 1985 (Enke)
Dittrich, Adolf, Hofmann, A., Leuner Hanscarl: Welten des Bewußtseins (4 Bde.) – Berlin 1993 (VWB)
Dobel, Karl Friedrich: Synonymisches Wörterbuch der in der Arzneikunde und im Handel vorkommenden Gewächse – Kempten 1830
Dobkin de Rios, Marlene: Schamanen, Halluzinogene und Erdaufschüttungen in der neuen Welt – Unter dem Pflaster liegt der Strand 15: 95 – 112 – 1985
Douval, H. E.: Magie und Toxikologie, Bd. 7 – Freiburg 1954
Dragendorff, Georg: Die chemische Wertbestimmung einiger starkwirkenden Drogen und der aus ihnen angefertigten Arzneimischungen – St. Petersburg 1874
Dragendorff, Georg: Die qualitative und quantitative Analyse von Pflanzen und Pflanzentheilen – Göttingen 1882
Dragendorff, Georg: Die Heilpflanzen der verschiedenen Völker und Zeiten – Stuttgart 1898
Drewitz, J.: Eine halluzinogene Rißpilzart – Grünlichverfärbender Rißpilz (Inocybe aeruginascens) – Mykol. Mitteilungsblatt 26, 11
Duerr, H. P.: Traumzeit – Frankfurt/M. 1978
Ebert, Karl: Der feldmäßige Anbau einheimischer Arznei-, Heil- und Gewürzpflanzen – Stuttgart 1949
Eckartshausen, K. von: Aufschlüsse zur Magie aus geprüften Erfahrungen über verborgene philosophische Wissenschaften und verdeckte Geheimnisse der Natur – München 1788
Eder, R.: Die Nachweisreaktion des Atropins und der verwandten myriadisch wirkenden Alkaloide – Schweizerische Apotheker-Zeitung – Zürich 1916
Eichholz, F.: Pharmakologie und Toxikologie der wichtigsten Genußmittel und Suchtgifte – SM 1964
Eichler, A. W.: Blüthendiagramme (2 Bde.) – Leipzig 1875 – 1878
Eigner, Dagmar, Scholz, Dieter: Zur Kenntnis der natürlichen Halluzinogene – Pharmazie in unserer Zeit 12 (3): 75 – 79 – 1983
Eisenbach-Stangl, Irmgard & Durian, Wilhelm: Haschisch: Prohibition oder Legalisierung – Weinheim und Basel 1982 (Beltz)
Elger, F.: Über das Vorkommen von Harmin in einer südamerikanischen Liane (Yagé) – Helvetica Chimica Acta, 11: 162 – 166 – Basel 1928
Eliade, Mircea: Schamanismus und archaische Extasetechnik – Zürich 1957

Eliade, Mircea: Von Zalmoxis zu Dschingis-Khan (Der Kult der Alraune in Rumänien) – 1982
Emboden, William: Cannabis in Ostasien – Herkunft, Wanderung und Gebrauch – in: Rausch und Realität 1: 324 – 329 – Köln: Rautenstrauch-Joest-Museum 1981
Engel, F.-M.: Die Giftküche der Natur – Hannover 1972
Engel, F.-M.: Zauberpflanzen – Hannover 1978
Engler, A.: Syllabus der Pflanzenfamilien – 11. Aufl. – Berlin 1936
Englert, Ludwig: Von altdeutscher Heilkunst – Leipzig 1935
Esser, P.: Die Giftpflanzen Deutschlands – Braunschweig 1910
Estrada Alvaro: Maria Sabina (Botin der heiligen Pilze) – Trikont-dianus – München
Eugster, Conrad Hans, Waser, P. G.: Zur Kenntnis des Muscarins – Experientia 10: 298 – 300 – 1954
Eugster, Conrad Hans: Über den Fliegenpilz – Zürich 1967
Eulenberger: Der Antagonismus zwischen Atropin (Belladonna) und Morphium (Opium) – Berliner klinische Wochenschrift 3, 2, 13 – 15
Evers, O. J.: Ein halbdutzend besondere Wirkungen von der Belladonna oder gemeinen Wolfskirsche in melancholischen Krankheiten – Berlinische Sammlungen zur Beförderung der Arzneywissenschaften, der Naturgeschichte, der Haushaltungskunst, Kameralwissenschaft und der dahin einschlagenden Literatur, Bd. 5 – Berlin 1773
Falck, Ferd. Aug.: Lehrbuch der praktischen Toxikologie – Stuttgart 1880
Falck, A.: Die offiziellen Drogen und ihre Ersatzstoffe – Leipzig 1928
Farber, W.: Drogen im alten Mesopotamien – 1821 – 1833
Farrere, Claude: Opium – München 1919
Farrere, Claude: Opium-Novellen – München 1926
Faust, F. X.: Medizinische Anschauungen zu Praktiken der Landbevölkerung im andinen Kolumbien – Münchner Beiträge z. Amerikan. 10 – 1983
Faust, F. X.: Medizin und Weltbild (Zur Ethnographie der Coyaima- und Natagaima-Indianer in Kolumbien) – München 1989
Fechner, Gustav Theodor: Nanna oder über das Seelenleben der Pflanzen – Leipzig 1848
Feddersen, Ingwer Meinhard: Beitrag zur Atropinvergiftung – Aus dem Laboratorium der pharmacologischen Sammlung in Kiel – Inaug.-Diss. Berlin 1884
Fehr, Hans: Untersuchung über die Konservierung der Wurzel von Atropa belladonna unter besonderer Berücksichtigung des Gehalts an Hyoscyamin, Atropin und Scopolamin – Diss. ETH Zürich 1942
Ferckel, J.: Hexensalbe und ihre Wirkung – Kosmos, Stuttgart 1954
Feuerlein, Wilhelm: Cannabis heute: Bestandsaufnahme zum Haschischproblem – Wiesbaden 1980
Fichte, H.: Anmerkungen zu einer Lorchelvergiftung und zu "Ein Männlein steht im Walde" – Ethnomedizin 1972
Figala, Karin: Alraune – Veröffentlichungen des Forschungsinstituts des Deutschen Museums für die Geschichte der Naturwissenschaften und der Technik – 1970
Fillipetti, Harve, Troteréau, Janine: Zauber, Riten, Symbole – Freiburg i. Br. 1979
Finck: Beschreibung einer vorsätzlichen Selbstvergiftung durch die Beeren der Belladonna – Medicinische Annalen, Bd. 7, Heft 3 – Heidelberg 1841
Fischer, B., Hartwich, C.: Hagers Handbuch der pharmazeutischen Praxis für Apotheker, Ärzte, Drogisten und Medicinalbeamte – Berlin 1902
Fischer, Georg: Heilkräuter und Arzneipflanzen – Ulm 1966
Fischer, Hermann: Ein "Hexenrauch" (Eine volkskundlich-liturgiegeschichtliche Studie – Hefte für Volkskunde 4: 193 – 212) – 1917
Fischer, Hermann: Mittelalterliche Pflanzenkunde. Geschichte der Wissenschaften. Geschichte der Botanik – München 1929
Fischer, Susanne: Medizin der Erde – München 1984
Flammer, R.: Differenzieldiagnose der Pilzvergiftungen – Stuttgart 1980
Flammer, R., Horak, E.: Giftpilze-Pilzgifte – Stuttgar 1980
Flinker, R.: Über Abstinenzerscheinungen bei Atropin – Münchner medizinische Wochenschrift 17: 540 – 541 – 1932
Flück, H.: Über den Einfluß verschiedener Trocknungsmethoden auf den Gesamtalkaloidgehalt von Folia Stramonii und Folia Belladonnae – Heil- und Gewürzpflanzen 18 (1938 – 1939), S. 109 – 125
Flügel, D.: Volksmedizin und Aberglaube im Frankenwalde – München 1863
Foerster, E.: Ein Selbstversuch mit Mescalin – Zeitschrift für die gesamte Psychiatrie, Band 127, Heft 1 – 2 – Berlin 1930
Fonahn, A.: Geschichtliche Notizen über das Bilsenkraut – Pharmacia 1905 Nr. 14 – 16
Fossel, Victor: Volksmedizin und medizinischer Aberglaube in Steiermark – Graz 1886 (Reprint)
Fränkel, F., Joel, E.: Des Kokainismus – Berlin 1924
Francé, R. H.: Die Welt der Pflanzen – München 1962

Franco, Victor: Mességué – Sein Geheimnis, seine Rezepte – München 1984
Frank, Joseph: Handbuch der Toxikologie oder die Lehre von den Giften und Gegengiften – Wien 1803
Frank, M., Rosenthal, F.: Marihuana-Zucht – Amsterdam 1980
Frey, Ernst: Die Wirkung von Gift- und Arzneistoffen – Berlin 1921
Friedreich, J. B.: Symbolik und Mythologie der Natur – 1859
Fritsche, J.: Bestandtheile der Samen von Peganum harmala – Annalen der Chemie und Pharmazie 64: 360 – 369 – 1847
Frohne, Pfänder: Giftpflanzen – Stuttgart 1982
Frohne, D.: Heilpflanzen-Lexikon für Ärzte und Apotheker-Anwendung, Wirkung und Toxikologie – Stuttgart/New York 1987 (5. Aufl.)
Fuchs, Leonhard: New Kreuterbuch – Basel 1543 (Nachdruck München 1964)
Fuchs, L.: Tollkirschenwurzel-Vergiftung, tödliche – Sammlung von Vergiftungsanfällen, hrsg. H. Fühner, Bd. 3, S. 247 f – Berlin 1932
Fühner, Hermann: Skopoliawurzel als Gift- und Heilmittel bei Litauern und Letten – Therapeutische Monatshefte 1919, Bd. 33, S. 221
Fühner, Hermann: Solanaceen als Betäubungsmittel – Archiv für pharmakologische Pathologie 111 – 1925
Fühner, Hermann: Medizinische Toxikologie – Leipzig 1943
Furst, Peter T.: Pflanzenhalluzinogene in frühen amerikanischen Kulturen – Mesoamerika und die Anden – in: Völger/von Welck (Hrsg.) 1982: 567 – 583
Gadamer, J.: Zur Kenntnis einiger Solanaceen-Alkaloide – Justus Liebig's Annalen der Chemie – Leipzig 310 (1900), S. 352 – 363
Gantzer, Joachim, Kasischke, H., Losno, R.: Der Cocagebrauch bei den Andenindianern in Peru – Hannover 1975
Garcke: Illustrierte Flora von Deutschland
Gardener, Gerald B.: Ursprung und Wirklichkeit der Hexen – Weilheim 1965
Garn, Joh. Andreas: Beschreibung der häufigsten deutschen Pflanzengifte ... – Wittenberg/Zerbst 1792
Gartz, J., Drewitz, G.: Der erste Nachweis des Vorkommens von Psilocybin in Rißpilzen – 2. Mykol. 51, S. 199 – 1985
Gartz, J.: Vergleichende dünnschichtchromatografische Untersuchungen zweier Psilocybe- und einer halluzinogenen Inocybe-Art – Pharmazie 40, S. 134 – 1985
Gartz, J.: Zur Isolierung des Baeocystins aus den Fruchtkörpern einer Psilocybe-Art – Pharmacie 40, S. 274 – 1985
Gartz, J.: Zur Analytik der Inhaltsstoffe zweier Pilzarten der Gattung Conocybe – Pharmazie 40, S. 366 – 1985
Gartz, J.: Zur Analyse von Panaeolus campanulatus – Pharmazie 40, S. 432 – 1985
Gartz, J.: Zur Untersuchung von Psilocybe semilanceata (Fr.) Kumm.-Pharmazie 40, S. 506 – 1985
Gartz, J., Drewitz, G.: Der Grünverfärbende Rißpilz – Eine Inocybe-Art mit halluzinogener Wirkung – Z. ärtlicher Fortbildung 80, S. 551 – 1986
Gartz, J.: Quantitative Beschreibung der Indolderivate von Psilocybe semilanceata (Fr.) Kumm. – Physiol. Pflanzen 181, S. 117 – 1986
Gartz, J.: Nachweis von Tryptaminderivaten in Pilzen der Gattungen Gervonema, Hygrocybe, Psathyrella und Inocybe – Biochem. Physiol. Pflanzen 181, S. 275 – 1986
Gartz, J.: Psilocybin in Mycelkulturen von Inocybe aeruginacens – Biochem. Physiol. Pflanzen 181, S. 511 – 1986
Gartz, J.: Vorkommen von Psilocybin und Baeocystin in Fruchtkörpern von Pluteus salicinus – Planta Medica 53, S. 593 – 1987
Gartz, J.: Variationen der Alkaloidmengen in Fruchtkörpern und Mycelien von Panaeolus subalteatus (Berk. & Br.) – Sacc. Biochem. Physiol. Pflanzen 184, S. 171 – 1989
Gartz, Jochen: Narrenschwämme (psychotrope Pilze in Europa) – 1993
Gassul, P.: Ein seltener Fall von Belladonna-Vergiftung bei einem Kind – Berliner klinische Wochenschrift 58 (1921), S. 362 f
Geerken, Hartmut: fliegenpilze? merkungen & anmerkungen zum schamanismus in sibirien & andechs – integration 2/3: 109 – 114 – Knetzgau 1992
Geiger, Ph. L. u. Hesse: Darstellung des Atropins – Annalen der Pharmacie, hrsg. v. R. Brandes, P. L. Geiger u. J. Liebig, Heidelberg 5 (1833), S. 43 u. fortgesetzte Versuche über Atropin, in: a. a. o. 6 (1833), S. 44
Gelpke, Rudolf: Vom Rausch im Orient und Okzident – Frankfurt/M. 1982
Genaust, Helmut: Ethymologisches Wörterbuch der botanischen Pflanzennamen – Basel/Stuttgart 1976

Gerber, P.: Die Peyote-Religion. Nordamerikanische Indianer auf der Suche nach einer Identität – Zürich 1980
Gerhard, E.: Beiträge zur Geschichte einiger Solaneen – Colmar 1930
Gerhardt, E.: Panaeolus cyanescens (Bk. & Br.) Sacc. und Panaeolus antillarum (Fr.) Dennis, zwei Adventivarten in Mitteleuropa – Beiträge zur Kenntnis der Pilze Mitteleuropas 3, S. 223 – 1987
Geschwinde, Thomas: Rauschdrogen: Marktforschungen und Wirkungsweisen – 1990 (Springer)
Gessmann, G. W.: Die Pflanzen im Zauberglauben – Nachdruck von 1922, Den Haag o. J.
Geßner, O.: Die Gift- und Arzneipflanzen in Mitteleuropa – Bielefeld 1953
Gessner, O., Orzechowski, G.: Gift- und Arzneipflanzen von Mitteleuropa – Heidelberg 1974
Giese, Claudius C.: "Caranderos": traditionelle Heiler in Nordperu, Küste und Hochland – Münchner Beiträge z. Amerikan. – 1989
Gifford, Edward S.: Liebeszauber – Stuttgart 1956
Gilg, E., Schürhoff, P. N.: Abhandlung von den giftigen Gewächsen, welche in Teutschland und vornehmlich in Schwaben wild wachsen – Ulm 1775
Gmelin, J. F.: Geschichte der Pflanzengifte (2. Auflage) – Nürnberg 1803
Goeckel, D. E. F.: Bemerkung einer tödlichen Wirkung der Wolfskirsche – Fränkische Sammlungen von Anmerkungen aus der Naturlehre, Arzneygelahrheit, Oekonomie und der damit verwandten Wissenschaften, Bd. 3 – Nürnberg 1758
Golowin, Sergius: Psychedelische Volkskunde – Antaios XII, Heft 6 – Stuttgart 1971
Golowin, Sergius: Zigeuner-Magie im Alpenland. Geschichte um ein vergessenes Volk – Frauenfeld/Stuttgart 1973
Golowin, Sergius: Die weisen Frauen und ihr Bier – o. J.
Golowin, Sergius: Die Magie der verbotenen Märchen – Hamburg 1974
Gottschalk, Werner: Die Chromosomenstruktur der Solanaceen – Chromosoma 6: 539 – 626 – 1954
Grassmann, Hermann: Deutsche Pflanzennamen – Stettin 1870
Graupner, Heinz: Dämon Rausch (Drogen, Gifte, Alkohol) – Hamburg 1966
Greve, Paul: Der Sumpfporst – Hamburg 1938
Griebel, C.: Belladonnablättervergiftung durch das Mittel "Anti-Krebs" – Sammlung von Vergiftungsfällen, hrsg. v. H. Führner, S. 151 f – Berlin 1936
Grimm, Jacob: Deutsche Mythologie – Göttingen 1835 (zahlreiche Nachdrucke)
Grof, Stanislav: LSD-Psychotherapie – Stuttgart 1983
Grümmer, G.: Der Mohn – Wittenberg-Lutherstadt 1955
Gruenewaldt, G.: Haschisch, Marihuana, LSD – Ärzteblatt 10/1971
Grünther, Ralf Achim: Was ist wahres an Hexensalben? in: Gehlen, Rolf u. Bernd Wolf (Hrsg.), der gläserne Zaun, Aufsätze zu H. P. Duerr's "Traumzeit" – Frankfurt/M. 1983
Günther, N.: Bestimmung ds Alkaloidgehaltes in der Atropa belladonna und Datura stramonium, welche im hiesigen botanischen Garten cultiviert worden sind – Pharmaceutische Zeitschrift für Russland, hrsg. v. Arthur Casselmann, S. 89 – 91 – St. Petersburg 1869
Gusinde, M.: Der Peyote-Kult – Festschrift zum 50-jährigen Bestandsjubiläum des Missionshauses St. Gabriel – Wien 1939
Haalck, J.: Rostocker Hexenprozesse des 16. Jahrhunderts – Rostocker Beiträge 1, S. 79 – 88
Haan, Prem Lelia de: Bei Schamanen (Indianer im mexikanischen Hochland) – Berlin 1988
Habermehl, G.: Mitteleuropäische Giftpflanzen und ihre Wirkstoffe – Berlin/Heidelberg u. a. 1985
Haenel, T.A.: Kulturgeschichte der heutigen Problematik des Haschisch – Pharmakopsychiatrie 3/1970
Haerdi, F.: Afrikanische Heilpflanzen – Basel 1964
Haerkötter, Gerd u. Marlene: Hexenfurz und Teufelsdreck (Liebes-, Heil- und Giftkräuter) – Eichborn, Frankfurt/M. 1986
Haeselbarth, G., Michaelis, H., Jalnike, J.:Nachweis von Psilocybin in Inocybe aeruginascens – Mykol. Mitteilungsblatt 28, S. 59 – 1985
Haffner, C., Schulte, O. E.: Zur Kenntnis eines sedativen Wirkstoffes aus dem deutschen Faserhanf – Arch. Pharm. Berlin 29/1958
Hahnemann, Samuel: Über die Kraft kleiner Gaben der Arzneien überhaupt und der Belladonna insbesondere – Journal für practische Arzneykunst, hrsg. v. C. W. Hufeland, Berlin 13, 2 (1801), S. 152 – 159
Halle, Joh. Samuel: Die deutschen Giftpflanzen zur Verhütung d. trag. Vorfälle – Berlin 1784
Halle, Joh. Samuel: Magie, oder die Zauberkräfte der Natur... – Berlin 1787
Halle, Joh. Samuel: Gifthistorie des Thier-, Pflanzen- und Mineralreiches, nebst den Gegenkräften und der medizinischen Anwendung der Gifte nach den neuesten Toxicologen – Frankfurt/Leipzig 1787
Halle, Joh. Samuel: Die deutschen Giftpflanzen, zur Verhütung der tragischen Vorfälle in den Haushaltungen, nach ihren botanischen Kennzeichen, nebst den Heilungsmitteln – Berlin 1784

Hammer, Karl: Beobachtungen an Datura meteloides Dunal. – Kulturpflanze 23, S. 131 – 137
Hammer, Karl, Fritsch, R.: Zur Frage nach der Ursprungsart des Kulturmohns (Papaver somniferum L.) – Die Kulturpflanze, Bd. 25, S. 113 – 124 – Berlin 1977
Hammer, Karl, Romeike, A., Tittel, C.: Vorbereitungen zur monografischen Darstellung von Wildpflanzensortimenten: Datura L., sectiones Dutra Bernh., Ceratocaulis Bernh. et Datura – Kulturpflanze 31, S. 13 – 75 – 1983
Hanausek: Über Hyoscyamus muticus – Pharm. Post 1909, Nr. 26/56
Hansen, F.: Hanfanbau in Südostspanien – Bonn 1967
Hansen, Harold A.: Der Hexengarten – Trikont-dianus – München
Hargous, Sabine: Beschwörer der Seelen (Das magische Universum der südamerikanischen Indianer) – Basel 1976
Harms: Über das Narkotikum Peyotl der alten Mexikaner – Monatsschrift für Naturkunde 1921, Bd. 31
Hartel, K. D.: Rauschgift-Lexikon – München 1971
Hartmann, Walter: Der Mohn, seine Kultur, Geschichte und geografische Verbreitung, sowie Art und Ausdehnung des Opiumgenusses – Jena 1915
Hartwich, Carl von: Die menschlichen Genußmittel – Leipzig 1911
Haseneier, Martin: Der Kahlkopf und das kollektive Unbewußte – integration 2/3, S. 5 – 38 – Knetzgau 1992
Hauschild, Thomas: Hexen und Drogen, in: Völger/von Welck (Hrsg.) S. 618 – 629 – 1982
Heeger, E. F., Poethke, W.: Papaver somniferum L. – Der Mohn, Anbau/Chemie/Verwendung – Die Pharmazie, Ergänzungsband 1, Beiheft 4, S. 235 – 340 – VEB Verlag für Volk und Gesundheit – 1947
Heeger, E. F., Poethke, W.: Datura stramonium L., Gemeiner Stechapfel. Botanik, Anbau, Inhaltsstoffe – Pharmazie 3, S. 226 – 235 – 1948
Heeger, E. F., Brückner, K.: Heil- und Gewürzpflanzen. Arten- und Sortenkunde – Berlin 1956
Heeger, E. F.: Handbuch des Arznei- und Gewürzpflanzenanbaus – Drogengewinnung – Berlin 1956
Heeger, E. F.: Zur Problematik des Anbaus von Papaver somniferum L. (Mohn) als Rohstoff für die pharmazeutisch-chemische Industrie – Die Pharmazie, 12. Jahrgang, Heft 5, S. 287 – 290 – VEB Verlag Volk und Gesundheit – 1957
Heffter: Über Peyote – Archiv für exp. Path. und Pharmakolog., Bd. 34, S. 2975 (1894), Bd. 40, S. 385 (1898)
Hegi, F.: Rauschgift empirisch – Frankfurt 1976
Hegi, Gustav: Illustrierte Flora von Mitteleuropa – Parey, Hamburg
Heilmann, Karl Eugen: Kräuterbücher in Bild und Geschichte – München 1964
Heineck: Der Verlauf des Blütenlebens bei Atropa belladonna L. – Naturwissenschaftliche Wochenschrift Jena NF7 (1908), S. 377 f.
Heinrich, Michael: Ethnobotanik der Tieflandmixe, Oaxaca, Mexico und phytochemische Untersuchungen über Capraria biflora (Diss. Bot. 144) – Berlin/Stuttgart 1989
Heinrichs, P.: Aus Wurzelpeters Reich. Allerlei Neues und Nützliches von unseren Gift- und Heilpflanzen – Stuttgart 1905
Heinsohn, G., Steiger, Ol.: Die Vernichtung der weisen Frauen in: Mammut, März-Texte 1 u. 2 – Herbstein 1984
Henkel, I. B.: Medizinisch-pharmazeutische Botanik – Tübingen 1862
Herer, Jack: Hanf – Die Wiederentdeckung der Nutzpflanze Cannabis marihuana – Zweitausendeins 1993
Hertha, Jan: Erfahrungen mit Haschisch (Ergebnis einer Befragung von 234 Konsumenten von Cannabis und anderen Drogen in Berlin (West)), (Dissertation) – 1969/70
Hermann, H. H., Menzel-Tetenborn, H.: Heilpflanzen, Gifte, Drogen und Gewürze – in: Das Reich der Pflanzen – Gütersloh 1974
Hermanns, M.: Mythen und Mysterien der Tibeter – Stuttgart 1980
Heros, Ludwig: Die deutschen Giftpflanzen – Leipzig 1857
Hertwig, Hugo: Liebespflanzen und Liebestränke. Der Einfluß der Pflanzen auf das Liebesleben – Stuttgart 1952
Hess, Landolt, Hirzel: Flora der Schweiz – Basel/Stuttgart 1976
Hesse, E.: Rausch-, Schlaf- und Genußmittel – Stuttgart 1966
Hexen: Ausstellungskatalog (Stadtmuseum) – Erlangen 1985
Hexen und Zauberer: Ausstellungskatalog-Riegersburg – Graz 1989
Heywood, V. H. (ed.): Blütenpflanzen der Welt – Basel/Boston/Stuttgart 1982
Hiller, Helmut: Lexikon des Aberglaubens – Bergisch-Gladbach 1989
Himmelbauer, W., Hollinger, B.: Drogenweltkarte – Wien 1927
Hippokrates-Schriften: Der Anfang der abendländischen Medizin (übersetzt und mit Einführungen und einem Essay, hrsg. v. H. Diller) – Hamburg 1962

Höfler, Max: Volksmedizin und Aberglaube in Oberbayerns Gegenwart und Vergangenheit – 1888 – Reprint Liechtenstein 1983
Höfler, Max: Wald- und Baumkult in Beziehung zur Volksmedizin Oberbayerns – München 1894
Höfler, Max: Altgermanische Heilkunde – Handbuch der Geschichte der Medizin, begr. v. Puschmann, hrsg. v. Neuburger u. Pagel, Bd. 1, S. 456 – 480 – Jena 1902
Höfler, Max: Volksmedizinische Botanik der Germanen in Quellen und Forschungen zur deutschen Volkskunde – Wien 1908
Höhle, Sigi et. al.: Rausch und Erkenntnis: Das wilde in der Kultur – München 1986
Höhn, K.: Archivstudien an Datura-Samen – Planta 40, S. 407 – 418 – 1952
Hölzl, Karl: Botanische Beiträge aus Galizien (I. Über die Heil- und Zauberpflanzen der Ruthenen im Ostgebiet und Bukowina – Verhandl. d. k. k. zoologisch-botanischen Gesellschaft in Wien 11: S. 149 – 160 – 1861
Hoffmann, W.: Hanf-Cannabis sativa L. – Handbuch der Pflanzenzucht, Bd. 5 – Berlin 1961
Hofmann, Albert: Psilocybin-Psilocin – zwei psychotrope Wirkstoffe aus mexikanischen Rauschpilzen – Helvetica Chimia Acta 42: 1557 – 1572 – 1959
Hofmann, A., Heim, R., Brack, A., Kobel, H.: Psilocybin, ein psychotroper Wirkstoff aus dem mexikanischen Rauschpilz Psilocybe mexicana Heim – Experientia 14: 107 – 109 – 1958
Hofmann, Albert: Die psychotropen Wirkstoffe der mexikanischen Zauberpilze – Chimia 14: 309 – 318 – 1960
Hofmann, A., Tscherter, H.: Isolierung von Lysergsäurealkaloiden aus der mexikanischen Zauberdroge Ololiuqui (Rivea corymbosa (L.) Hall.) – Experientia XVI, Nr. 9 – Basel 1960
Hofmann, Albert: Die Wirkstoffe der mexikanischen Zauberdroge Ololiuqui – Planta Medica 9: 354 – 367 – 1961
Hofmann, Albert: Die Mutterkorn-Alkaloide – Stuttgart 1964
Hofmann, Albert: Psychoaktive Stoffe der Pflanzen – Therapiewoche 35 – 1967
Hofmann, Albert: LSD – Mein Sorgenkinde – Stuttgart 1979
Hofmann, Albert, Schultes, Richard E.: Pflanzen der Götter – Bern 1980
Hofmann, A., Wasson, G., Ruck, K.A.P.: Der Weg nach Eleusis – Frankfurt/M. 1984
Hofmann, Albert: Einsichten – Ausblicke – Basel 1986
Hofmann, Ulf: Das Haschischverbot. Gesellschaftliche Funktion und Wirkung – Frankfurt/M. 1972
Hofmann, Albert: Die heiligen Pilze in der Heilbehandlung der Maria Sabina – in: Dittrich/Scharfetter (Hrsg.) S. 45 – 52 – 1987
Holzinger, J. L.: Die Naturgeschichte der Hexen (2 Hefte) – Graz 1983
Hoppe, Heinz A.: Drogenkunde – Berlin/New York 1975
Horowitz, Michael: Phantastica (Antiquariats-)Catalogue Thirteen – Los Angeles 1980
Horowitz, M., Palmer, C., Rippchen, R.: Tänzerinnen zwischen Himmel und Hölle – Löhrbach/Odw. 1989
Horst, Georg Conrad: Zauber-Bibliothek (7 Bände) – Mainz 1821 – 1828 – Reprint Freiburg i. Br. 1979
Huber, E.: Das Trankopfer im Kulte der Völker – Hannover-Kirchrode 1929
Hufeland, C. W.: Die Schutzkraft der Belladonna gegen das Scharlachfieber zu fernerer Prüfung aufgestellt – Berlin 1826
Huxley, Aldous: Die Pforten der Wahrnehmung. Meine Erfahrungen mit Mexkalin – München 1956
Institoris, H., Sprenger, J.: Der Hexenhammer (Übersetzung v. H. Schmidt) – München 1982
Ipsen, C.: Ueber den Nachweis von Atropin – Vierteljahresschrift für gerichtliche Medizin und öffentliches Sanitätswesen, Folge 3, 31, S. 308 – 322 – Berlin 1906
Janov, Arthur: Die Funktion der Droge – ca. 1970
Jantzen, Friedrich: Amors Pflanzenkunde. Pflanzen im Liebesbrauchtum – Stuttgart 1980 (Kosmos, Bd. 308)
Jermstad, Axel: Das Opium. Seine Kultur und Verwertung im Handel – Wien/Leipzig 1921
Jessen und Pritzel: Die deutschen Volksnamen der Pflanzen – 1892
Jettmar, K.: Von Kyfh und Haschisch
Joachim, H.: Papyrus Ebers – Berlin, Reprint 1973
Joel, Ernst, Fränkel, F.: Der Cocainismus. Ein Beitrag zur Geschichte der Psychopathologie der Rauschgifte – Berlin 1924
Jordan, Reinhold: Eiben-Monografie – Bad Windsheim 1995
Josuttis, M.: Religion und die Droge – Stuttgart 1969
Jünger, Ernst: Annäherungen. Droge und Rausch – Stuttgart 1970
Jürgensen, E.: Atropin im Wandel der Zeiten – Aerztliche Rundschau, S. 5 – 8 – München 1930
Juller, E., Köhler-Wieder, R.: Tabellen zur Bestimmung der wichtigeren mitteleuropäischen Giftpflanzen im blütenlosen Zustand – Jena 1938
Kalmus, Ernst: Vergiftung einer dreigliedrigen Familie durch ein irrtümlich genossenes Belladonna-Infus – Wiener medizinische Wochenschrift 58, S. 243 f – 1908

Kanngiesser, F.: Tollkirschen-Vergiftung – Sammlung von Vergiftungsfällen, hrsg. v. H. Fühner, Bd. 1, S. 125 – Leipzig 1930
Kanngiesser, F.: Eine Vergiftung durch die Beeren von Atropa belladonna – Münchner Medizinische Wochenschrift 58,m S. 2505 – 1911
Karger-Decker, Bernt: Gifte, Hexensalben, Liebestränke – Leipzig 1967
Karsten, R.: Berauschende und narkotische Getränke unter den Indianern Südamerikas – Acta Academica Aboensis 1 (4), S. 28 – 72 – 1920
Kaspar, R.: Inocybe aeruginascens bei Berlin-Köpenik (Erstfund für die DDR) – Mykol. Mitteilungsblatt 21, S. 99 – 1877
Kaupen, Haas, Heidrun: Frauenmedizin im deutschen Mittelalter – in: Sterly, J. (Hrsg.), Ethnomedizin und Medizinalgeschichte – Berlin 1983
Kay, C. C. Th.: Ueber den Antagnismus zwischen Opium und Belladonna – Diss. Jena 1866
Kell, Volkbert: Giftpilze und Pilzgifte – Wittenberg, Lutherstadt 1991
Kellern, Hans-Joachim: Der verbotene Verkehr mit Giften und Arzneien – München 1918
Kessler, Thomas: Hanf in der Schweiz – 1984 (Nachtschatten-Verlag)
Kessler, Thomas: Cannabis helvetica. Hoffnung für die Drogenpolitik – Zürich 1985
Khlopin, Igor N.: Mandragora turcomanica in der Geschichte der Orientalvölker – Orientalia Lovaniewia Periodica 11, S. 223 – 231 – 1980
Kiesewetter, Karl: Hexensalben und Hexenfahrt – Gera 1890
Kiesewetter, Karl: Aus der Hexenbotanik
Kiesewetter, Karl: Die Geheimwissenschaften – Leipzig 1835 (Reprint 1984)
Kissling, H. J.: Zur Geschichte der Rausch- und Genußgifte im osmanischen Reich – Südostserbische Forschungen, Bd. 16 – München 1957
Klein, G.: Historisches zum Gebrauch des Bilsenkrautextraktes als Narkotika – Muenchner medizinische wochenschrift 22, S. 1088 – 1089
Kleinschmidt, G., Mothes, K.: Zur Züchtung eines Arzneimohns (Papaver somniferum L.) – Pharmazie, 13. Jhrg., Heft 6, S. 357 – 360 – VEB Verlag Volk und Gesundheit 1958
Kleinschmidt, G., Mothes, K.: Zur Physiologie und Biosynthese der Alkaloide von Papaver somniferum – Zeitschrift für Naturforschung, Band 146, Heft 1, S. 52 – 56 – Tübingen 1959
Knecht, S.: Magische Pilze und Pilzzeremonien – Z. Pilzkunde 28, S. 69 – 1962
Knecht, Sigrid: Mexikanische Zauberpapiere – Tribus 15: S. 131 – 148 – 1966
Knecht, Sigrid: Indianische Götterpilze – Zeitschrift für Ethnologie – 1967
Knecht, Sigrid: Rauchen und Räuchern in Nepal – Ethnomedizin 1 (I): S. 209 – 222 – 1971
Knecht, Sigrid: Die heilige Heilpflanze Tulasi – Curare Sonderband 3/85, S. 95 – 100 – 1985
Knörzer, K.-H.: Prähistorische Mohnsamen – Bonner Jahrbuch 1971
Knoll-Greiling, Ursula: Rauschinduzierende Mittel bei Naturvölkern und ihre individuelle und soziale Wirkung – Soziologus 9 (1): 47 – 60 – 1959
Kobert, E. R.: Ein Fall von Morphiumvergiftung – Allgemeine medicinische Central-Zeitung 49, S. 85 f – 1880
Kobert, Rudolf: Zur Geschichte des Mutterkorns – Uni Dorpat I: S. 1 – 57, Pharmak. Inst. – 1889
Kobert, Rudolf: Aus der Geschichte der Tollkirsche und der Pupillenerweiterung durch Gifte – in: aus stiller Arbeit. Weihnachtsgabe der Rostocker Universitätslehrer an ihre Schüler im Felde – Rostock 1916
Koch, C. A. L.: Der Hanf – Allgemeine Zeitschrift Psychiatrie 21/1864
Koehler: Medizinalpflanzen
Koelsch, Adolf: Die Tollkirsche – in: Kosmos, Handweiser für Naturfreunde, Stuttgart 9 (1912), S. 436 – 439
Körner, Harald Hans: Betäubungsmittelgesetz. Deutsches und internationales Betäubungsmittelrecht – München 1985/1990
Körner, W.: Drogen-Reader – Frankfurt 1980
Kohut, Ad.: Das Gift in Frauenhand – Pharm. Zeitung 1901, Nr. 62, 63
Kolb, R.: Gehäufte Atropinvergiftung nach Tollkirschengenuß – Deutsche medizinische Wochenschrift, Leipzig 44 (1918), S. 1197
Kopp, E.: Versuche zur Züchtung einer morphinreichen Mohnsorte – Die Pharmazie, 12. Jhrg., Heft 9, S. 614 – 620 – VEB Verlag Volk und Wissen – 1957
Koppe, Richard: Die Atropinvergiftung in forensischer Beziehung – Inaug. Diss. Dorpat 1866
Koppe, R., Schmiedeberg, O.: Das Muscarin – Leipzig 1869
Kotschenreuther, Helmut: Das Reich der Drogen und Gifte – Frankfurt/M. 1978
Kratter, Julius: Beiträge zur gerichtlichen Toxikologie. Beobachtungen an Untersuchungen über die Atropin-Vergiftung – Vierteljahresheft für gerichtliche Medicin und öffentliches Sanitätswesen, Berlin NF 44 (1886), S. 52 – 95
Krause, M.: Die Gifte der Zauberer und Hexen Afrikas – Zeitschr. für experimentelle Pathologie und

Therapie 6: S. 1 – 4 – 1909
Kreisel, H., Lindequist, U.: Gymnopilus parparatus, ein psilocybinhaltiger Pilz adventiv im Bezirk Rostock – Z. Mykol. 54, S. 73 – 1988
Kreitmair, Hans: Atropa belladonna – Die Tollkirsche – Die Pharmazie 2 (1947), S. 420 – 422
Krenger, W.: Betel – Ciba-Zeitschrift, Jhrg. VII, Nr. 84 – Basel 1942
Kreuter, Marie Luise: Wunderkräfte der Natur (Alraune, Gingseng und andere Wurzelwunder) – Genf 1978
Krieglsteiner, G. J.: Studien zum Psilocybe cyanescens-Komplex in Europa – Beiträge zur Kenntnis der Pilze Mitteleuropas 1, S. 61 – 1984
Krieglsteiner, G. J.: Studien zum Psilocybe cyanescens und callosa-semilanceata-Komplex in Europa – Beiträge zur Kenntnis der Pilze Mitteleuropas 2, S. 57 – 1986
Krippner, Stanley, Villoldo, Alberto: Heilen und Schamanismus – Basel 1986
Kritikos, G.: Der Mohn, das Opium und ihr Gebrauch im Spätminoicum III – Athen 1960
Kronfeld, M.: Zauberpflanzen und Kulte. Ein Beitrag zur Culturgeschichte und Volksmedicin – Wien 1898
Kronfeld, Moritz: Donnerwurz und Mäuseaugen – Nachdruck von 1898 – Berlin 1981
Kronfeld, E. M.: Sagenpflanzen und Pflanzensagen – Leipzig 1919
Krug, Antje: Heilkunst und Heilkult: Medizin in der Antike – München 1993
Krumbach, Helmut: Das Pfeilgift Curare – Curare 2 (4), S. 229 – 240 – 1979
Kryspin-Exner, Kornelius: Drogen (Psychotrope Stoffe als Sucht- und Heilmittel) – München 1971
Kühnemann, Antje-Katrin: Geheimnisse der Klostermedizin – Augsburg 1988
Küssner, W., Kreitmair, H.: Die Alkaloide der Belladonnawurzel – in: E. Merck's Jahresbericht über Neuerungen auf dem Gebiete der Pharmakotherapie und Pharmazie 52 (19938), S. 39 – 55
Küster, Hansjörg: Wo der Pfeffer wächst (Ein Lexikon zur Kultgeschichte der Gewürze) – München 1987
Kuhlen, F. J.: Zur Geschichte der Schmerz-, Schlaf- und Betäubungsmittel in Mittelalter und früher Neuzeit – Quellen zur Geschichte der Pharmazie, Bd. 19 – Stuttgart 1983
Kuhn, A., Schäfer, G.: Schwankungen des Alkaloidgehalts der Atropa belladonna während einer Vegetationsperiode – Pharmazeutische Zentralhalle für Deutschland, Dresden 80 (1939), S. 151 – 154 u. 163 – 169
Kunde, B., Stahl, E.: Pflanzliche Rauschgifte und ihre Erkennung – Themen zur Chemie, Toxikologie und Analytik der Rauschgifte – Heidelberg 1975
Kurth, Hanns: Rezepte berühmter Ärzte aus 5000 Jahren – Genf 1974
Kuschik, Ingrid: Volksmedizin in Spanien – Bonn 1990
Laarß, R. H.: Dämon Rausch. Eine Abhandlung über den Mißbrauch von Betäubungsmitteln – Leipzig 1925
Lagerheim, G.: Monografie der equuadorianischen Arten der Gattung Brugmansia, in: Pers. Engler's Jahrbuch 20: S. 655 – 668 – 1895
Lammert, G.: Volksmedizin und medizinischer Aberglaube in Bayern – Würzburg 1869 (Nachdruck 1981)
Lange, O.: Mineral- und Pflanzengifte – Stuttgart (Kosmos-Verlag)
Langhammer, L., Zeprenick, B., Lüdeke, J. B.: Lexikon der offizinellen Arzneipflanzen – Berlin/New York 1983
Langsdorf, Georg Heinrich von: Einige Bemerkungen, die Eigenschaften des kamtschadalischen Fliegenschwammes betreffend – in: Wetterauische Gesellschaft für die gesamte Naturkunde. Annalen, 1, 2, Frankfurt 1809, S. 249 – 256
Laqueur, B.: Über die Verwendung der Belladonna bei katarrhalischen Tracheitiden und Bronchitiden – Die Therapie der Gegenwart 72 (1931), Nr. 10, S. 480
Leary, Timothy: Politik der Extase – Amsterdam/Katmandu 1976
Leary, Timothy, Metzner, Ralph, Alpert, Richard: Psychedelische Erfahrungen. Ein Handbuch nach Weisungen des tibetanischen Totenbuches – Amsterdam/Katmandu 1975
Legenaro, Aldo: Drogen und soziokultureller Wandel – Wiss. Diss. Köln 1975
Lehmann, Friedrich R.: Kulturgeschichte und Rezepte der Liebesmittel – Heidenheim 1955
Lemeland, Pierre: Belladonnablätterpulver des Handels – Apotheker-Zeitung, Berlin 27 (1912) S. 10
Lemke, E.: Die Eibe in der Volkskunde – Zeitschrift des Vereins für Volkskunde – 1902
Leonhardt, Rudolf Walter: Haschisch-Report. Dokumente und Funktion zur Beurteilung eines sog. Rauschgiftes – München 1970
Leonhardt, Wolfram: Über Rauschzustände bei Pantherpilzvergiftungen – integration 2/3: S. 119 – 128 – Knetzgau 1992
Leu, Daniel: Drogen – Sucht und Genuß – Basel 1984
Leuenberger, Hans: Zauberdrogen (Reisen ins Weltall der Seele) – Stuttgart 1969
Leuenberger, Hans: Im Rausch der Drogen – München 1970

Leuenberger, Hans: Gesund durch Gift. Neue Wege zu langem Leben – Stuttgart 1972
Leuner, H.: Über die historische Rolle magischer Pflanzen und ihrer Wirkstoffe – in: Vorgeschichtliche Heiligtümer und Opferplätze in Mittel- und Nordeuropa – Göttingen 1970
Leuner, H.: Halluzinogene – Lexikon der Psychiatrie – Berlin 1973
Leung, Albert Y.: Chinesische Heilkräuter – Köln 1985 (Diederichs)
Levinstein, Eduard: Die Morphiumsucht. Eine Monografie nach eigenen Beobachtungen – Berlin 1880
Lewin, Louis: Experimentelle Untersuchungen über die Wirkungen des Aconitins auf das Herz – Berlin 1875
Lewin, Louis: Über Piper methysticum – Berlin 1986
Lewin, Louis: Über Areca Catechu, Chavicia Betle und das Betelkauen – Monografie, Stuttgart 1889
Lewin, Louis: Lehrbuch der Toxikologie – 1897 (2. Aufl.)
Lewin, Louis: Über die angebliche Wanderung des Hyoscyamin aus einem Datura-Pfropfreis auf Kartoffelknollen – Nachricht für Pharmacie 1907, Bd. CCXLVI, Heft 6
Lewin, Louis: Gifte und Weltgeschichte (Nachdruck von 1920) – Hildesheim 1983
Lewin, Louis: Die Pfeilgifte – Berlin 1922 (Reprint Hildesheim 1984)
Lewin, Louis: Die Fruchtabtreibung durch Gifte und andere Mittel – Berlin 1922
Lewin, Louis: Anhalonium Lewinii – Preußische Jahrbücher – Januar 1925
Lewin, Louis: Gifte und Gegengifte – 1926
Lewin, Louis, Loewenthal, J.: Giftige Nachtschattengewächse bewußtseinszerstörender Eigenschaften im culturgeshichtlichen Zusammenhang – Jarus. 1926, Bd. 30
Lewin, Louis: Phantastica (Nachdruck von 1927) – Linden 1980
Lewin, Louis: Untersuchungen über Banisteria Caapi – Archiv für experimentelle Pathologie und Pharmakologie – 1928
Lewin, Louis: Banisteria Caapi, ein neues Rauschgift und Heilmittel – Berlin 1929 (Nachdruck, Berlin 1986)
Lewin, Louis: Gottesurteile durch Gifte und andere Verfahren – Berlin 1929
Lewinsky, Erich: Vergleichende Anatomie der Wurzeln und Rhizome einiger pharmakognostisch wichtiger Solanaceen. Lokalisation und Bestimmung der Alkaloide – Botanisches Archiv, Bd. 6, 1924, S. 313 – 333
Lichtenberger, Sigrid: Züge des Schamanismus in der germanischen Überlieferung, in: Schamanentum und Zaubermärchen: 28 – 41 – Kassel 1986
Liebig, Justus: Analyse des Atropins – in: Die Annalen der Pharmacie, hrsg. v. R. Brandes, P. C. Geiger und J. Liebig, Heidelberg 6 (1833), S. 66 f
Liggenstorfer, Roger: Neue Wege in der Drogenpolitik. Geschichte des Hanfs und der Drogenprohibition – Nachtschatten-Verlag 1991
Lind, Ulf: Die Medizin der Ayore-Indianer im Gran Chaco – 1974
Linder, Adrian: Kultischer Gebrauch psychoaktiver Pflanzen in Industriegesellschaften – in: Völger/von Welck (Hrsg.) 1982, S. 1271 – 1282
Lion, Fritz: Dämon Morphium – Berlin 1929
Lösch, Hans, Mattke, Dankwart J.: Drogen-Fibel – München 1971
Lonicerus Adamus: Kreuterbuch – Frankfurt/M. 1679 (Nachdruck Grünwald bei München 1962)
Loth, Heinrich: Afrikanische Heilkunst – Leipzig 1991
Ludlow, Fitz Hugh: Der Haschisch-Esser – Basel 1981
Lundgreen: Die Bedeutung der Pflanzenwelt in der alttestamentlichen Religion (Beiheft zur Zeitschrift für die alttestamentliche Wissenschaft, XIV) – 1908
Ma'ax, K'ayum, Rätsch, Chr.: Der Kosmos im Regenwald – Köln 1984
Madaus, Gerhard: Lehrbuch der biologischen Heilmittel – Leipzig 1938 (Reprint Hildesheim/New York 1979)
Maier, H. W.: Der Kokainismus (Geschichte, Pathologie, medizinische und behördliche Bekämpfung) – Leipzig 1926
Mann, T.: Haschisch – Der deutsche Militärarzt 6/1942
Mannheim, M. J.: Die Scopolamin-Wirkung in der Selbstbeobachtung – Zeitschrift für Neurologie 93/55 – 1925
Margolis, Jack S., Clorfene Richard: Der Grasgarten – Linden 1979 (Volksverlag)
Marquart, B.: Der Hanfanbau – Berlin 1919
Marzell, Heinrich: Alte Heilkräuter – Jena 1926
Marzell, Heinrich: Die Pflanzen im deutschen Volksglauben – Jena 1925
Marzell, Heinrich: Wörterbuch der deutschen Pflanzennamen – Stuttgart 1935 (5 Bde., Leipzig 1943 – 1958)
Marzell, Heinrich: Hexen und Druden in deutschen Pflanzennamen – Bayr. Jahrb. für Volkskunde 1962

Marzell, Heinrich: Zauberpflanzen, Hexentränke (Brauchtum und Aberglaube) – Stuttgart 1964 (Kosmos)
Matthiolus, Pierandrea: Kreuterbuch – Frankfurt/M. 1626
Maurizio, A.: Die Geschichte der gegorenen Getränke – Berlin/Hamburg 1933 (Reprint 1982)
Maxwell, Nicole: Bei Medizinmännern am Amazonas (Indianisches Wundermittel als neue Arzneien) – Hamburg 1963
Mayer, Karl H.: Salvia divinorum: Ein Halluzinogen der Mazateken in Oaxaca – Ethnol. Americana 14 (2), Nr. 80: S. 776 – 779 – 1977
McKenna, Terence: Wahre Halluzinationen – Basel 1989 (Sphinx)
Mein: Über die Darstellung des Atropins in weißen Kristallen – Annalen der Pharmacie, hrsg. v. Rudolph Brandes, Phillipp, Geiger Lorenz u. Justus Liebig, Heidelberg 6 (1839), S. 67 – 72
Mejer, Ludwig: Die Periode der Hexenprozesse – Hannover 1882
Mejer, Ludwig: Hexenthum und Stechapfel – Hannover 1894
Mejer, P. Joseph: Die Zauberei bei den Küstenbewohnern der Gezelle-Halbinsel, Neupommern, Südsee – Anthropos 8: S. 1 – 11, 285 – 305, 688 – 713 – 1919
Melody, R.: Ich helfe den Haschern – Freuburg 1972
Mengenberg, Conrad von: Das Buch der Natur – Augsburg 1478
Menhardt, Hermann: Die Mandragora im Millstädter Physiologus bei Honesius Augustodunensis (Sonderdruck aus Festgabe für Ludwig Wolff) – Neumünster
Mercantante, Antony S.: Der magische Garten – Zürich 1980
Merkel, H., Sedlmeyer, J., Straub, W.: Tollkirschen-Vergiftung (tödliche?) (Giftmorde?) – Sammlung von Verhaftungsfällen, hrsg. v. H. Fühner, Bd. 2, Berlin 1931, S. 129 – 132
Metzner, Wolfgang, Thamm, Berndt Georg: Drogen – Hamburg 1989
Meyer, Arthur: Wissenschaftliche Drogenkunde – Berlin 1891
Michaelis, Ad. Alf.: Pflanzenheilkunde – Halle 1903
Michaelis, H.: Psilocybe semilanceata (Fr.) Qud. (Spitzkegeliger Kahlkopf) – Nachweis von Psilocybin in deutschen Funden – Z. Pilzkunde 43, S. 305 – 1977
Mildner, T.: Haschisch und die Bewertung von 1000 Jahren – Deutsche med. J. 23/1972
Mitlacher, Wilhelm: Toxicolog. und forensisch wichtige Pflanzen und veget. Drogen – Berlin 1904
Mitlacher, Wilhelm: Die offizinellen Pflanzen und Drogen – Wien 1912
Mitrovic, Alexander: Mein Besuch bei einer Zauberfrau in Norddalmatien – Anthropophyteia 4: S. 227 – 236 – 1907
Mizaldus, Antonius: Arztgarten, von Kreutern, so in den Gärten gemeinlich wachsen etc. – Basel 1577
Moeller, K. O.: Rauschgifte und Genußmittel – Basel 1951
Moser, M., Horak, E.: Psilocybe serbica spec. nov., eine neue Psilocyin und Psilocin bildende Art aus Serbien – Z. Pilzkunde 34, S. 137 – 1968
Moser-Schmitt, Erika: Soziorituraler Gebrauch von Betel in Indien – Rausch und Realität, Bd. II, S. 546 – 551 – Köln 1981
Most, G. F.: Encyklopädie der gesamten Volksmedizin, oder Lexikon der vorzüglichsten und wirksamsten Haus- und Volksmittel aller Länder – Leipzig 1843 (Nachdruck Graz 1984)
Mrabet, M., Bowles, P.: Haschisch-Geschichten – Löhrbach/Odw.
Mrisch, W.: Erfahrungen mit Hexen und Hexensalben – in: Unter dem Pflaster liegt der Strand, Bd. 5 – Berlin 1978
Mühle, E.: Krankheitserscheinungen und Schadbilder an Solanaceen, Nachtschattengewächsen, und ihre Erreger-Pharmazie 2 (1947), S. 136 f.
Müller, G. F. R.: Beiträge zur Kenntnis der Inhaltsstoffe des Fliegenpilzes – Diss. Zürich 1961
Müller, G. F. R., Good, R.: Wirkstoffe aus Amanita muscaria: Ibotensäure und Muscazon – Tetrahedron Lett.: S. 1813 – 1815 – 1968
Müller, G. F. R.: Good, R.: Wirkstoffe aus dem Fliegenpilz – Naturwiss. 55: S. 305 – 313 – 1968
Müller, G. F. R.: Good, R.: Chemie der Wirkstoffe aus dem Fliegenpilz (Amanita muscaria) – Festschr. ehem. org. Naturst. 27: S. 261 – 321 – 1969
Müller, G. K., Gartz, J.: Psilocybe cyanescens, eine weitere halluzinogene Kahlkopfart in der DDR – Mykol. Mitteilungsblatt 29, 33 – 1986
Müller, I.: Kräutergärten im Mittelalter
Müller, Wilhelm: Über Vergiftungserscheinungen nach Anwendung kleinster Mengen von Atropin – Medizinische Welt 13 (1939), Nr. 35, S. 1230 f.
Müller-Ebeling, C., Rätsch, Chr.: Heilpflanzen der Seychellen (Ein Beitrag zur kreolischen Volksheilkunde) – Berlin 1986
Müller-Ebeling, C., Rätsch, Chr.: Zur Rauscherfahrung in der Literatur (Kommentierte Bibliographie) – Berlin 1986
Müller-Ebeling, Claudia: Die Alraune in der Bibel – in: Schlosser: 141 – 149 – 1987

Münch, Burchard Friedrich: Practische Abhandlung von der Belladonna und ihrer Wirkung – Göttingen 1785
Münch, Joh. Hrch.: Beobachtungen bey angewendeter belladonna bey den Menschen – Stendal 1789
Multhaupt, Tamara: Hexerei und Antihexerei in Afrika – München 1990
Murr, J.: Die Pflanzenwelt der griechischen Mythologie – 1890
Myerhoff, Barbara G.: Der Peyotekult – Trikont-Dianus, München
Navanjo, Claudio: Die Reise zum ich (Psychotherapie mit heilenden Drogen) – Frankfurt/M. 1979
Navat, Eric: Die Ojibway und der Fliegenpilz – Integration 4: S. 45 – 54 – Knetzgau 1992
Nemec, Helmut: Zauberzeichen – München 1976
Nerud, F., Semerdzieva, M.: Halluzinogene Pilze in der Tschechoslowakei – Ceske Mykologie 1973
Neubauer, D.: Zur Auftretung der wichtigsten Alkaloide des Mohns in den einzelnen Organen und in verschiedenen Entwicklungsstadien – Planta medica, Vol. 12, No. 1, S. 43 – 50 – Stuttgart 1964 (Hippokrates-V.)
Neuhoff, W.: Eine Düngerlingsvergiftung in Bremen – Z. Pilzkunde 24, S. 87 – 1958
Neumann, Nicolaus: Hasch und andere Trips – Hamburg 1970
Neumann, R.: Aus Leben, Sage und Geschichte der Eibe – Abhandlung zum Jahresbericht des Bautzner Gymnasiums 1908
Neuwinger, Hans Dieter: Afrikanische Arzneipflanzen und Jagdgifte – Stuttgart 1994 (Wissensch. Verlgas-Gesellschaft)
Ngô, Tru'c, Nhâ, Danert, S.: Über die Fruchtentwicklung und über zentrische Leitbündel in der Gattung Datura (Solanaceae) – Kulturpflanze 21, S. 119 – 193
Niemer, H., Bucherer, H., Kohler, A.: Über den Abbau von Atropin durch Corynebacterium belladonnae – Hoppe und Seylers Zeitschrift für physiologische Chemie, Berlin 317 (1959), S. 238 u. 242 u. 326 (1961), S. 9 – 12
Nyman, Ebbe: Studien über die Atropingruppe. Untersuchungen über einige Wirkungen anticholergischer Substanzen beim Menschen – Acta Physiologica Scandinavica, Vol. 3, Supplementum X – Stockholm 1942
Oberdorfer, Erich: Pflanzensoziologische Exkursionsflora – Stuttgart 1979
Olvedi, Ulli: LSD-Report – Frankfurt/M. 1972
Orzechowski, G.: Halluzinogene Drogen – Medizinische Welt 16/1969
Orzechowski, G., Gessner, O.: Gift- und Arzneipflanzen von Mitteleuropa – Heidelberg 1974
Oshawa, George, Aihava, Herman, Pulver, Fred: Rauchen, Marihuana und Drogen – Holthausen/Münster 1985
Ott, Theo: Der magische Pfeil (Magie und Medizin) – Freiburg 1979
Pahlow, Manfred: Das große Buch der Heilpflanzen. Gesund durch die Kräfte der Natur – München 1979
Papyrus Ebers: Das älteste Buch über Heilkunde – übersetzt von H. Joachim – Berlin 1890
Pascher, A.: Über Atropa – Flora 148: S. 84 – 109 – 1959
Pascal, Henry: Wenn Pflanzen die Welt verändern – Verlag für Grundlagenwissen
Paul, H., Poelt, J.: Ein neues Aezidium auf Atropa belladonna L. – Bericht über Bayr. Bot. Gesellschaft zur Erforschung der heimischen Flora (1950), S. 297
Pelt, Jean-Marie: Pflanzenmedizin – Düsseldorf/Wien 1983
Perger: Studien über die deutschen Namen der in Deutschland gebräuchlichen Pflanzen – Denkschrift der L. Akad. D. Wiss. Math. naturw. Klasse XIV – 1858
Perger: Über den Alraun – Wiener Altertumsverein Bd. 5p., S. 253 ff – Wien 1861
Peukert, Will-Erich: Hexensalben – Medizinischer Monatsspiegel, 8. Folge, Aug. 1960, pp. S. 169 – 174 – Darmstadt 1960
Peukert, Will-Erich: Ergänzende Kapitel über das deutsche Hexenwesen – Barojas "Die Hexen der Welt", 1967, pp. 285 – 320
Pezin, Claude: Bei Zauberern von Amazonas – Stuttgart 1968
Pfeifer, S.: Mohn – Arzneipflanze seit mehr als zweitausend Jahren – Die Pharmazie, 17. Jg., Heft 9, S. 467 – 479 – VEB Verlag Volk und Gesundheit – 1962
Philippi, R. A.: Latua Ph., ein neues Genus der Solanaceen – Botanische Zeitung, No. 33, Aug. 1858, pp. 241 – 242
Phokas, G., Steinegger, E.: Über die Alkaloidzusammenstellung von Radix Belladonnae verschiedener Herkunft – Pharmazie 11 (1956), S. 652 f.
Pieper, Richard: Volksbotanik. Unsere Pflanzen im Volksgebrauche, in Geschichte und Sage, nebst einer Erklärung ihrer Namen – Gumbinnen 1897
Plinius, Secundus Gaius: Naturkunde: lateinisch-deutsch, hrsg. u. übers. v. R. König u. G. Winkler – München 1983 – 1984
Plowman, T.: Brugmansia (Baum-Datura) in Südamerika – in: G. Völger (ed.), Rausch und Realität. Drogen im Kulturvergleich, pp. 436 – 443 – Rautenstrauch-Joest-Museum für Volkskunde, Köln

Poethke, W., Arnold, E.: Untersuchungen über den Morphingehalt der Mohnpflanze – Die Pharmazie, 6. Jg., Heft 8, S. 406 – 420 – VEB Verlag Volk und Wissen – 1951
Porta, I. B.: Magiae naturalis – Amsterdam 1561
Preissel, Ulrike u. Hans-Georg: Brugmansia (Datura), Engelstrompeten – Stuttgart 1991
Probst, Heinz J., Rätsch, Chr.: Kräuter zur Familienplanung – Sexualmedizin 12 (4), S. 173 – 176 – 1983
Probst, Heinz J., Rätsch, Chr.: Xtohk'uh: Zur Ethnobotanik der Datura-Arten bei den Maya in Yucatan – Ethnologia Americana 21 (2), Nr. 109, S. 1137 – 1140 – 1983
Pusinelle, C.: Über Cannabinolvergiftung – Schmidt's Jahrbuch 1887
Ränk, G.: Skythisches Räucherwerk – Bonn 1972
Rätsch, Chr.: Ma'ax K'ayum: Der Kosmos im Regenwald – Köln 1984
Rätsch, Chr.: Bilder aus der unsichtbaren Welt – München 1985
Rätsch, Chr.: Heilige Bäume und halluzinogene Pflanzen – Köln 1986 (Diederichs)
Rätsch, Chr.: Das Antoniusfeuer in Yucatan – Berlin 1986
Rätsch, Chr.: Ethnopharmakologie und Parapsychologie – Berlin 1986
Rätsch, Chr.: Die Orientalischen Fröhlichkeitspillen und verwandte psychoaktive Aphrodisiaka – Berlin 1986
Rätsch, Chr., Müller-Ebeling, C.: Heilpflanzen der Seychellen (Ein Beitrag zur kreolischen Volksheilkunde – Berlin 1986
Rätsch, Chr., Müller-Ebeling, C.: Zur Rauscherfahrung in der Literatur (Kommentierte Bibliografie) – Berlin 1986
Rätsch, Chr.: Die Alraune heute, in: Starck: S. 87 – 109 – 1987
Rätsch, Chr.: Der Rauch von Delphi – Curare 4/87, Vol. 10, S. 215 – 228 – 1987
Rätsch, Chr.: Das Tor zum inneren Raum (Festschrift zum 80. Geburtstag von Albert Hofmann) – Berlin 1987
Rätsch, Chr.: Indianische Heilkräuter – Köln 1987
Rätsch, Chr.: Lexikon der Zauberpflanzen – Graz 1988
Rätsch, Chr.: Pflanzen der Liebe – Bern 1990 (Hallwag-V.)
Rätsch, Chr.: Die Pflanzen der Götter auf der Erde – Imagination 4 (1), S. 18 – 20 – 1989
Rätsch, Chr.: Von den Wurzeln der Kultur – Basel 1991
Rätsch, Chr.: Hanf als Heilmittel – Löhrbach/Odw. 1992
Rätsch, Chr. (Hrsg.): Naturverehrung und Heilkunst – 1993 (Verlag Bruno Martin)
Rätsch, Chr.: Heilkräuter der Antike – 1995 (Diederichs)
Raevis, Edwart: Rauschgiftesser erzählen – 1967
Ranke-Greves, Robert: Die weiße Göttin – 1985
Reco, V. A.: Magische Gifte – Stuttgart 1947
Regel, E. v.: Datura Wrightii Hort. – Gartenflora 8: 193, f. 260 – 1859
Reiniger, W.: Zur Geschichte des Haschischgenusses – Ciba 7/1941
Reuter, Klaus: Anbau und Verwendung von Hanf (Cannabis sativa L.) als Lieferant von Fasern, Samen und Rauschdrogen – Dipl.-Arbeit an der Uni Bonn 1987
Richter, E.: Der nacherlebte Hexensabbat (Forschungsfragen unserer Zeit) – 1960
Die Riegersburg und das Hexenmuseum – 1989
Ripley, Dillon S.: Tropisches Asien, Flora und Fauna – Reihe Time Life International
Rippchen, Ronald, Vetterling, Bernhard: Das definitive deutsche Hanf-Handbuch – Löhrbach/Odw.
Rippchen, Ronald: Zauberpilze – Solthurn/Löhrbach/Odw. 1993
Römer: Die Behandlung des postenzephalitischen Parkinsonismus mit hohen Atropindosen – Münchner medizinische Wochenschrift 80 (1933), S. 819 – 981
Römisch, H.: Morphin aus Grünmohn – Die Pharmazie, 13. Jg., Heft 12, S. 769 – 777 – VEB Verlag Volk und Gesundheit 1958
Römisch, H.: Spektrophotometrische Bestimmung der Mohnalkaloide und dse Morphingehaltes von silierten und im Schnellumlauftrockner getrocknetem Grünmohn – Die Pharmazie, 16. Jg., Heft 7, S. 373 – 377 – VEB Verlag Volk und wissen 1961
Römpp, Hermann: Chemische Zaubertränke – Stuttgart 1950
Romeike, A.: Beiträge zur chemischen Physiologie der mydriatisch wirkenden Solanaceen-Alkaloide – Pharmazie 8, S. 668 – 674 u. S. 729 – 747 – 1953
Ronge, W. G.: Kleine Kulturgeschichte der Alraunwurzel – Medizinischer Monatsspiegel, April 1961
Ropp, Robert de: Bewußtsein und Rausch (Drogen und ihre Wirkung) – München 1964
Rosenbohm, Alexandra: Halluzinogene Drogen im Schamanismus (Mythos und Ritual im kulturellen Vergleich) – Berlin 1991
Rosenfeld, H.: Über Rauschgiftsucht – Psyche 4/1960
Rosentaler: Über Hyoscyamus muticus – München
Rosenthal, F., Frank, M.: Marihuana-Zucht – Amsterdam 1980

Rost, E.: Zur Frage der Häufigkeit des Vorkommens von Überempfindlichkeit gegenüber Belladonna und Belladonna-Präparaten – Deutsche medizinische Wochenschrift, Leipzig 59 (1933), Nr. 15, S. 585
Rothlin, E.: Zur Methodik des pharmakologischen Nachweises von Belladonnaalkaloiden – Pflüger's Archiv für die gesamte Physiologie des Menschen und der Tiere 206 (1924), S. 614 – 628
Rouhier, A.: Die Hellsehen hervorrufenden Pflanzen – Baltimore 1917 (Nachdruck Berlin 1986)
Rullmann, A.: Die Giftpflanzen und Giftschwämme Deutschlands ... – Kassel 1837
Sahiti, A.: Drogen von A – Z – Weinheim/Basel 1990
Salber, W.: Haben Drogen eine Seele? – RR
Sandermann, W.: Berserkerwut und Sumpfporst-Bier – Brauwelt 120 (50), S. 1870 – 1872 – 1980
Sartorius, C.: Verfassungs- und Verwaltungsgesetze der Bundesrepublik BA.1 – hier: 275. Gesetz über den Verkehr mit Betäubungsmitteln (Betäubungsmittelgesetz – BfMG) – Verlag C. H. Beck 1987
Schadewald, Hans: Der Medizinmann bei den Naturvölkern – Stuttgart 1968
Schaer, Ed.: Aus der Geschichte der Gifte – Basel 1883
Schäfer, Elisabeth: Zur Stabilisierung von Folia Belladonna – Inaug.-Diss. München 1954
Schall, P.: Zauber und Medizin in Altchina – München 1965
Schauenstein, A.: Die Vergiftung mit Aconitum, Strychneen, Belladonna und anderen Giftpflanzen – J. Maschka's Handbuch der gerichtlichen Medicin, Bd. 2 – Tübingen 1882
Scheerer, S., Vogt, I.: Drogen und Drogenpolitik – Frankfurt 1989
Scheidt, G., Schmidtbauer, W.: Handbuch der Rauschdrogen – Frankfurt/M. 1982
Scheidt, Jürgen von: Drogenrausch und parapsychologische Phänomene – Zeitschr. für Parapsychologie 14 (4), S. 244 – 251 – 1972
Schenk, Ernst: Pinakothek der deutschen Giftgewächse – Jena 1844
Schenk, Gustav: Frucht und Same – Hannover 1947
Schenk, Gustav: Das Buch der Gifte – Berlin 1954
Schenk, Gustav: Schatten der Nacht – Ulm 1964
Scheuch, Erwin K.: Haschisch und LSD als Modedrogen – Osnabrück 1970
Schiering, W.: Das Bilsenkraut (Eine okkultistisch-kulturgeschichtliche Betrachtung) – Zentralblatt für Okkultismus, S. 23 – 31 – Leipzig 1927
Schipper, A., Volk, O. H.: Beitrag zur Kenntnis der Alkaloide von Peganum harmala – Deutsche Apotheker-Zeitung 100 (10), S. 255 – 258 – 1960
Schlosser, Alfred: Die Sage vom Galgenmännlein im Volksglauben und in der Literatur – Berlin 1986 (Reprint)
Schmeil, O., Fitschen, J.: Flora von Deutschland – Heidelberg
Schmid, Alfred: Drogen und Drogenhandel im Altertum – Diss. Köln 1924
Schmidbauer, Wolfgang: Die magische Mandragora – Antaois Bd. X, No. 3, S. 274 – 1968
Schmidt, H.: Narkose und Narkotika in vergangener und moderner Zeit – Münchner medizinische Wochenschrift, 79, S. 2086 – 2089 – 1929
Schmiedeberg, O., Koppe, R.: Das Muskarin, das giftige Alkaloid des Fliegenpilzes (Agaricus muscarius L.) – Leipzig 1869
Schmiedeberg, O.: Über die Pharmaka in der Illias und Odyssee – Straßburg 1918
Schmitz, H. A.: Tollkirschenvergiftung bei einem Erwachsenen – Sammlung von Vergiftungsfällen, hrsg. v. H. Fühner, Bd. 3, Berlin 1932, S. 169 f.
Schneider: Der Stechapfel als Arznei und als Gift – Wochenschrift für die gesamte Heilkunde, 37, S. 577 – 588 – 1849
Schneider, Wolfgang: Biografie und Lebenswelt von Langzeit-Cannabis-Konsumenten – Berlin 1984 (EXpress)
Schoeffer, Peter: Hortus Sanitatis – Mainz 1485 (Faksimile München 1924)
Schönfeld, Walther: Frauen in der abendländischen Heilunde vom klassischen Altertum bis zum Ausgang des 19. Jahrhunderts – Stuttgart 1947
Schoensperger, Hansen: Hortus Sanitatis – Augsburg 1486 + 1488
Schöpf, Hans: Zauberkräuter – Graz 1986
Scholz, Dieter, Eigner, Dagmar: Zur Kenntnis der natürlichen Halluzinogene – Pharmazie in unserer Zeit 12 (3), S. 75 – 79 – 1983
Schopen, Armin: Traditionelle Heilmittel in Jemen – Wiesbaden 1983
Schottlaender, G. A. E.: Die vorzüglichsten in Tetschland wachsenden Giftpflanzen etc. und deren Wirkungen auf das Leben und die Gesundheit des Menschen – Ulm 1837
Schanck-Notzing v.: Die Bedeutung narkotischer Mittel für den ... mit besonderer Berücksichtigung des indischen Hanfes – Leipzig 1891
Schratz, Eduard: Arzneimittelanbau. Praktische Anleitung zur sachgemäßen Anlage und Pflege von Arzneipflanzenkulturen – Hannover 1949
Schratz, Eduard: Arzneipflanzen. Spezieller Teil I. Stechapfel, Datura stramonium L. – Handbuch

für Pflanzenzüchtung, vol. 5, pp. 430 – 439
Schrödter, Ekkehard: Ethnobotanik-Ethnobotany – Beiträge und Nachträge zur 5. Internationalen Dachkonferenz Ethnomedizin in Freiburg 1980
Schröder, H.: Der Einfluß von Mineraldüngung und Standort auf Morphingehalte sowie andere qualitative und quantitative Merkmale des Mohns – Die Pharmazie, 21. Jg., Heft 10, S. 635 – 641 – VEB Verlag Volk und Gesundheit 1966
Schrödter, Willy: Pflanzengeheimnisse – 1981
Schroff, C. D.: Abhandlung über Belladonna, Atropin und Daturin – Zeitschrift der kaiserlich-königlichen Gesellschaft der Aerzte zu Wien, Wien 8 (1852), S. 211 – 142
Schroff, C. D.: Die Taftwurzel Persiens – Österr. Zeitschr. für praktische Heilkunde 1861, S. 434
Schubert, R., Wagner, G.: Pflanzennamen und botanische Fachwörter – Melsungen/Berlin/Basel/Wien 1979
Schüler: Ein Fall von Atropinvergiftung, durch Morphium subcutan geheilt und Vergiftung durch Helvella esculenta – Berliner klinische Wochenschrift 17 (1880), Nr. 45, S. 658 f.
Schuldes, Bert M.: Psychoaktive Pflanzen – Solothurn/Löhrbach/Odw. 1993
Schultes, Richard E.: Ein halbes Jahrhundert amerikanische Halluzinogene – Planta Medica 13, S. 126 – 157 – Stuttgart 1965
Schulte-Motel, J.: Die urgeschichtliche Rasse des Schlafmohns (Papaver somniferum L.) und die Entstehung der Art – Die Kulturpflanze, Bd. 27, S. 207 – 215 – 1979
Schultes, Richard E.: Das Erbe der Volksmedizin – in: W. Thomson (Hrsg.), Heilpflanzen und ihre Kräfte – Bern 1978
Schultes, Richard E., Hofmann, Albert: Pflanzen der Götter – Bern 1980
Schultes, Richard E.: Einführung in die Botanik der wichtigsten pflanzlichen Drogen – in: Völger/von Welck (Hrsg.), S. 46 – 73 – 1982
Schultz, O.E., Haffner, C.: Zur Kenntnis eines sedativen Wirkstoffes aus dem deutschen Faserhanf – Arch. Pharm. Berlin 291/1958
Schumm, Marianne: Fürstliche Frauen als Apothekerinnen – Württembergisch Franken 69 (1985), S. 99 – 125
Schurz, Josef: Vom Bilsenkraut zum LSD – Stuttgart 1969 (Kosmos)
Schwarzer Hirsch: Die heilige Pfeife – Olten 1956
Seefelder, Matthias: Opium – eine Kulturgeschichte – überarbeitete Ausgabe von 1987 – München 1990 (DTV)
Seehuber, R.: Alkaloidgehalte im Schlafmohn (Papaver somniferum L.) und ihre Bedeutung bei der Gewinnung von Öl – Landbau-Forschung Völkenrode: 40. Jg., Heft 3, S. 209 – 212 – Braunschweig 1990
Segerdahl, Elsa: Atropin-Vergiftung, medizinale – Sammlung von Vergiftungsfällen, hrsg. v. H. Führner, Bd. 6, S. 1 f. – Berlin 1935
Senn, Gustav: Die Pflanzenkunde des Theoprast von Eresos – Basel 1921
Seitz, G. J.: Die Waikas und ihre Drogen – Zeitschrift für Ethnologie 1969
Serko: Im Meskalinrausch – Jahresber. der Psych. und Neurol., Bd. 34, S. 355 – 1913
Seyfahrt, Siegfried: Betelkauen in Melanesien – in: Rausch und Realität, Bd. II, S. 560 – 566 – Köln 1981
Sharon, Douglas: San-Pedro-Kaktus – Botanik, Chemie und ritueller Gebrauch in den mittleren Anden – in: Völger/von Welck (Hrsg.), S. 785 – 800 – 1982
Sickenberger, E.: Die einfachsten Arzneistoffe der Araber im XIII. Jahrhundert – Wien 1893
Siebert, Carl: Ueber die Bestandtheile von Scopolia atropoides, Anisodes laridus, Solanum nigrum, Lycium barbarum und Atropa belladonna – Inaug.-Diss. Marburg 1889
Sigerist, Henri: Studien und Texte zur frühmittelalterlichen Rezeptliteratur – Studien zur Geschichte der Medizin, Heft 13 – Leipzig 1923
Sigger, Alfred: Das Buch der Gifte des Gabir Ibn Hayyan – Wiesbaden 1958
Sigusch, V.: Hosenwurtz und Rutenmorchel – Sexualität konkret – Hamburg 1984
Silver, J.: Liebesrezepte – Genf 1975
Söhns, Franz: Unsere Pflanzen. Ihre Namenserklärung und ihre Stellung in der Mythologie und im Volksaberglauben – Leipzig/Berlin 1912
Spinner, J. H.: Anatomie und Chirurgie in Henkershänden – Die medizinische Welt, S. 24 – 32 – 1934
Spinner, J. H.: Geheimnis der Hexensalben und Hexentränke – Die medizinische Welt, 10, S. 353 – 355 u. 11, S. 390 – 391 – 1934
Spranz, Bodo: Zauberei und Krankenheilung im Brauchtum der Gegenwart bei Otomi-Indianern in Mexiko – Zeitschrift für Ethnologie, S. 51 – 67 – 1961
Sprengel, Kurt: Theophrasts Naturgeschichte der Gewächse – Altona 1922
Sprenger, J., Institoris, H.: Der Hexenhammer (Übersetzung von H. Schmidt) – München 1982
Springer, Alfred: Zur Kulturgeschichte des Cannabis in Europa – in: W. Burian & I. Eisenbach-Stangl

(Hrsg.), Haschisch-Prohibition oder Legalisierung, S. 34 – 43 – Weinheim/Basel 1982
Springer, Alfred: Kokain: Mythos und Realität – Wien 1989
Stadtbauer, Ferdinand: Reibet die Fußsohlen mit weißem Senf (Heilpflanzen in der Oberpfalz) – Regensburg 1979
Stafford, Peter: Enzyklopädie der psychedelischen Drogen – Linden 1980
Stafford, Peter: Meskalin, Peyote und verwandte Kakteen – Linden 1980
Stafford, Peter: Psilocybin und andere Pilze – Linden 1980
Stafford, Peter: LSD (Informationsreihe Drogen) – Linden 1980
Stahl, E., Kunde, R.: Pflanzliche Rauschgifte und ihre Erkennung – in: Themen zur Chemie, Toxikologie und Analytik der Rauschgifte – Heidelberg 1975
Stahl, E., Brombeer, J., Eskes, D.: Rauschgiftpilze mit LSD? – Archiv für Kriminologie 162, S. 23 – 1978
Stammel, Heinz J.: Die Apotheke Manitous (Das medizinische Wissen der Indianer und ihre Heilpflanzen – Reinbek bei Hamburg 1986
Starck, Adolf Taylor: Der Alraun – Leipzig 1927 (Nachdruck Berlin 1986)
Starks, Michael: Marihuana-Potenz – Linden 1981
Steckel, R.: Bewußtseinserweiternde Drogen – Frankfurt 1970
Sterly, Joachim: Kumo (Hexer und Hexen in Neu-Guinea) – München 1987
Stevens, Murphy: Marihuana-Anbau in der Wohnung mit künstlichem Licht – Amsterdam/Kathmandu 1978
Stijve, T.: Vorkommen von Serotonin, Psilocybin und Harnstoff in Panaeoloideae – Beitrag zur Kenntnis der Pilze Mitteleuropas 3, S. 229 – 1987
Stöhr, Waldemar: Betel in Südost- und Südasien – in: Rausch und Realität Bd. II, S. 552 – 559 – Köln 1981
Stoerk, Anton: Abhandlung von dem sicheren Gebrauch und der Nutzbarkeit des Stechapfels, des Bilsenkrautes und des Eisenhütleins – Zürich 1763
Stocker: Eine Belladonnavergiftung – Correspondenzblatt für schweizer Aerzte, Basel 35 (1905), S. 107 – 111
Storl, Wolf-Dieter: Vom rechten Umgang mit heilenden Pflanzen – Freiburg i. Br. 1986
Storl, Wolf-Dieter: Von Heilkräutern und Pflanzengöttern – Braunschweig 1993
Stringaris, M. G.: Die Haschischsucht. Pharmakologie – Geschichte – Psychopathologie – Klinik- Soziologie – 1972
Suray, G. W.: Die verborgenen Heilkräfte der Pflanzen – Freiburg i. Br. 1978
Szasz, Thomas S.: Das Ritual der Drogen – Wien/München/Zürich 1978
Tabernaemontanus, J. T.: Kräuterbuch – Basel 1664
Täschner, Karl-Ludwig: Das Cannabis-Problem: Kontroverse um Haschisch und Marihuana aus medizinisch-soziologischer Sicht – Wiesbaden 1979
Täschner, Karl-Ludwig: Das Haschisch-Problem aus klinischer Sicht – Deutsches Ärzteblatt, Heft 4 vom 22.1.81, S. 126 – 129
Täschner, Karl-Ludwig: Haschisch. Traum und Wirklichkeit – Wiesbaden 1981
Thamm, Bernd Georg: Andenschnee – Basel 1986
Thamm, Bernd Georg, Metzner, Wolfgang: Drogen – Hamburg 1989 (Stern-Buch)
Theobald, W. et al.: Pharmakologische und experimentelle pathologische Untersuchungen mit zwei Inhaltsstoffen des Fliegenpilzes (Amanita muscaria) – Arzneimittelforschung, Aulendorf (Württ.) 1968, S. 311 – 315
Theophrast's Naturgeschichte der Gewächse. Übersetzt und erläutert v. K. Sprengel, 2 Bde. – Altona 1822 (Nachdruck Hildesheim/New York 1971)
Thorwald, Jürgen: Macht und Geheimnis der frühen Ärzte – München 1962
Thurneysser, Leonhardt: Magisches Kräuterbuch – Reprint von 1578
Tobler, Friedrich: Deutsche Faserpflanzen und Pflanzenfasern – München/Berlin 1938
Tossmann, H. P.: Haschischabhängigkeit? Lebensgeschichten von Drogenkonsumenten – Frankfurt 1987 (Fischer-TB)
Tschudi, J. J. v.: Peru: Reiseskizzen aus den Jahren 1838 – 1842 – St. Gallen 1846
Tubeuf, C. Frh.: Biologie, praktische Bedeutung des Kirschhexenbesens – Berlin 1900
Unger, F. X.: Die Pflanze als Zaubermittel – Wien 1858
Unger, W.: Zum Kapitel "Folia Belladonnae" – Apotheker-Zeitung, Berlin 27 (1912), S. 763 f.
Venzlaff, Helga: Der marokk. Drogenhändler und seine Ware – Veröff. der orient. Kommission, Bd. XXXI – 1977
Villiers, Elisabeth: Amulette und Talismane und andere geheime Dinge – München 1927
Vogel, Rudolph Augustin: Schutzschrift für das Mutterkorn – 1771 (Reprint 1987)
Vogt, Irmgard, Scherer, Sebastian: Drogen und Drogenpolitik – Frankfurt/New York 1989
Völger, Gisela: Rausch und Realität (Drogen im Kulturvergleich, 2 Bde.) – Köln 1981

Volk, O. H.: Afghanische Drogen – Planta Medica 3: S. 129 – 146 – Stuttgart 1955
Volk, O. H., Schipper, A.: Beitrag zur Kenntnis der Alkaloide von Peganum harmala – Deutsche Apotheker Zeitung 100 (10), S. 255 – 258 – 1960
Vries, Herman de, Feucht, R.G.: Steigerwald-Symposium 1985
Vries, Herman de: Hermel, Harmel, Harmal – Peganum harmala (die Steppenraute) – in: Salix, Zeitschrift für Ethnomedizin I (1): S. 36 – 40 – Würzburg 1985
Vries, Herman de: Über die sog. Hexensalben (Vortrag in Würzburg, Ethnomedizintagung) – 1986
Vries, Herman de: Ich bin was ich bin – flora incorporata – Piesport/Mosel 1988
Vries, Herman de: natural relations (Eine Skizze) – Nürnberg 1989
Vries, Herman de: Über die sog. Hexensalben – Integration 1: S. 31 – 42 – Knetzgau 1991
Vries, Herman de: Über die Wirkung von Persea indica (L.) Spreng. – Integration 4: S. 57 – Knetzgau 1992
Wagner, G.: Entwicklung und Verbreitung des Peyote-Kultes – in: Baessler-Archiv Bd. XV – Berlin 1932 (Reprint New York 1968)
Wagner, Hildebert: Rauschgift-Drogen – 2. Aufl. – Berlin 1970
Wagner, H.: Pharmazeutische Biologie. Drogen und ihre Inhaltsstoffe – Stuttgart/New York 1980
Wagner, Johanna: Die, die so aussehen wie jemand, aber möglicherweise ganz etwas anderes sind (Aus der Praxis afrikanischer Medizinmänner) – Berlin 1985
Wagner, K.: Tödliche Atropin-Vergiftung – in: Sammlung von Vergiftungsfällen, hrsg. v. H. Fühner, Bd. 6, S. 171 f. – Berlin 1935
Waldschmidt, Eberhard: Der Fliegenpilz als Heilmittel – integration 2/3, S. 67 – 68 – Knetzgau 1992
Wallnöfer, Heinrich: Zauberdrogen – Ärzte – Menschenopfer – Stuttgart 1968
Wallraff, Günter: Meskalin – Ein Selbstversuch – Berlin 1968
Warburg, O.: Die Muskatnuß – Leipzig 1897
Waser, P. G.: Pharmakologie der Halluzinogene – Praxis 60/1971
Wasicky, R.: Eine neue sehr empfindliche Farbreaktion des Atropins, Hyoscyamin und Skopolamins – Zeitschrift für analytische Chemie, Wiesbaden 54 (1915), S. 393 – 395
Wassén, Henry: Einige wichtige, hauptsächlich ethnografische Daten zum Gebrauch indianischer Schnupfdrogen – Ethnologische Zeitschrift 1, S. 47 – 62 – Zürich 1971
Wasson, G., Hofmann, A., Ruck, K. A. P.: Der Weg nach Eleusis – Frankfurt/M. 1984
Watts, A. W.: Kosmologie der Freude – Darmstadt 1972
Weber, Ida: Hexensalben und Rezepturen in der Literatur des 15. u. 16. Jhrds. (Untersuchungen zu mittelalterlicher Gebrauchsliteratur) – Manuskript bei Herman de Vries – 1984
Weber, Otto: Hexen (Leid und Verfolgung im Spiegel der Geschichte – Ausstellung im Museum Ober-Ramstadt) – 1986
Weck, Wolfgang: Heilkunde und Volkstum auf Bali – Jakarta 1986
Wedemeyer, Inge von: Mais, Rausch- und Heilmittel im alten Peru – Ethnomedizin 2 (1/2): S. 99 – 112
Wegner, E.: Die Morphinverteilung in der Mohnpflanze und ihre Veränderungen im Lauf der Vegetationsperiode als Beitrag zur Physiologie eines Alkaloides – Die Pharmazie: 6. Jg., Heft 8, S. 420 – 426 – VEB Verlag Volk und Gesundheit – 1951
Wehmer, Carl: Die Pflanzenstoffe botanisch-systematisch bearbeitet. Bestandteile und Zusammensetzung der einzelnen Pflanzen und deren Produkte – Jena 1929 – 1931
Weil, Andrew: Das erweiterte Bewußtsein – Stuttgart 1974
Weil, Andrew: Wie man gesund bleibt – Psychologie heute-Buch – 1990
Weil, Andrew: Natürliche Gesundheit – natürliche Medizin: Das Handbuch für Vorbeugung und Heilung – Hamburg 1991
Wein, K.: Die Geschichte von Datura stramonium – Die Kulturpflanze 2, S. 18 – 71 – 1954
Weiss, R. F.: Tinctura Belladonnae bei Magendarmkrankheiten – Die deutsche medizinische Wochenschrift 67, 1 (1941), Nr. 27, S. 138 – 140
Weiss, R. F.: Lehrbuch der Phytotherapie – Erstauflage Stuttgart 1944, mehrmals aufgelegt
Welten, Heinz: Unsere Giftpflanzen. Naturgetreue Beschreibung heimischer Giftpflanzen – Berlin/Leipzig 1915
Wettstein, R. v.: Über die Systematik der Solanaceae – Verhandlungen der kaiserlich-königlichen zoologisch-botanischen Gesellschaft in Wien – Wien 42 (1892), S. 29 – 33
Wettstein, R. v.: Solanaceae – in: Engler, A. u. Prantl, K., die natürlichen Pflanzenfamilien, IV. Teil – Leipzig 1936
Wetzel, Karl: Giftpflanzen unserer Heimat – Leipzig 1936
Wiegand, O.: Tödliche Tollkirschenvergiftung – in: Sammlung von Vergiftungsfällen, hrsg. v. H. Fühner, Bd. 7, S. 95 f – Berlin 1936
Wiesmann, Fritz: Untersuchung über die Trocknung der Blätter und Stengel von Atropa belladonna L. und Datura stramonium L. – Diss. ETH Zürich 1935

Wiesner, J.: Mohn, in: Kulturgeschichte-Lexikon der Antike – München 1971
Wimmer, J.: Deutsches Pflanzenleben nach Albertus Magnus – Halle 1908
Winkler, Eduard: Sämtliche Giftgewächse Deutschlands naturgetreu dargestellt und allgemein faßlich beschrieben – Leipzig 1854 (Reprint 1987)
Wirth, H.: Die Tollkirsche und andere medizinisch angewandte Nachtschattengewächse – Stuttgart o. J.
Wirz, P.: Heilkunde in Ceylon – Bern 1941
Wisniewski, Diether: Möglichkeiten accidenteller Belladonnavergiftungen zusammengestellt aus Literaturberichten der letzten 120 Jahre – Diss. Freiburg 1964
Wittstein, G. C.: Etymologisch-botanisches Wörterbuch – Erlangen 1856
Wittstein, G. C.: Handwörterbuch der Pharmacognosie des Pflanzenreiches – Breslau 1887
Woggon, B.: Haschisch: Konsum und Wirkung – Berlin 1974
Wormser, Rudi: Drogen: Erfahrung und Erkenntnis – Neuwied 1973
Wunschmann, F.: Deutschlands gefährlichste Giftpflanzen etc. – Berlin 1833
Wylder, H.: Kleinere Beiträge zur Kenntnis einheimischer Gewächse. Solaneae – Mitteilungen der naturforschenden Gesellschaft in Berlin aus dem Jahre 1861, Nr. 469
Zander, Robert: Die Pflanze im Liebesleben der Völker – Hannover 1951
Zehentbauer, Josef: Körpereigene Drogen – München/Zürich 1992
Zoernig, Heinrich: Arzneidrogen I. u. II. Teil – Leipzig 1909/1911
Zoschke, M.: Mineralstoffversorgung und Morphinbildung bei Papaver somniferum L. – Zeitschrift für Acker- und Pflanzenbau, Bd. 116, Heft 4, S. 317 – 326 – Berlin/Hamburg 1963
Zucker, Konrad: Versuche mit Mescalin an Halluzinaten – Zeitschrift für Psych. u. Neurol. Berlin 1930, Bd. 77, Heft 1 + 2
Zucker, K., Zador: Zur Analyse der Mescalinwirkung im Normalen – Zeitschrift für d. ges. Neurol. u. Psychiatrie, Berlin 1930, Band 127, Heft 1 + 2
Zwinger, Theodor: New vollkommen Kräuterbuch – Basel 1696

WURZEL - VERLAG

Erwin Bauereiß, Markgrafenstraße 21, D-91438 Bad Windsheim, Tel. 09841 / 2974

Folgende Schriften sind zu beziehen:

Anthologie "Verborgene Botschaften - Träume, Zufälle, Visionen"
160 Seiten mit Texten und Illustrationen verschiedener Autoren; DM 20,00

Bäume in der Volkskunde von Heinrich Marzell (Nachdruck)
130 Seiten mit 14 volkskundlichen Baumportraits; DM 14,00

Ein Jahr in der Natur (Gedichte) von Gottfried Weger
90 Seiten mit Fotos von Erwin Bauereiß; DM 14,00

Eisenhut - Monografie
30 Seiten; zusammengestellt von Erwin Bauereiß mit zahlreichen Illustrationen und Fotos; DM 7,00

Monografie Adonis vernalis (Frühlings-Adonisröschen)
von Erwin Bauereiß; 20 Seiten; DM 5,00

Stechapfel-Monografie
von Erwin Bauereiß; 45 Seiten; DM 8,00

Alte Eiche (mein Lebensbaum)
s/w - fotos von Erwin Bauereiß; 25 Seiten; DM 5,00

Anthologie "Unser Wald darf nicht sterben"
Lyrik und Kurzgeschichten, Fotos; 135 Seiten; DM 15,00

Die Frauenbewegung im Wassermannzeitalter
von Franz Graefe; 90 Seiten, DM 10,00

Naturkundlicher Wodanismus
von Klaus Steinhilber; 20 Seiten, DM 5,00

Eiben - Monografie
von Reinhold Jordan; 50 Seiten; DM 8,00

Amanita (Text und Fotos zum Fliegenpilz)
von Hans Wagner und Erwin Bauereiß; 40 Seiten; DM 8,00

Eichen in Bayern
Eine Dokumentation aller Naturdenkmäler; 140 Seiten; DM 20,00
Literarische Zeitschrift für Natur - Bewußtsein **LEBENSBAUM** folgende Ausgaben noch erhältlich: 11, 13, 16 und 17; je DM 5,00.

außerdem:
Wildblumen - Samen und -Stauden (über 500 Samenarten, rund 200 Staudenarten); bitte Liste anfordern!

Naturfotos (über 6000 Dias zur Auswahl); bitte Liste anfordern!

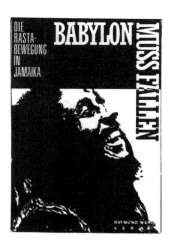

Girma Gebre-Selassie
BABYLON MUß FALLEN
Die Rasta-Bewegung in Jamaika

Der Autor ist ein waschechter Prinz mit Namen Lij Girma A. Eayssu Gebre Selassie, ein Enkel von Kaiser Eyassu, der von 1913 bis 1916 Äthiopien regierte. Bei seinen Aufenthalten in Jamaika gewann er Freunde wie Bob Marley, Burning Spear und andere Rastaführer. In seinem Buch beantwortet er Fragen über den geschichtlichen Ursprung der Rasta-Bewegung, die Situation der Rasta-Frau, die Mysterien der Rastas u.a.
Das erste wirklich fundierte und authentische Buch zum Thema.

200 Seiten
DM 19,80   **Nr. AB 058**

Diverse Autoren/innen
Rastafari
"itations of Jamaica and I"
An Iconography and meditation about Jamaica and the uprising of the most fascinating controversial culture and philosophy of Rastafari. Das Superbuch für alle Jamaica- und Reggae-Fans. Tolle Gedichte und Lieder in original Jamaican englisch, hinreißend illustriert, viele authentische Fotos. Durchgehend farbig auf 120 Seiten.

DM 29,80   Nr. AB 106

Heiner Hai &
Ronald Rippchen
Hanf Handbuch
Völlig neu überarbeitet: Das Standardwerk über die Rauschdroge Hanf. Botanik, Chemie, Anbau, Ernte, Nutzung als Faserpflanzen, Kulturgeschichte des psychoaktiven Cannabis, Wirkung auf Kopf und Körper, Hanf in der Medizin, Mythen, Das holländische Modell, Forschung heute, Entkriminalisierungs- und Legalisierungsdebatte und vieles mehr. Durchgehend illustriert, auf Hanfpapier gedruckt.

290 Seiten **DM 30,-**   Nr. AB

**BOB MARLEY
MYTHOS, MUSIK & RASTAS**

„Ich höre aufmerksam den neuen Reggae-Songs zu, weil sie mich daran erinnern, daß es immer noch Slums gibt, die zu den häßlichsten der Welt gehören..." (M. Mantley). Bob Marley und die anderen berühmten Reggae-Künstler sind nur die sichtbarsten Beispiele eines Kulturphänomens, das eine fortschrittliche Rolle auf Jamaika spielt. Der Autor untersucht in seiner Studie den Stellenwert des Reggae innerhalb und außerhalb selbstorganisierter Bewegungen, wie die der Rastas, einnehmen kann.

120 Seiten
DM 14,80   Nr. AB 005

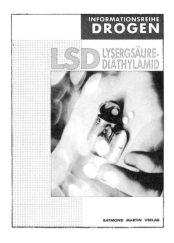

LSD
LYERGSÄURE-DIÄTHYLAMID
Informationsreihe Drogen Band 1

Geschichte, Botanik & Pharmakologie, Wirkung auf den Körper, Wirkung auf das Bewußtsein, Formen, Quellen, Reinheitstests, Quellenhinweise.

92 Seiten
DM 14,-   Nr. AB 069

CANNABIS
HASCHISCH & MARIHUANA
Informationsreihe Drogen Band 2

Geschichte, Botanik & Pharmakologie, Wirkung auf den Körper, Wirkung auf das Bewußtsein, Formen, Quellen, Reinheitstests, Quellenhinweise.

84 Seiten
DM 14,-   Nr. AB 070

Prof. Dr. Louis Lewin
PHANTASTICA
Die betäubenden und erregenden Genußmittel

Vollständige Neuauflage der Ausgabe von 1972. „Alle, die über Drogen schreiben, haben von Lewin abgeschrieben."
Ein Klassiker – 1927 in kleiner Auflage erschienen, wenige Jahre später von den Nazis verboten und verbrannt, galt dieses Nachschlagewerk jahrzehntelang als gesuchte Rarität. Der Autor informiert umfassend über alle Drogen dieser Welt: Opium und Morphium, Heroin, Kokain und Marihuana, Fliegenpilz, Bilsenkraut, Stechapfel, Benzin, Koffein, Tee, Tabak u.v.m.
Mit einem Vorwort von Hans-Georg Behr.

480 Seiten
DM 24,-   **Nr. AB 065**

MESKALIN, PEYOTE UND VERWANDTE KAKTEEN
Informationsreihe Drogen Band 3

Geschichte, Botanik & Pharmakologie, Wirkung auf den Körper, Wirkung auf das Bewußtsein, Formen, Quellen, Reinheitstests, Quellenhinweise.

76 Seiten
DM 14,-   Nr. AB 071

KOKAIN
Informationsreihe Drogen Band 5

Die Koka-Pflanze, das Kokain, das goldene Zeitalter der Patentmedizin, die dubiose Karriere des Kokain, das Milliardengeschäft der Koksbarone von Medellin, die Gefahren beim Gebrauch, Bibliografie.

84 Seiten
DM 14,-   Nr. AB 072

Pete von Sgolly / George Di Caprio
Timothy Leary
NEUROCOMIC
HY LEARYS EVOLUT

Von Dr. Timothy Learys Evolutions-Theorie beeinflußtes Comic, das einen von der Molekularbiologie bis zur Astrophysik durch alle Bereiche des Kosmos schickt. Sehr lehrreich und humorvoll, wie Leary eben.

Großformat, 36 Seiten
früher 10 DM bei uns jetzt nur
DM 4,90   Nr. AB 088

PL94 VON POOT
PFLANZENBELEUCHTUNG

■ KOMPAKTES ALUMINIUMGEHÄUSE

Aluminium anstatt Kunststoff? Ja eben. Es ist Poot gelungen, einen Produktionsprozeß einzusetzen, in dem hochwertiges Aluminium genauso flexibel wie Kunststoff verarbeitet werden kann. Auf diese Weise geht Poot einen progressiven Schritt in die Zukunft.

Einen Schritt, der dem Gärtner große Vorteile bietet.
So kann die flexible Gestaltung von Kunststoff mit den Soliditäts- und Beständigkeitseigenschaften von Aluminium kombiniert werden.
Eine ausgezeichnete Kombination, die dafür sorgt, daß die neue PL94 auch unter den äußersten Umständen weiter optimal funktioniert. Die moderne PL94-Armatur ist außerdem umweltfreundlicher: Aluminium ist nämlich viel leichter wiederzuverwenden als Kunststoff. Diese neue Poot-Armatur hat ferner den praktischen Vorteil, daß das Gehäuse sehr kompakt ist und daß alle Komponenter sehr leicht erreichbar sind.

■ LANGE LEBENSDAUER

Eine solide Armatur mit langer Lebensdauer: eine der vielen Sicherheiten, die Poot Ihnen mit der gut durchdachten Konstruktion der neuen PL94 bietet.
Dank dieser Konstruktion ist die Temperaturregelung in der Armatur einfach ausgezeichnet. Die Wärme wird von der natürlichen Ventilation durch die besonderen Ein- und Auslaßschlitze abgeleitet. Außerdem strahlt Aluminium viel besser als Kunststoff Wärme aus.
Da die in der Armatur befindlichen elektrischen Komponenten dank all dieser Einrichtungen ihre Wärme leicht freisetzen, haben sie eine längere Lebensdauer. Diese Lebensdauer verlängert sich auch noch dank der Tatsache, daß bestimmte Komponenten der PL94 nach genauen, besonders für Poot Lichtenergie festgesetzten Spezifikationen produziert werden. Mit anderen Worten: Ihre PL94-Armatur geht einem langen Leben entgegen.

■ ENEC-PRÜFUNG

Im neuen Europa gelten neue Gütezeichen. Die neue, verschärfte europäische ENEC-Prüfung bürgt für den Gebrauch von sicheren elektrischen Komponenten und einer völlig sicheren Konstruktion. Gemäß diesen ENEC-Prüf normen wird die Verdrahtung im Anschlußteil der neuen PL94-Armatur nirgendwo wärmer als 70 °C.
Das Aluminiumgehäuse bietet den elektrischen Komponenten einen guten Feuchtigkeits- und Tropfwasserschutz (IP23).
Da die Armatur aus Aluminium hergestellt wird, gilt Klasse I und muß die

Armatur geerdet sein. Dadurch hat man den Vorteil, daß im Falle eines Defektes eine ganze Gruppe Armaturen unmittelbar ausgeschaltet wird. Dies ist eine zusätzliche Sicherung.

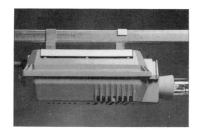

WIDE REFLECTOR*

■ LEICHTE INSTALLATION

Die PL94-Armatur besteht aus zwei Teilen: einem Oberteil mit Reflektor und einem Komponententeil, in dem die elektrischen Einzelteile untergebracht werden. Die PL94 kann auf verschiedenarten wirksam und schnell (also kostensparend) befestigt werden.

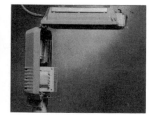

Der Komponententeil kann mittels Scharniere ganz nach hinten geöffnet werden. Der elektrische Anschluß ist dann besonders einfach. Man muß einfach eine Schraube lösen, die Kabel einführen und befestigen.

■ WARTUNGS- FREUNDLICH

Mit der PL94 treffen Sie auch im Hinblick auf die Wartungsarbeiten eine ausgezeichnete Wahl. Die neue Armatur ist besonders Benutzer- und Wartungsfreundlich. Der Reflektor mit Aluminiummanschette ist dank dem Flügelverschluß im Nu von der Armatur abzukoppeln. Die regelmäßige Reinigung kann also einfach und schnell gemacht werden. Den Komponententeil kann man ganz entfernen, wodurch die PL94 einen bestimmt nicht zu unterschätzenden Vorteil bietet: bei Wartungsarbeiten braucht der Monteur nie über seinem Kopf zu arbeiten. Der Komponententeil kann bei einer eventuellen Störung sogar ganz einfach ausgewechselt werden.

■ TECHNISCHE DATEN

PL94 400 Watt

Lampe	400 Watt Standard HPS Lampe
Anschlußspannung	220, 230, 240 Volt
Aufgenommener Strom	2,2 Amp (mit 230V)
Aufgenommene Leistung	445 Watt (Toleranz +/- 5%)
Arbeitsfaktor	0,85 i
Gewicht (inkl. Refl.&Lampe)	ca. 9,5 kg

PL94 600 Watt

Lampe	600 Watt HPS Super Lampe
Anschlußspannung	220, 230, 240 Volt
Aufgenommener Strom	3,3 Amp (mit 230V)
Aufgenommene Leistung	645 Watt (Toleranz +/- 5%)
Arbeitsfaktor	0,85 i
Gewicht (inkl. Refl.&Lampe)	ca. 11,5 kg

Allgemein

Serienmäßig geliefert mit einer 400 oder einer 600 Watt Natriumdampf-Hochdrucklampe (HPS), 230 Volt 50 Hertz. Andere Lampen, Wattleistungen, Spannungen und Frequenzen auf Anfrage erhältlich.
Gütezeichen ENEC gemäß EN-60598.
Isolierung der Klasse I (Erdung)
IP Klassifikation IP23 (tropfwassergeschützt)
Kabeldurchführung: zwei PG 16 Kabelverschraubungen werden mitgeliefert; einfache Zugentlastung (eine einzige Schraube) auf Anfrage lieferbar.

Bestehend aus Aluminium-Armatur, -Reflektor und 400 Watt Glühbirne. Beleuchtet 1qm Pflanzen. Bis zu fünf Ernten im Jahr!
Sonderpreis DM 495,-......................................Best.-Nr. PB 001

BEZUGSBEDINGUNGEN:
Wir liefern per Vorauszahlung (+ DM 5,- Porto) oder Nachnahme (+ DM 10,- Porto).
Ausland nur per Vorauszahlung (+ DM 15,- Porto).
Telefonische Bestellung von Montag bis Freitag von 10 bis 16 Uhr.
Telefon: (09846) 1214, Fax: (09846) 1227

HEARTLAND D-91459 Markt Erlbach

UDOPEA
HEAD SHOP

IHR BRAUCHT NICHT LANGE NACH EINEM HEAD SHOP IN EURER NÄHE ZU SUCHEN!

DER UDOPEA VERSAND BELIEFERT SEIT ÜBER 10 JAHREN INTERESSIERTE RAUCHER MIT CA. 500 AUSGEFALLENEN ARTIKELN FÜR DEN BESONDEREN GESCHMACK.

DISKRET UND GUT VERPACKT ERREICHEN EUCH, PER POST ODER UPS, ALLE PSYCHEDELIKATESSEN EIN PAAR TAGE NACH DER BESTELLUNG.

INTERESSIERT?
KOSTENLOSEN
FARBKATALOG ANFORDERN!

Hier ein Auszug aus unserem Lieferprogramm:
Wasserpfeifen
  aus Glas, Ton und Keramik
Pfeifen
  aus Holz, Speckstein, Keramik, Glas und Metall
Siebe
  aus Messing zum einhängen und einlegen
Kawumms
  aus Ton, Holz und Speckstein
Chillums
  aus Holz oder Speckstein
Zigarettenpapiere
  in Übergröße und auf Rolle
Dosen
  für Zigarettenpapiere und Zigaretten
Digital- und Federwaagen
  für alle Wägebereiche
Fachliteratur
  (über 30 Titel ständig auf Lager)
Reinigungsmittel
  für Bongs und Pfeifen
T-Shirts
  div. Zubehör

UDOPEA Versand-Head Shop
Abt.: M 14
Funkschneise 16 • 28309 Bremen

FON 0421 / 45 97 58
FAX 0421 / 45 11 10

Fachhändleranfragen erwünscht
(Gewerbenachweis beifügen)

Hans Baldung, gen. Grien Zwei Wetterhexen. Ölgemälde, 1523.

Alle Fotos sind von Erwin Bauereiß

Datura stramonium (Blatt)

Stechapfelrabatte

Datura stramonium var. godronii

Datura stramonium var. godronii

*Tollkirschenwurzeln
(Atropa belladonna)*

*(Atropa belladonna vor. lutea)
Gelbe Tollkirsche*

Schwarzes Bilsenkraut (Hyoscyamus niger)

*Bilsenkrautblüte
(Hyoscyamus niger)*

*Rote Zaunrübe
(Bryonia dioica)*

Bittersüßer Nachtschatten
(Solanum dulcamara)

Hexenbesen auf Birke

*Schlafmohn
(Papaver somniferum)*

*Schlafmohn
(Papaver somniferum)*

Blauer Eisenhut
(Aconitum napellus)

Gefleckter Schierling
(Conium maculatum)

Eibe
(Taxus baccata)

Taumel-Lolch
(Lolium temulentum)

Hanf (Cannabis sativa)

Fliegenpilz
(Amanita muscaria)

Fliegenpilz-Hexenring

*Pantherpilz
(Amanita pantherina)*

Hexenröhrling

Die folgenden Arten werden bei uns als Gartenpflanzen kultiviert. Sie sind ebenfalls bewußtseinsverändernd.

Datura discolor (Samenkapsel) Ursprüngliche Heimat: Mittelamerika

Datura discolor
(Blütenknospe kurz vorm Öffnen)

Datura discolor
(in voller Blüte)

Engelstrompete (Brugmansia sanguinea) Ursprüngliche Heimat: Südamerika

Purpur-Winde (warme Zonen Amerikas)
(Ipomoea purpurea)

Dreifarbige Winde (Ipomoea tricolor)
Ursprüngliche Heimat: warme Zonen Amerikas